Radieschen von unten

© 2006 LEPORELLO Verlag
Richard-Wagner-Straße 15, D-47799 Krefeld
leporellobuch@aol.com
www.leporello-verlag.de
© Gesine Schulz 2006, veröffentlicht in Absprache
mit Agentur Literatur Gudrun Hebel, Berlin
Alle Rechte vorbehalten.
Gestaltung: WerbeAtelier Coelen
Druck und Bindearbeiten: PBtisk s.r.o.
ISBN-10: 3-936783-16-0
ISBN-13: 978-3-936783-16-2

Herausgegeben von
Gesine Schulz und Ina Coelen

Radieschen von unten

*Garten-Krimis
vom Tatort Niederrhein*

Kriminalgeschichten
von Carola Dunn, H. P. Karr,
Jürgen Kehrer, Beatrix M. Kramlovsky,
Ulla Lessmann, Sandra Lüpkes,
Niklaus Schmid u. a.

Leporello Verlag · Krefeld

Mörderisch gute Gärtner-Tipps von ...

24	... Niklaus Schmid
43	... Malachy Hyde
49	... Andrea C. Busch
62	... Ulla Lessmann
71	... Beatrix M. Kramlovsky
83	... Jürgen Kehrer
83	... *Bina Ch. Seelen, Redakteurin Stadt-Spiegel Krefeld*
103	... Sandra Lüpkes
116	... Robert Herbig
129	... Ina Coelen
129	... *Gregor Kathstede, Oberbürgermeister*
138	... Barbara Wendelken
149	... Ute Hammond
168	... Ulrike Rudolph
187	... Martina K. Schneiders
187	... *Klaus Dönecke, Polizeihauptkommissar*
188	... *Hildegard Beauvy, Offene Gartenpforte Niederrhein*
204	... Gesine Schulz
210	... Sabine Bohnet
228	... Gitta Edelmann
228	... *Peter Lengwenings, Welle Niederrhein*
244	... Hortensia van Capellen
245	... *Roland Schneider, Kulturdezernent*
246	... *Sabine Deitmer, Autorin*
257	... Oliver Buslau
258	... *Heike Waldor-Schäfer, Redakteurin NRZ*
272	... Ulrike Renk
273	... *Rebecca Gablé, Autorin*
285	... Carola Dunn
300	... Gabi Neumayer
301	... *Herbert Ickert, Polizeioberrat*
312	... H. P. Karr
313	... *Anne Chaplet, Autorin*

INHALT

9	Ödland	*Niklaus Schmid*
25	Die Venus von Schloss Dyck	*Malachy Hyde*
44	Was du ererbt von deinen Vätern	*Andrea C. Busch*
50	Lilien zur Erinnerung	*Ulla Lessmann*
63	Fleisch von meinem Fleische	*Beatrix M. Kramlovsky*
72	Mord im Samba-Express	*Jürgen Kehrer*
84	Der Thron der Lilie	*Sandra Lüpkes*
104	Kompostella	*Robert Herbig*
117	Geranien im März	*Ina Coelen*
130	Ewige Ruhe	*Barbara Wendelken*
139	Quitte, unvollendet	*Ute Hammond & Gesine Schulz*
150	Die Ente im Pudding	*Ulrike Rudolph*
169	Trudis Entscheidung	*Martina K. Schneiders*
190	Das Geheimnis der Guelder-Rose	*Gesine Schulz*
205	Paradies in Gefahr	*Sabine Bohnet*
211	Garten der Gifte	*Gitta Edelmann*
229	Die Primel-Donnen	*Hortensia van Capellen*
247	Wiedersehen im Schlosspark	*Oliver Buslau*
259	Familienzusammenführung	*Ulrike Renk*
274	Miss Daisy und die Duellanten von Anholt	*Carola Dunn*
286	Das Labyrinth der Plagen	*Gabi Neumayer*
304	Unkraut vergeht nicht	*H. P. Karr*
315	*Autorinnen und Autoren*	

*Sie wissen ja, die Schauplätze unserer Kriminalgeschichten
können Sie selbst am Niederrhein besuchen.
Die Protagonisten in unseren Geschichten sind allerdings
das Produkt der Fantasie ihrer AutorInnen.
Jede Ähnlichkeit mit lebenden oder verstorbenen Personen wäre
daher purer Zufall und ist nicht beabsichtigt – oder?*

Vorwort

von Susanne Paus

Glauben Sie mir, ich habe von all dem nichts gewusst. Vielleicht hatte ich so manches Mal eine leise Ahnung; Gärtner sind schließlich auch nur Menschen. Aber umgeben von betörender Blütenpracht ist jedes mulmige Gefühl schnell wieder vergessen. Im Grunde ging es mich doch auch gar nichts an. So habe ich in dieser Hinsicht keinerlei Recherchen angestellt. Meine Aufgabe war es, über die Schönheit der niederrheinischen Gärten zu schreiben und über die leidenschaftlichen, liebenswerten Menschen mit den grünen Daumen und den Erdfingern, die die blühenden Paradiese auf Erden erschaffen.

Als Garten-Kennerin vom Niederrhein ist mir nichts fremd, was mit Gartenlust und -leidenschaft zu tun hat. Aber Garten und Mord! – Ich muss zugeben, das ist ein Terrain, welches neu für mich ist. Nun gut, »Leidenschaft« und »Leid schaffen« liegen dicht beieinander. Und auch im Garten Eden geschah nicht nur Gottgewolltes, damit begann doch das Dilemma. Wir könnten es heute um einiges leichter haben!

Kurzum, wir müssen der Wahrheit ins Auge sehen: Es gibt sie, die Schattenseiten des Gärtnertums. »Der Mörder ist immer der Gärtner« hat Reinhard Mey gesungen. Wir kennen es alle – und wir alle wissen, dass das nicht stimmt.

Aber wenn man es so sehen will: Im Garten wird der Gärtner ganz schnell zum Mörder. Wenn er einmal nicht unermüdlich im Garten umherrast, führt er von der Terrasse, seinem Kommandohügel, ein hartes Regime. Ihm allein gehört die Vorherrschaft! Unerbittlich wird allem nachgestellt, was sein Reich bedroht und nicht den Regeln entspricht: Maulwurf, Raupe und Engerling, Moos, Giersch und Quecke, ja sogar dem unschuldigen Gänseblümchen.

Aber im Garten morden auch andere! Und mancher Gärtner sieht genüsslich zu, wenn dies in seinem Sinne ist. Der Marienkäfer frisst sich durch die Blattlauskolonie, der Ohrenkneifer geht auf nächtlichen Beutezug, und Nachbars Katze hat nun auch die letzte der einfältigen Mäuse erwischt. Morden ist im Garten an der Tagesordnung. Kann man da ausschließen, dass ein derart leidenschaftlicher Mensch die Hand auch gegen seinesgleichen erhebt?

Nun, wenn man den hier niedergeschriebenen Geschichten glauben darf, ist die Gefahr mitten unter uns. In Gärten zwischen Krefeld und Anholt, in einem Bauerngarten, im Park von Schloss Dyck und in der Kräuterey Wilhelm ist Mysteriöses passiert. Besser, Sie sind deshalb zukünftig auf der Hut: Gehen Sie keinen Schritt zu weit, wenn es aus Gärtnersmund heißt: »Nur über meine Leiche«. Schauen Sie genau hin, was Ihnen Ihr Nachbar zum Dinner auf seiner Garten-Party kredenzt. Und wundern Sie sich nicht, wenn jemand, kopfüber im Kompost-Container des Friedhofs hängend, offenbar fieberhaft nach etwas sucht. Tun Sie so, als hätten Sie nichts bemerkt, gehen Sie einfach vorbei!

Der Gärtner ist nicht immer ein Mörder. Aber manchmal ist er es eben doch. Ich wünsche Ihnen viel Vergnügen beim Lesen der kriminologischen Gartengeschichten.

(Aber tun Sie mir einen Gefallen: Lassen Sie sich diesmal bitte nicht inspirieren!)

Susanne Paus stammt aus Gelsenkirchen und studierte Diplom-Biologie in Münster. Von 1990 bis 1995 war sie am Botanischen Institut der Universität Münster angestellt. 1996 promovierte sie dort zum Dr. rer. nat. und arbeitete von 1995 bis 1998 in der Biologischen Station Zwillbrock. Seit 1998 ist sie Leiterin des Fachbereichs »Landeskunde – Natur und Umwelt – Gesundheit« an der Volkshochschule Bocholt-Rhede-Isselburg.

Susanne Paus veröffentlichte wissenschaftliche Arbeiten, hält Vorträge zu verschiedenen Gartenthemen, leitet Gartenreisen nach England, in die Niederlande, nach Belgien und an den Niederrhein und ist selbst leidenschaftliche Gärtnerin. Aus ihrer Feder stammen die erfolgreichen Bücher »Blühende Paradiese am Niederrhein« und »Blühendes Münsterland«.

www.bluehende-paradiese.de

Niklaus Schmid

Ödland

Dass ich Blumen hasse, nein, so weit würde ich nicht gehen. Ich mach mir nur nichts aus ihnen, das ist alles. Manche riechen ganz gut, andere stinken. Ist fast so wie bei den Menschen. Menschen mag ich auch nicht besonders. Eine ganze Weile hatte ich auch nicht viel mit ihnen zu tun, ich meine, weder mit Menschen noch mit Blumen. Die einzige Pflanze, die ich von meinem Fenster aus sehen konnte, war ein Baum, war die Krone eines Ginkgos; und wenn die Früchte von diesem Ginkgo reif waren, dann stank das bis in meine Zelle.

Drei Jahre hatten sie mir wegen Unterschlagung aufgebrummt. Hätte ich das Geld herausgerückt, wäre ich womöglich mit Bewährung davongekommen.

»Na, Kranich«, hatten sie mich immer wieder gefragt. »Wo ist die Beute?«

»Alles am Roulettetisch verspielt, ehrlich.«

»Von wegen, Kranich! Wir wissen doch, dass Sie das Geld versteckt haben. Sobald Sie draußen sind und nur einen Cent mehr ausgeben, als Sie durch ehrliche Arbeit verdient haben können, stellen wir Ihnen diese Frage noch einmal, und dann sind Sie schneller wieder drin, als ein Knastbruder das Wort Resozialisierung aussprechen kann.«

Jetzt war ich draußen. Die Tore der Vollzugsanstalt schlossen sich hinter mir. Ich war frei. Freiheit war das Einzige, was ich mir in all den Jahren gewünscht hatte – na ja, eine Frau und ein gut gezapftes Bierchen auch noch. Eine Frau zu finden, das ist normalerweise kein großes Problem, doch bei mir musste es die Richtige sein:

Eine mit Garten!

Nachdem ich in Freiheit mein erstes Pils getrunken, die alten Klamotten weggeworfen und mich neu eingekleidet hatte, begann ich mit der Suche. In Diskotheken findest du nur junges Gemüse, in Kunstgalerien vor allem Zicken mit schmalen Lippen. Ich aber suchte etwas Solides, eine, die mit anpacken kann, also ging ich in einen Baumarkt.

Er lag außerhalb der Duisburger Innenstadt in einem neuen Gewerbegebiet. Der Parkplatz war so groß wie ein Fußballfeld und das Angebot an Waren riesig. Die Abteilungen für Elektrozubehör, Tapeten und Fußbodenbeläge, all das ließ ich hinter mir. Zielbewusst näherte ich mich den Ständen mit den Gartengeräten.

Baumärkte sind eigentlich ein Revier für Männer, Frauen trifft man dort eher selten an. Doch wenn, dann . . . Nachdem ich ein paar Runden gedreht hatte, entdeckte ich eine.

Sie war so in meinem Alter, also um die vierzig, und stand vor einem Gitter, an dem Arbeitshandschuhe hingen. Ich sprach sie an:

»Ach, entschuldigen Sie, ich habe meine Brille vergessen. Könnten Sie wohl nachschauen, ob die Baumwollhandschuhe mit den Gumminoppen das Europaprüfzeichen haben?«

Ein misstrauischer Blick streifte mich, dann schaute sie nach. »Ja, haben sie. Aber, was ist so wichtig an diesem Prüfzeichen?«

»Nun, es gibt Handschuhe, die Allergien auslösen. Und wenn man wie ich längere Zeit im Garten arbeitet, dann . . .«

Wir kamen ins Gespräch. Alles lief bestens. Sie liebte Rosen, welche Frau tut das nicht. Ich sprach vom Okulieren und wie wichtig es sei, dass die Rosenunterlage gut im Saft, das Edelauge reif und dass die Schnittfläche unverschmutzt ist. Sie hatte in ihrem Garten Probleme mit Wollläusen. Ich konnte ihr einen Tipp geben, wie sie die Parasiten statt mit teuren Chemikalien mit einem billigen Hausmittel bekämpfen konnte.

Ihr Blick wurde immer freundlicher. Ich war schon drauf und dran, sie zu einer Tasse Kaffee einzuladen, als sie mich fragte: »Könnten Sie wohl mal diese Handschuhe anprobieren? Ich schätze, dass Sie dieselbe Größe wie mein Mann haben.«

Klirr. Mir fiel sozusagen das Okuliermesser aus der Hand. Jeder weitere Satz wäre Verschwendung gewesen.

Am anderen Vormittag war ich wieder im Baumarkt. Abteilung Gartengeräte. Ich strich so lange um all die Harken und Schaufeln herum, um Spitzenjäter, Fächerbesen und Unkrautstecher, bis ein Verkäufer auftauchte, der mich beraten wollte. Ein Verkäufer in einem Baumarkt, so selten wie eine Orchidee am Niederrhein. Um mich nicht verdächtig zu machen, kaufte ich einen Spaten. Kann man immer gebrauchen. Am Ausgang fiel mir ein Typ auf, der in einem grauen VW Kombi saß und die Gegend mit seiner Kamera absuchte, betont unauffällig.

Ich ging auf ihn zu. »Ist was?«

Er reichte mir ein Kärtchen. »Falls Sie mal ein schönes Foto brauchen.«

Offene Observation, ganz klar. Die Firma hatte einen Schnüffler auf mich angesetzt. Ich warf einen Blick auf das Kärtchen: *Elmar Mogge - Personenschutz und private Ermittlungen*. Man wollte mich nervös machen.

Den restlichen Vormittag verbrachte ich in dem Pensionszimmer, wo ich seit meiner Entlassung wohnte.

Am Nachmittag fuhr ich zu einem der vielen Gartencenter, die sich bei Wittlaer entlang der B 8 angesiedelt hatten. Die Sonne schien und ihre Strahlen fielen auf lange Reihen mit Margeriten, Geranien und Gladiolen – und auf eine Frau mit rostroten Haaren, die einen langen Strickrock und einen dicken Pullover trug. Sie hatte die Hände in die Hüften gestemmt und betrachtete eine dieser Multiplatten, in denen Gärtner die Jungpflanzen aufziehen.

Nach der fruchtlosen Begegnung im Baumarkt wollte

ich die Prozedur diesmal abkürzen. Im Tonfall eines Fachmannes und mit dem Wissen, das ich mir in der Knastbücherei angelesen hatte, sagte ich: »Junge Frau, bei Sukkulenten heißt es, nur wenig bis gar nicht gießen, als Tipp für Ihren Gatten.«

»Gatte?« Ihr Mund formte sich zu einem O.

»Ihr Mann. Nun, ich denke, dass er es ist, der bei Ihnen für die Gartenarbeit zuständig ist.«

»Mann?« Ihre Stimme schien von weit her zu kommen.

»Ja, Ihr Mann.« Männer, hätte ich ihr am liebsten erklärt, das sind diese Wesen mit zwei Tulpenzwiebeln und einem Pflanzstock zwischen den Beinen. Ich präzisierte: »Ihr Ehemann.«

»Aber ich habe keinen . . .« Sie zog ein Schildchen aus der Blumenerde und hob es vor ihre Brille, als könnte sie dort das fehlende Wort finden.

»Sie haben keinen Mann?«, hakte ich nach.

»Nicht mehr.«

»Verzeihung! Tut mir leid!«

»Schon gut.« Als sie sich bückte, um das Schildchen zurück in den Topf zu stecken, konnte ich ihr Hinterteil bewundern. Nach dem Geschmack der meisten Männer war es wohl zu dick, in meinen Augen jedoch genau richtig. Goldrichtig!

»Den nehme ich«, sagte sie, indem sie sich wieder aufrichtete. Sie zeigte auf den Stecklingskasten, doch ich hatte das Gefühl, als ob sie mich meinte. »Was kostet der?«

»Ich bin nicht der Verkäufer.«

»Oh.«

Ich bot ihr an, die Trage mit den Jungpflanzentöpfchen zur Kasse und anschließend auch zu ihrem Wagen zu bringen. Sie kaufte noch zwei Sack Blumenerde, und so kam fast zwangläufig mein Angebot, ihr auch beim Abladen des ganzen Zeugs behilflich zu sein.

»Ist doch Männersache – für Frauenhände viel zu schwer.«

Sie war kräftiger gebaut als ich, zumal ich im Knast so manches Pfund verloren hatte. Lange, zu lange hatte mir die gute Hausmannskost gefehlt. Aber mein Instinkt sagte mir, dass ich mich wieder den Fleischtöpfen der niederrheinischen Küche und einem anderen lange vermissten Genuss näherte.

Nachdem ich auch noch einen Sack Hühnerfutter in den Kofferraum ihres Wagens gehievt hatte, nahm ich, als sei es das Selbstverständlichste der Welt, auf dem Beifahrersitz ihres moosgrünen Ford Fiesta Platz.

Wir fuhren los. Sie fragte nicht, wie ich zu dem Gartencenter gelangt war, sie fragte nicht, wo ich wohnte, nichts. Stattdessen erzählte sie mir, dass ihr Mann bei einem Unfall ums Lebens gekommen sei und dass sie nun von der Witwenrente lebe, und zwar in einem Häuschen im Duisburger Süden. Und weil wir so vertraut waren, erzählte ich ihr von meinem Aufenthalt im Knast, bezeichnete das Gefängnis aber als einen Ort der inneren Einkehr und meinen Schließer Gunter Rusche nannte ich der Einfachheit halber Guru.

»Und dieser Guru hat Ihnen gesagt, Sie sollten ein neues Leben anfangen?«

»Ja, so war es.«

»Und er hat Ihnen geraten, alle unwichtigen Dinge zu verschenken?«

»Richtig. Alles weg. Das heißt, bis auf einen Spaten.«

»Einen Spaten, oh?«

»Ja, denn unser Glück, so sagte er, liegt in der Erde. Gehe zurück zur Natur, lerne von den Blumen und Pflanzen.« Ich räusperte mich. »Vielleicht eine Metapher. Ich habe es wortwörtlich genommen und bin als Erstes zu diesem Gartencenter gewandert.«

»Aber dann . . .« Sie setzte den Blinker, um sich auf die B 288 einzufädeln. »Dann war das, dass wir uns begegnet sind, ja eine . . . eine . . .«

»Vorsehung, meinen Sie?« Als sie nach dem Schalthebel

langte, berührte ich mit meinen Fingerspitzen ihren Handrücken. Ihre Wangen verfärbten sich. Ich wiederholte: »Vorsehung, glauben Sie denn an die Vorsehung?«

Sie hieß Laura. Am anderen Morgen fuhren wir zu meiner Pension, holten meinen Koffer und den Spaten und brachten beides zu meiner neuen Schlafstätte. Drei Wochen später waren wir verheiratet. Unsere Flitterwochen verlebten wir in den Gartenanlagen am Niederrhein, vom Botanischen Garten am Duisburger Kaiserberg bis zum historischen Kräutergarten von Schloss Moyland. Wenn wir uns nicht tief zu den Namensschildchen an den Blumen bückten, dann saßen wir auf den Ruhebänken und reckten die Nase in die Luft. Blumenduft und Bienensummen machten mich schläfrig. Laura erinnerte mich auf feinsinnige Art daran, dass wir uns auf Hochzeitreise befanden.
Sie wies auf die Schmetterlinge, die uns umgaukelten. »Finden sich zwei, die sich mögen«, sagte sie und drängte sich an mich, »dann tun sie es; und während sie es tun, schau doch, Thomas, schwingen sie sich zusammen hoch und höher ins Himmelsblau.«
»Stimmt. Doch nur einer von ihnen bewegt die Flügel, der andere lässt sich tragen.«
»Warum sagst du das?« Sie schmollte.
»Nur so.«

Wieder zu Hause machte ich mich an die Arbeit. Ich schnitt die Kletterrosen zurück und räumte den Geräteschuppen auf. Laura ließ mich wirken, wie und wo ich wollte. Doch als ich damit begann, unter einem Apfelbaum für die Küchenabfälle eine Kompostgrube auszuheben, hielt sie mich zurück. »Unter diesem Baum nicht graben. Hier liegt Nabilchen.«
»Dein Mann? Du hast ihn hier begraben?«
»Seine Urne.«

»Darf man das denn?«

Sie hob die Schultern. »Er kam aus Indien, ich denke, er wollte es so.«

»Wann ist er gestorben?«

»Vor knapp zwei Jahren.«

»Und in den vielen Wochen und Monaten danach hast du keinen Mann gehabt, ich meine, in deinen Garten gelassen?«

Sie schüttelte den Kopf. »Die Männer, die ich nach ihm kennen lernte, fragten alle zuerst nach einem Bier und anschließend wollten sie immer nur, ach, du weißt schon ...«

»Sie wollten fi ...«

Sie legte mir die Fingerspitzen auf den Mund. »Schsch!«

Schlimmes Wort, ja, ja. Aber nachts im Bett verlangte sie, dass ich ihr noch viel Schlimmeres ins Ohr flüsterte. Schön, jetzt war Tag, deshalb sagte ich: »Also, Bier, Bier wollten die Kerle? Na so was! Und sonst?«

»Nichts. Ihnen gefiel die Gegend nicht, zu abgelegen, zu öde.«

»Komisch!« Ich drehte mich um meine eigene Achse, zeigte auf den nahen Wald mit seinen verkrüppelten Kiefern, auf die Industrieanlagen in der Ferne und auf die angrenzenden Brachfelder mit nichts als harten Gräsern und dornigen Büschen. Ödland, dachte ich, wie recht die Männer hatten. Laut sagte ich: »Ist doch wunderbar hier. Niederrheinidylle. Und mit deinem Häuschen, Laura, ist es ein kleines Paradies.«

»Ehrlich, Thomas?«

»Wenn ich's doch sage.«

Laura strahlte. »Ich back uns einen Kuchen.«

Das war ihre Lieblingsbeschäftigung. Entweder Kuchen backen oder in der Sonne sitzen und lesen.

Als sie zurückkam, brachte sie den Duft von Hefe mit. In der Hand hielt sie ein Buch über Astrologie. »Dein Aszendent, Thomas?«

»Venus.«

»Venus ist ein Planet.« Sie lachte.

Ich wurde ernst. Der Zeitpunkt, auf den ich lange hingearbeitet hatte, war gekommen. »Sag mal, Laura, die Urne deines Mannes, war die womöglich aus Metall, aus Messing oder Kupfer?«

»Nein, aus Brotteig, rein biologisch. Wieso?«

Ich drehte den Ehering an meinem Finger und stöhnte verhalten.

»Was ist, Thomas, mein Schatz?«, fragte Laura besorgt. »Der Ring ist ja beschlagen und dein Finger verfärbt!«

»Och, nicht Schlimmes.« Ich betastete die Druckstelle. »Vielleicht, weil er noch neu ist – oder«, ich machte eine Kunstpause, »oder in der Nähe liegt ein besonderes Metall in der Erde. Du musst wissen, ich reagiere auf so was.«

Laura gab einen Kuss auf meinen Ringfinger. »Wirklich? Dann bist du ja übersinnlich veranlagt.«

»Ich? Ach wo! Nein, nein, aber mein Großvater, der...« Ich unterbrach mich.

»Was war mit ihm?«

Ich winkte ab. Erst nach mehrmaligem Drängen raffte ich mich zu einer Erklärung auf.

»Mein Großvater soll in seinem Heimatdorf bei Straelen eine Berühmtheit gewesen sein. Zu ihm kamen die Bauern der Umgebung, wenn es darum ging, die richtige Stelle für einen neuen Brunnen festzulegen. Einige Male stießen die Brunnenbohrer dann allerdings nicht auf Wasser, sondern auf andere Dinge.«

»Auf was denn? Erzähl schon!«, drängte Laura atemlos.

»Mal war's ein Skelett mit einer Silberkette und einmal sogar eine goldene Marienskulptur.« Ich zuckte die Achseln. »Nichts als Zufall.«

»Bestimmt war es das nicht«, widersprach Laura entschieden. »Die Metalle der Erde, ich muss mal in meinem Heilbuch der Elemente nachschauen.«

Am nächsten Tag schritt ich mit einer Wünschelrute über das Grundstück des kleinen Hauses. Laura ging neben mir.

»Es wirkt«, stieß sie hervor und wies auf das Rutenende, das sich plötzlich, als würde es von einem unsichtbaren Draht gezogen, dem Erdboden zuneigte. »Oh, Thomas, ich wusste es, du hast magische Kräfte. Sicher liegt hier ein Schatz vergraben.«

»Du meinst . . . ?«

Schon lief sie zum Geräteschuppen. »Bring auch eine Spitzhacke mit!«, rief ich ihr hinterher.

Hacken, schaufeln, Schweiß abwischen. Nach einer Stunde hatten wir ein Loch gegraben, groß genug, um einen Baum zu pflanzen. Ohne Erfolg. Laura arbeitete verbissen weiter. Doch mit der Zeit wurden ihre Bewegungen matter, und ihr Glaube an meine übernatürlichen Kräfte machte einer gelinden Enttäuschung Platz.

Als sie schon aufgeben wollte, traf mein Spaten auf einen harten Gegenstand. Triumphierend hielt Laura mir ein rostiges Stück Eisen vor die Augen. »Schau, das Stück einer alten Hacke.«

Ich verzog den Mund. »Ja, und?«

»Das bedeutet«, belehrte mich Laura, »dass hier jemand gegraben hat, vor langer Zeit – entweder um etwas zu verstecken oder weil derjenige etwas gesucht hat.«

Dieser Logik konnte ich mich nicht entziehen. Während ich ihr beim Schaufeln half, betrachtete ich aufmerksam die Umgebung.

»Wem gehört die armselige Klitsche dahinten?«

»Dem Bauern Lamprecht«, gab Laura Auskunft. »Aber arm ist er nicht, ihm gehört all das Land hier ringsum.« Nachdenklich fügte sie hinzu: »Sag, Thomas, du bist doch gern hier, oder?«

»Aber ja doch!«

»Das Landleben tut dir gut«, sagte sie fürsorglich. »Als wir uns kennen lernten, warst du sehr blass.«

»Nun, ich hatte eine Weile sehr spartanisch gelebt, kein Fleisch, kein Kuchen, dafür empfohlene Pflanzen wie Ginseng und Bockshornklee.«

»Du musst ja wie ein Mönch gelebt haben. Das imponiert mir.«

»Ach!«, wehrte ich ab und spuckte in die Hände.

Gegen Mittag war das Loch fast mannstief. Am Rande der zwei mal zwei Meter großen Grube lagen, außer ein wenig Muttererde und viel Sand, die Scherben eines alten Tonkruges, zwei Metallstücke und ein Knopf, der von einer Uniform stammen konnte – für Laura Beweise genug, dass der Erfolg bald bevorstünde.

Geduldig hörte ich mir an, was sie über Magnetismus und Gestirne sagte, über Natur und Vorsehung und dass deren geballtes Zusammenwirken uns in Kürze einen Schatz bescheren würde.

»Wird das etwa ein Schwimmbecken?«, rief plötzlich jemand und lachte dabei aus vollem Halse.

»Ach, Sie, Herr Lamprecht«, sagte Laura und klopfte sich die Erde von den Ellbogen. »Kommen Sie doch näher.«

Sie machte mich mit dem Nachbarn bekannt, einem dicken Männchen mit roter Trinkernase. Wir schüttelten uns die Hände.

»Nein, nein, kein Schwimmbecken. Meine Frau ist auf Schatzsuche.« Ich kniff ihm ein Auge zu.

Nachbar Lamprecht stieß ein meckerndes Lachen aus und ging weiter.

Als er außer Hörweite war, sagte Laura. »Das mit der Schatzsuche war keine so gute Idee. Der geht jetzt ins Wirtshaus und bald weiß es das ganze Dorf.«

Tatsächlich tauchten am Nachmittag, was sonst selten vorkam, Spaziergänger in Sichtweite des Grundstücks auf. Der Detektiv, der mich vor dem Baumarkt fotografiert hatte, war auch dabei.

Wir ließen uns nicht stören. Ab und zu hielt ich beim Graben inne, um mit der Wünschelrute die Richtung anzugeben, in die wir arbeiten mussten. Wir schaufelten und hackten, und plötzlich verursachten meine Schläge mit der Spitzhacke einen dumpfen Ton.

»Hast du das gehört? Was könnte das sein?«, rief Laura.

»Wahrscheinlich ein alter Sarg«, scherzte ich, und Laura wurde weiß um die Nase.

Es war kein Sarg. Es war eine Kiste, groß wie ein Koffer und mit Metallbändern beschlagen. Ich ging in den Geräteschuppen, um eine Brechstange zu holen. Als ich zurückkam, fragte Laura: »Was hast du gemacht? Es hat so lange gedauert.«

»Nichts«, sagte ich und setzte die Brechstange an. Schon beim dritten Schlag gaben die verrosteten Eisenbänder nach, der Kistendeckel flog auf. In einem Tuch, angenagt vom Zahn der Zeit, schimmerte es golden.

»Ich hab's ja gewusst«, rief Laura erregt und wühlte in den Goldmünzen. »Schon damals, als ich vom Erbe meiner Mutter dieses Häuschen kaufte, habe ich die kosmischen Schwingungen gespürt.«

So aufgedreht hatte ich sie noch nie erlebt. Was aber verständlich war, weil man ja nicht jeden Tag in seinem Garten eine Schatztruhe findet. Und weil das so ist, sprach auch ich vom Erbe, genauer gesagt von dem Erbgut, dem ich die Fähigkeit des Wünschelrutengehens und somit diesen Fund verdankte. »Danke, Großvater.«

Doch Laura hörte gar nicht zu. »Gold ist erfrischend, wirkt als Aphrodisiakum, stärkt das Herz, die Intelligenz, das Gedächtnis, die Stimme und das Sehvermögen, Gold stärkt Körper und Geist.«

Offenbar zitierte Laura aus ihrem Buch der Elemente. Bevor sie sich noch mehr ins Metaphysische verlor, überlegte ich laut und eher praxisbezogen: »Was werden wir mit dem Schatz anfangen?«

Laura konnte nichts erwidern, denn in dem Moment

kam ein Wagen herangeprescht. Zwei junge Männer sprangen heraus. Der kleinere der beiden, Gesicht wie ein Frettchen, stieß die Gartenpforte auf. Sein schlaksiger blonder Begleiter folgte ihm.

»Presse«, sagte das Frettchen. »Wir haben einen Anruf bekommen. Von einem Schatz war die Rede, den Sie gefunden haben sollen. Wir wollen darüber berichten.«

»Nun gut«, sagte ich, »wir haben nichts zu verbergen.«

Der Blonde schoss etliche Aufnahmen, während Frettchen laut Notizen machte: »Vorahnung der Ehefrau ... Wünschelrute des Ehemannes ... Großvaters Erbe ... kosmische Schwingungen führten zum Schatz im Rosenbeet.«

»Kompostgrube«, berichtigte ich.

Er blickte von seinem Notizblock hoch. »Wie? Was?«

»Wir wollten eine Kompostgrube anlegen.«

»Rosenbeet hört sich besser an. Schlagzeile: Der Schatz im Rosenbeet.« Er notierte es gleich. »Dann sind Sie ja jetzt wohl reiche Leute?«, fragte er abschließend. »Oder?«

»Es kommt darauf an, wie unsere Rechte aussehen«, antwortete ich bescheiden.

»Gratuliere!«, sagte der Notar. »Vom rechtlichen Standpunkt aus ist alles in Ordnung. Der Fund ist weder von historischem Wert noch lag er so tief im Boden, dass der Staat Besitzrecht geltend macht. Eine Anzeige, dass eine solche Münzsammlung gestohlen wurde, liegt auch nicht vor. Viel Glück, Herr Kranich!«

Auf der Straße stellte sich mir der Schnüffler in den Weg: »Kranich, damit kommen Sie nicht durch.«

Ich lachte ihm ins Gesicht. Was für ein schrecklicher Beruf, Leute auf der Straße ansprechen zu müssen.

Ich machte noch ein paar Besorgungen und erkundigte mich bei einer Bank über den Goldkurs.

Auf dem Heimweg fing ich an zu rechnen: Um vierhunderttausend Mark hatte ich die Firma erleichtert. Das war im Sommer Jahr 2001 gewesen. Als die Sache aufflog, kurz vor der Umstellung auf den Euro, hatte ich für diese Summe Goldmünzen gekauft und sie noch rechtzeitig, bevor mir der Prozess gemacht wurde, in einem Wäldchen im Duisburger Süden versteckt. Nach der Hochzeit hatte ich die Münzen ausgegraben, sie wieder in Lauras Garten verbuddelt und jetzt ehrlich und in aller Öffentlichkeit wiedergefunden. In der Zwischenzeit hatte der Goldwert ein paar Schwankungen durchgemacht, war aber grundsätzlich gestiegen. Er lag nun, wie ich soeben bei der Bank erfahren hatte, bei knapp fünfhundert Dollar pro Feinunze. Mein Schatz war runde zweihundertzwanzigtausend Euro wert.

Das war die gute Nachricht. Die weniger gute war, dass ich diese Summe durch zwei teilen musste, machte hundertzehntausend Euro für mich und hundertzehntausend Euro für meine ahnungslose Frau.

Nicht mal so schlecht, ging es mir durch den Kopf. Andererseits hatte ich die Hälfte meiner Beute eingebüßt. Fünfzig Prozent Verlust und obendrein die viele Arbeit. Eingraben, ausgraben, dauernd mit den Händen in der Erde, Blumen pflanzen, Unkraut jäten, hatte mich ja fast wie ein Gärtner gefühlt. Die Hühner füttern, Stall ausmisten, und die Stunden mit Laura waren, obwohl es dauernd Kuchen gab, auch kein Zuckerschlecken gewesen. Tagsüber ihr esoterisches Gequatsche ertragen, nachts schlimme Wörter flüstern.

Verdammt! Ich hatte mir den Schatz hart erarbeitet. Sie aber, Laura, hatte in der Sonne gesessen und die Katzen gestreichelt, und nun sollte sie die Hälfte kriegen. Womöglich gar mehr, wenn sie es darauf anlegte, weil es ja ihr Garten war, in dem das Zeug gelegen hatte, und weil wir erst kurze Zeit verheiratet waren, sehr kurze sogar.

Und dann diese mysteriöse Sache mit ihrem indischen Ehemann. Unfall, Urne im Garten, hatte sie ihren Inder womöglich dort im Garten verbrannt? Würde sie mit mir dasselbe machen? Sie hatte mir die Schmetterlinge gezeigt, die sich in der Luft paarten: Nur einer bewegte die Flügel, der andere ließ sich tragen. War das ihre Vorstellung von Arbeitsteilung? Hah!

Mir schwirrte der Kopf. In Uerdingen überfuhr ich eine rote Ampel.

Auf der Rheinbrücke – durchs Seitenfenster kam diese Duftmischung von Industrieabgasen und gedüngten Feldern – da hatte ich mich wieder im Griff. Wenn Laura aber nun verschwände, überlegte ich, dann würde alles Geld mir gehören. Und nicht nur das. Auch das Haus und das Grundstück . . .

Zu Hause begrüßte mich eine strahlende Laura. »Ich weiß es schon, Thomas. Der Notar, bei dem du warst, hat mir alles erzählt, er hatte hier in der Nähe zu tun.«

Ein Kribbeln im Magen sagte mir, dass ich schnell handeln musste. Ich verwarf die Mordgedanken. Der Detektiv mit seinem Großwildteleobjektiv, die Spaziergänger, der Nachbar. Alles Augenzeugen. Viel zu gefährlich. Ich würde mich einfach aus dem Staub machen. Zwar war das nicht nett, doch Laura war stark, sie würde darüber hinwegkommen, sie hatte ja ihre Katzen, die Hühner und den Garten.

Also, die Goldkiste in den Kofferraum – und ab durch die Mitte. Weit weg.

»Laura, ich müsste noch mal kurz was erledigen.« Ich deutete auf den Wagen.

»Nimm ihn. Doch, warte, vorher möchte ich dir was zeigen.« Sie ging mir schon voran in den Garten, energisch mit erhobenem Kopf, ich blickte auf ihre wiegenden Hüften. Es dämmerte, ein lauer Sommerabend kündigte sich an. In der Ferne bei den Hochkaminen stiegen rote Wölkchen in den Abendhimmel. Auf Lauras Haaren lag ein goldener Schimmer.

Vor einer Stunde noch hatte ich überlegt, ob sie in die Grube passen würde. Nun hatte ich eher romantische Gedanken. Dennoch Abschied, es würde der letzte Abend sein.

Am Grubenrand blieb Laura stehen.

»Kein Mensch weit und breit«, flüsterte sie verträumt. »Thomas, ich muss dir etwas verkünden.«

Verkünden, taten das nicht nur Engel? »Und was?«

Ihre Linke fasste meinen Arm, mit der Rechten machte sie eine unbestimmte Kreisbewegung. »All das Land, Thomas, all das Land gehört nun uns. Wir werden Pflanzen anbauen, die mit dem sandigen Boden zufrieden sind, Thymian und Rosmarin, die Heilkräfte haben, Aloen oder Sukkulenten, mit denen du dich so gut auskennst. Einen Teil könnten wir abtrennen, um dort zwei, drei Schweine zu halten, die frei aufwachsen sollen und uns ökologisch wertvolles Fleisch liefern werden.«

Es waren die längsten zusammenhängenden Worte, die ich je von ihr gehört hatte.

Sie trafen mich wie der Schlag mit einem Spaten. Ich hatte das Gefühl, als würde der Boden unter mir wanken. »Laura, du hast ... du hast doch nicht etwa ...?«

»Doch, Thomas, ich habe es gekauft. Zug um Zug, wie der Notar es nannte. Den Schatz im Rosenbeet gegen das Land des Bauern Lamprecht. Ein Tausch, der Notar hat ihn schon besiegelt. Das Land gehört uns.«

Ich schluckte.

»Oh, Thomas, du brauchst nichts zu sagen. Ich weiß, du liebst die unverfälschte Natur. Wir können das Land auch einfach sich selbst überlassen, genügsame Pflanzen werden sich ansiedeln, Blumen, die keinen wirtschaftlichen Nutzen haben, die einfach nur unser Auge erfreuen. Ja, wir lassen alles genau so, wie es jetzt ist. Denn es ist ein magischer Platz!«

Ja, verflucht magisch!

Angewidert betrachtete ich das wertlose Land um mich herum. Monate hatte ich am Computer gesessen und den

Trick mit den Buchungen ausgetüftelt, drei Jahre im Knast.

»Was ist, Schatz?«, fragte Laura erschrocken. »Du zitterst ja.«

»Die kosmischen Schwingungen«, antwortete ich tonlos. »Das machen die kosmischen Schwingungen.«

Garten-Tipp von Niklaus Schmid

Opuntien lassen sich leicht vermehren. Ein Blatt auf den Erdboden legen und liegen lassen, bis es sich wellt und Wurzeln schlägt. Nicht gießen! Der Rest ist Warten. Nach Jahren bilden sich regelrechte Stämme und an den Ohrenblättern wachsen Früchte, die schmackhaft sind, doch dünne spitze Stacheln haben. In Deutschland eine rare Delikatesse, reifen im September auf Formentera fast hinter jedem Bauernhaus Kakteenfeigen – beim nächsten Urlaub mal danach fragen.

Malachy Hyde

Die Venus von Schloss Dyck

Wo blieb er, sein sogenannter Assistent? Professor Dr. Vinzenz Osterlohe blickte den Weg hinunter, ließ seine Augen an den Karrees der Anlagen schweifen, in denen man die Gartenkultur der Jahrhunderte dokumentierte – ganz netter Versuch, doch uninteressant, zumal in diesem März alles spät ergrünte. Nein, ihn fesselte ganz etwas anderes, und dazu brauchte er Ansgar mit seiner Kameraausrüstung. Osterlohe kniete sich nieder, strich mit der Hand über den Marmor der Statue, die aus dem Erdreich ragte, unterdrückte das Zittern, den Impuls, sie vollständig freizulegen. Schon jetzt war unverkennbar, dass es sich um eine vollständig erhaltene Figur einer weiblichen Gottheit handelte, knapp halblebensgroß, wie es schien. Ein Jahrhundertfund, sein Jahrhundertfund war dies, er hatte es gespürt, gewusst. Und nun trödelte dieser Habilitant herum. Osterlohe musste warten, zuerst galt es, die Fundsituation zu dokumentieren, bevor sein Schatz vollständig das Licht der Welt erblicken konnte. Internationale Anerkennung fände er durch diese Statue, und sicher waren weitere Funde an dieser Stelle zu erwarten. Man würde ihn zu Vorträgen laden, seine Publikationen kaufen...

»Ansgar«, brüllte er. Widerstrebend löste er seine Hände von der Statue und richtete sich auf.

Endlich, er tauchte hinter der Wegbiegung auf, Dr. Ansgar Müller, nicht allzu schnellen Schrittes, natürlich mit einer Zigarette zwischen den Fingern. Wahrscheinlich hatte er mit der Assistentin des Geschäftsführers geturtelt, unter gesenkten Lidern, wie es seine Art war, mit seiner Dissertation anzugeben versucht. Ein Machwerk über germanische Fluchtburgen in Norddeutschland, dessen Thesen inzwischen fast alle widerlegt waren. Solange Osterlohe ihn kannte, hatte keine Frau je Interesse an dem Thema gezeigt, ebenso wenig wie an Ansgar; kein Wunder bei dem dürren Leib, dem blassem Gesicht mit der Hornbrille, den dünnen braunen Haaren. Er selbst hatte da mehr vorzuweisen, und nur der silbrige Schimmer, der seine Schläfen zierte, zeugte davon, dass er die Fünfzig längst überschritten hatte. Ja, Osterlohe hielt sich fit, ging joggen, war stolz auf seinen athletischen Körper. Mens sana in corpore sano, wie immer hatten die alten Römer Recht. Ansgar, der so viel auf seine humanistische Bildung hielt, sollte sich einmal daran erinnern.

Hinter Ansgar kam Mechthild Sauer, die Assistentin des Geschäftsführers der Stiftung Schloss Dyck – er hatte es ja gewusst, dass Ansgar mit ihr ins Schwatzen gekommen war – den Gartenarbeiter Herbert Schmitz zur Seite, den man ihnen zur Unterstützung zugeteilt hatte und der vermutlich zu nichts zu gebrauchen war.

»Ansgar, die Fundstelle dokumentieren!« Osterlohe beobachtete, wie sein Assistent die Kameraausrüstung ablud, in die Sonne blinzelte, um das Licht zu prüfen, ein Objektiv aus der Tasche nahm und auf die Kamera schraubte. Gott im Himmel, der Mann schien alle Zeit der Welt zu haben.

»Nun machen Sie schon, Ansgar! – Herbert, Sie heben derweil die Erde ringsherum aus, vorsichtig wohlgemerkt, haben Sie verstanden? Und bleiben Sie weg von der Statue, um die kümmere ich mich selbst.«

Der Mann nickte.

»Und Sie, Frau Sauer, wollen wohl die Statue begutachten. Ich muss Sie darauf hinweisen, dass niemand sie berühren, ja nicht einmal in die Nähe kommen darf, bevor wir nicht alles dokumentiert haben. Sie können sie früh genug in der Publikation bewundern, die ich über dieses Gelände, vermutlich ein ehemaliges römisches Heiligtum, erstellen werde. Und ich sage es Ihnen gleich, wir werden auch die anderen Gärten, wohl den gesamten Park, untersuchen müssen. Ich hoffe, Sie haben Aufzeichnungen und Samenmaterial für die Flora, die Sie dort anpflanzten.«

Er sah den Schrecken in den Augen der jungen Frau, sie hob zum Protest an, doch Herbert, die Schaufel im Schwunge innehaltend, kam ihr zuvor: »Herr Professor, das geht nicht, diese Gartenanlage ist im Laufe von Jahrhunderten entstanden, der Baumbestand ist in seiner Vielfalt einmalig, Sie können nicht einfach . . .«

»Sie werden schon sehen, was ich kann.« Diesem Gartenhilfsarbeiter brauchte er nun wirklich nicht zu erklären, wo seine Kompetenzen lagen. Osterlohe wandte sich wieder an Frau Sauer. »Ich muss Sie bitten, mir noch einige Kräfte zur Verfügung zu stellen. Wir beginnen hier.«

Osterlohe deutete auf die knapp zwanzig Quadratmeter unbestellten Bodens, die eine Informationstafel auf dem Weg als Garten des zwanzigsten Jahrhunderts auswies. »Soll diese Wüstenei eigentlich unsere Gegenwart symbolisieren? Na, das spielt jetzt ohnehin keine Rolle mehr. Ansgar, doch nicht dieses Objektiv, nehmen Sie das für die Makroaufnahmen, muss man Ihnen denn alles erklären? Welcher Idiot hat Sie denn promovieren lassen.«

»Nein«, protestierte die junge Frau.

Osterlohe wandte sich um, zog die Brauen in die Höhe. »Wie bitte?«

»Ich sagte: nein.« Mechthild Sauer blickte ihm trotzig in die Augen. Eigentlich sah sie nicht schlecht aus, unter der engen schwarzen Hose zeichneten sich wohlgerundete Schenkel ab, die rote Jacke betonte ihre dunklen Haare, unterstrich die braunen Augen. Um die dreißig schätzte Osterlohe sie, und ihre Gegenwehr ließ ihn lächeln. »Wozu sagen Sie nein, Frau Sauer, dass man für Nahaufnahmen ein Makroobjektiv benötigt?«

»Nein. Ich kann Ihnen keine zusätzlichen Arbeitskräfte zur Verfügung stellen. Dass Herbert ihnen hilft, ist für uns schon Ausfall genug. Und ich glaube nicht, dass Sie so ohne weiteres die anderen Gärten werden um- und ausgraben können. Sie benötigen dafür eine Genehmigung der Stiftung.«

»Falsch, Frau Sauer. Wie sie wissen, sind der Landschaftsverband Rheinland und das Land Nordrhein-Westfalen an der Stiftung beteiligt. Und ich habe für die Dauer der Ausgrabung die Befugnis – und zwar vom Minister persönlich – die Grabungen in dem von mir für nötig befundenen Umfang durchführen zu lassen.« Er weidete sich an dem Zorn, der in ihrem Blick aufblitzte, ließ ein Lächeln um seine Lippen spielen, bis sie die Augen abwandte. Er hatte gewonnen, wie immer. Und der Gedanke, sich diese Frau gefügig zu machen, erregte ihn fast so sehr wie der Fund der Statue.

Alles zu seiner Zeit. »Ansgar, sind Sie endlich fertig? Haben Sie Sieb und Pinsel mitgebracht? Nein? Sie Anfänger, holen Sie sie gefälligst.«

Zum Abendessen gab es ein Fünf-Gänge-Menü in dem Restaurant Blaikie, Wild als Hauptgang.

»Ausgezeichnet. Aus eigener Hege?«, fragte Osterlohe Mechthild Sauer, die neben ihm saß.

»Nein, wir haben hier keinen zu jagenden Wildbestand, Herr Professor.«

Er hob die Augenbrauen. »Aber der Koch ist nicht der schlechteste.«

»Danke, ich werde es weitergeben.«

Das Restaurant bestach durch edle Ausstattung, und das Kerzenlicht ließ die Gläser schimmern. Das ganze Schloss war von imponierender Großzügigkeit, umgeben von einer herrschaftlichen Aura, der Park als englischer Landschaftsgarten von Thomas Blaikie, dem Namenspatron des Restaurants, angelegt.

Allerdings, so erzählte Mechthild Sauer, hatte sich die letzte Gräfin Marie Christine gezwungen gesehen, ihren

Besitz vor Jahren in eine gemeinnützige Stiftung umzuwandeln. Seither ließ es sich die vormalige Gräfin zu Salm-Reifferscheidt-Dyck, durch Heirat nunmehr Gräfin Wolff Metternich, auf dem Schloss ihres Gatten in Adelebsen, irgendwo in Niedersachsen, gut gehen.

»Ich hoffe, Sie sind mit dem Quartier zufrieden? Viele Möglichkeiten, jemanden unterzubringen, haben wir hier leider nicht. Das Schloss wird gerade in weiten Teilen restauriert.«

Die Zimmer in dem äußersten Vorbau des Schlosses, in denen Ansgar und er untergebracht worden waren, blieben um Längen hinter den Gemächern zurück, die den Besuchern voller Stolz präsentiert wurden. »Nun...«

»Doch, doch, es ist sehr schön.«

Ansgar, dieser Schmeichler, erhoffte sich wohl bei der Dame Erhörung, unerträglich. »Haben Sie schon mit der Dokumentation begonnen, Ansgar?«

Ansgar errötete, es war so leicht, ihn aus der Fassung zu bringen. »Äh, nein, ich wollte nach dem Essen...« Er starrte auf seinen Teller.

Mechthild griff nach der Weinflasche. »Möchten Sie noch, Ansgar?«

»Gern.«

Osterlohe bemerkte die hündische Dankbarkeit in Ansgars Blick, das Lächeln, mit dem Mechthild ihn bedachte, ein mitleidiges Lächeln, was sonst.

»Erzählen Sie mir von den germanischen Fluchtburgen, Ansgar, was fanden Sie da heraus?« Mechthild neigte sich dem jungen Mann zu.

Ansgars Ohren leuchteten rot. »Oh, ich untersuchte exemplarisch die Marienburg an der Leine, ein schönes Beispiel für eine germanische Stätte an exponierter Lage, die später für ein fürstliches Schloss genutzt wurde – wie hier bei Ihnen, nur ist die Marienburg bei weitem nicht so alt und ehrwürdig.«

Sein bleicher, bebrillter Assistent flirtete, kaum auszuhalten. Osterlohe beobachtete ihn, während sich Ansgar weiter über die Marienburg und die germanische Anlage dort erging. Sollte er sich ruhig ein wenig in dem Glauben wiegen, sein Geschwätz interessiere die Frau, bevor Osterlohe ihn seiner Illusionen beraubte. Es war amüsant, die beiden zu beobachten. Ansgar hatte nie von einer Freundin gesprochen, und ob er je eine gehabt hatte, wussten die Götter. So, wie er aussah und sich gab, würde er wohl auch keine bekommen. Frauen bevorzugten starke Männer, liebten die Mischung von Attraktivität, Macht und Sicherheit, wie Osterlohes erste Frau, am Anfang, bis sie sich ‚weiterentwickelte', so ihre Worte.

Sie hatten jung geheiratet, in Studententagen noch, und als er nach dem Studium eine Promotionsstelle fand, waren sie glücklich gewesen. Damals hatte sie Osterlohes Schreibarbeiten erledigt, für ihn den Haushalt geführt, war seinen sexuellen Wünschen nachgekommen. Dankbar, dass er sie ernährte, hatte sie zu ihm aufgesehen. Das Leben war schön gewesen. Dann war sie in die Psychoszene abgedriftet, hatte ‚Selbsterfahrungsseminare' besucht, war nicht mehr zufrieden gewesen, ihre Erfüllung in seinem Erfolg zu sehen. Unerträglich hatte sie ihm das Leben gemacht, und er musste sie verlassen.

Seine jetzige Frau war genau das, was ihn reizte. Ehemals seine Studentin, schön und intelligent, hatte es ihn zutiefst befriedigt, ihr diese Emanzipationsallüren auszutreiben, sie dorthin zu bringen, wo sie hingehörte, an den heimischen Herd. Auf der anderen Seite fehlte ihm seither die Herausforderung, das musste er zugeben, doch die fand er bei Frauen wie Mechthild Sauer.

»Es tut mir leid, wenn ich unterbrechen muss, Frau Sauer, doch ich kann nicht dulden, dass mein Assistent Ihnen die neuesten Forschungsergebnisse vorenthält. Seine

Marienburg ist meiner Meinung nach im Zusammenhang mit der jüngst entdeckten Anlage von Hedemünden zu sehen, also ein Römerlager. Immer mehr Kollegen geben meiner Theorie recht, dass durch die Nazizeit die Germanenforschung Stätten für sich beanspruchte, römische Artefakte in germanische Bauten umdeutete, ja, teilweise die Anwesenheit der Römer in Teilen unseres Landes vollständig leugnete. Was nicht sein darf, das nicht sein kann, so war das Denken. Keineswegs möchte ich den damaligen ‚Wissenschaftlern' Vorsatz unterstellen, doch sich weiterhin den Erkenntnissen der heutigen Zeit zu verschließen, längst überholten Theorien nachzuhängen, zeugt nicht von wissenschaftlicher Qualifikation.«

Ansgar errötete tiefer, suchte Zuflucht bei seinem Wein, gut.

Osterlohe neigte sich Mechthild zu. »Ihnen, werte Frau Sauer, kann ich es natürlich nachsehen, Sie sind nicht vom Fach, wissen nur um die Schönheiten der Gartengestaltung. Doch stellen Sie sich einmal vor, was allein diese Statue – die Ihnen, mit Verlaub, erstaunlich ähnelt – auf Ihrem Gelände bedeutet. Und ich bin sicher, dass uns in Ihren Gärten noch weitere Schätze erwarten. Ich kann Ihnen garantieren, Frau ... Mechthild«, er legte kurz seine Hand auf ihren Arm, sah ihr in die Augen, »dieser Fundort wird ein Publikumsmagnet ohnegleichen, das Schloss wird der Besucherströme nicht mehr Herr werden und Ihre Stiftung im Geld schwimmen, eine geschickte Marketingstrategie vorausgesetzt. Sie haben da sicherlich entsprechende Fachleute?«

Mechthild erwiderte seinen Blick. »Allerdings. Ich studierte Ethnologie, Wirtschaftswissenschaften und Marketing.«

Osterlohe schnalzte mit der Zunge. »Interessante Kombination. Nun, ich bitte um Vergebung, ich dachte, Sie wären Gärtnerin oder Gartenbauarchitektin oder hätten etwas wie, äh, Landwirtschaft studiert. So kann man sich irren.« Er legte ein gewinnendes Lächeln auf die Lippen. »Dann werden Sie wissen, wovon ich spreche. Die Stiftung wäre nicht mehr auf Spenden oder die Veranstaltung irgendwelcher Messen – wie diese Hochzeitsmesse derzeit – angewiesen. Ein schöner Gedanke, nicht wahr?«

Er hob sein Glas, stieß mit ihr an, sah ihr dabei tief in die Augen. Oh ja, er würde sein Ziel erreichen.

»Meinen Sie, es ist eine Venus?« Das war Ansgar.

»Sagte ich das nicht bereits? Selbstverständlich ist es eine Venus, römisch, erstes Jahrhundert. Oder sind Sie anderer Meinung?«

Sein Assistent schüttelte den Kopf. »Augustäisch vielleicht?«

»Oh, Ansgar, gut geraten. Na ja, ein blindes Huhn findet auch mal ein Korn.« Osterlohe zwinkerte Mechthild zu.

»Vielleicht sollten wir die Presse über unseren Fund informieren.«

Osterlohe riss sich von Mechthilds Anblick los. »Kommt überhaupt nicht in Frage, Ansgar. Meine Güte, haben Sie denn überhaupt nichts gelernt? Wenn wir jetzt schon unseren Fund preisgeben, steht es übermorgen in jeder Zeitung, ist in den Nachrichten, den Tagesthemen, und mit dem Fachpublikum stellen sich jede Menge Raubgräber ein. Tse, tse.« Er schüttelte den Kopf, mäßigte seine Stimme. »Doch machen Sie sich keine Sorgen, Mechthild, wenn wir die Statue noch ein wenig geheimhalten, wir in Ruhe graben können, wird das Interesse der Öffentlichkeit am Ende nur um so größer sein.«

»Das steht zu hoffen, Herr Professor.« Mechthild Sauer warf ihre Haare zurück und schickte Ansgar einen Blick.

Mit bloßen Händen kratzte Osterlohe die Erde weg, die Statue lag nun vor ihm, in ihrer ganzen Schönheit. Er griff zu der Kelle und lockerte die Erde unterhalb des Kopfes. Was war das? Ein Widerstand, der unter leichtem Druck nachgab. Er warf die Kelle fort und wischte vorsichtig über den Boden. Holz kam zum Vorschein, Bretter, fast gänzlich vermodert. Seine Hände begannen zu zittern. Stammte die Statue gar nicht von hier, sondern war an dieser Stelle vergraben worden? Das würde ein völlig neues Licht auf seinen Fund werfen.

»Herr Professor, schauen Sie mal!« Herbert, der wenige Meter von ihm entfernt die Grube tiefer ausgehoben hatte, stützte sich auf seine Schaufel. »Sieht aus wie der Deckel einer Kiste. Fürchte, sie zerfällt, wenn ich da beigehe.«

»Lassen Sie das. Genug, gehen Sie. Wo ist Ansgar?« Klang seine Stimme panisch? Osterlohe bezwang sich. Vorhin hatte er noch geflucht, dass sein Assistent unpünktlich war, nun empfand er es als Segen. Es fehlte noch, dass der Zeuge seiner Niederlage wurde.

Herbert zuckte die Achseln.

»Sehen Sie zu, dass Sie ihn finden, er soll mit dem Metalldetektor das Gelände abschreiten.«

Herbert deutete den Weg hinunter Richtung Eingang. »Da kommt er, sagen Sie es ihm selbst.«

Osterlohe sprang aus der Grube und ging Ansgar entgegen. »Haben Sie endlich ausgeschlafen?« brüllte er ihm entgegen.

Ansgar zuckte zusammen, beschleunigte seine Schritte. Auf halbem Weg trafen sie sich. »Herr Professor, entschuldigen Sie, aber . . .«

Osterlohe winkte ab, die fadenscheinigen Entschuldigungen interessierten ihn nicht. »Papperlapapp, hören sie zu: Sie holen jetzt den Metalldetektor aus dem Wagen und sondieren das Gelände. Fangen Sie hinten beim Schloss an, außerhalb des Burggrabens, und schreiten Sie den Park systematisch ab. Ich muss Ihnen ja wohl nicht erklären, wie man das angeht.« Er wedelte mit der Hand, als Ansgar einen Blick in die Grube zu erhaschen versuchte. »Machen Sie sich an die Arbeit.«

»Und die Venus, Herr Professor?«

»Was soll damit sein? Ich bringe sie zu uns ins Institut, um erste Untersuchungen durchzuführen. Dann werde ich unsere Datenbank nach Vergleichsexemplaren durchforschen.«

»Sind Sie den ganzen Tag fort?«

Schimmerte da so etwas wie Erleichterung im Gesicht seines Assistenten auf?

»Ja, ich nehme den Wagen. Sorgen Sie dafür, dass Sie alles haben, was Sie brauchen.«

Würde zu ihm passen, mit der Ausrede zu kommen, die nötigen Gerätschaften seien ja im Wagen gewesen. »Und schicken Sie Herbert noch mal her, er soll eine Schubkarre mitbringen.«

Osterlohe wandte sich um und ließ Ansgar stehen. Kurz darauf hörte er, wie sich seine Schritte entfernten. Rauch wehte zu ihm herüber, natürlich, Ansgar ließ sich keine Gelegenheit für eine Zigarette entgehen, obwohl der wusste, wie sehr er Rauchen verabscheute. Eine Gewohnheit von Schwächlingen, sich mit diesem Gift vollzusaugen. Aber Osterlohe hatte jetzt andere Probleme.

Wie vermutet, war die Statue römisch, tatsächlich 1. Jahrhundert nach Christus, einiges sprach für augustäische Zeit. Gar nicht schlecht, sein Assistent. Vielleicht sollte er ihm verantwortungsvollere Aufgaben zuweisen. Vielleicht. Augustäisch also, so weit, so gut. Die Stücke aus der zweiten Kiste, die Herbert gefunden hatte, passten dazu, zerbrochene Keramik, Gläser, Götterstatuetten, Münzen, die eine Datierung in die frühe Kaiserzeit zuließen.

Auf der Fahrt nach Düsseldorf hatte Osterlohe Muße gehabt, seinen Fund und seine Vermutung zu überdenken. Selbst wenn sich sein Verdacht bestätigte, dürften

Wissenschaft und Öffentlichkeit wahrlich Grund zur Freude haben. Und wessen Verdienst wäre es? Seiner.

Er startete den Computer, wählte sich in das Internet ein und rief die Seiten der Lost-Art-Datenbank auf. In die Suchmaske tippte er ‚Venus + Statue' und im Bruchteil einer Sekunde erschien eine Liste, manche Einträge mit einer Abbildung versehen. Er scrollte tiefer, sein Atem stockte. Sie war nicht dabei. Auch das BKA-Verzeichnis der gestohlenen Kunstwerke enthielt keine Venus. Also hatte er sich geirrt, die Venus war keines der während des Krieges verschleppten Kunstwerke oder Beute eines Kunstraubes. Doch dann war sein Fund noch rätselhafter.

»Nun, Herr Professor, was hat Ihre Suche ergeben?«

Mechthild Sauer kam ihm auf dem Parkplatz entgegen, in der Hand eine Tüte mit Äpfeln, die sie offenbar in dem Obstladen vor dem Eingang zum Park erstanden hatte. Ihr Haar schimmerte in der Abendsonne wie reife Kastanien. »Möchten Sie?«

Osterlohe fand es unpassend, auf einem Parkplatz stehend in einen Apfel zu beißen. »Danke. Werte Frau Sauer, Mechthild«, er neigte seinen Kopf, »wo ist denn mein eifriger Assistent?«

Mechthild wies gen Park, die Tüte in ihrer Hand schaukelte. »Er ist fast fertig, sagte er mir vorhin.«

»Gut.«

»Und, haben Sie etwas herausgefunden?« wiederholte sie, drängender. »Wir möchten nun doch gern eine Pressemeldung herausgeben, unser Geschäftsführer lässt ausrichten . . .«

Osterlohe hob die Hand und brachte sie damit erwartungsgemäß zum Schweigen. »Was Ihr Vorgesetzter ausrichten lässt, liebe Mechthild, interessiert mich nicht.« Er lächelte. »Und jetzt entschuldigen Sie mich bitte, Sie werden verstehen, wir haben zu tun. Guten Tag.«

Die Grube hatte stattliche Ausmaße angenommen. In dem nun knapp zwei Meter tiefen Loch stand Herbert, Schweiß auf der Stirn, und schaufelte weiter die Erde heraus.

»Hallo, Herr Osterlohe.« Herbert stieß die Schaufel in die Erde und stützte sich an den Holm der Leiter, die er in die Grube gestellt hatte.

»Professor Osterlohe, bitte. Fleißig, fleißig, wie ich sehe. Was ist das da?« Osterlohe deutete auf eine Erhebung innerhalb der Grube nahe dem Rand.

»Ich weiß nicht. Da scheint etwas zu sein, und ich dachte, ich warte damit besser auf Ihre Rückkehr.«

»Gut gemacht, Herbert. Ich schätze Mitarbeiter, die mitdenken. Wo ist Ansgar? Sie können sich ein wenig ausruhen, allerhand, was Sie da geschafft haben, hätte ich Ihnen nicht zugetraut.«

Herbert kletterte aus der Grube. »Feierabend?« fragte er hoffnungsvoll, während er die Erde von den Händen rieb.

Osterlohe nickte. »Ja, ja. Aber suchen Sie noch Ansgar und richten ihm aus, ich erwarte ihn um acht im Restaurant.«

Schon wandte er sich der Erhebung zu. Noch eine Kiste? Oder doch noch ein originär römischer Fund? Das wäre hier im Rheinland nicht überraschend. Osterlohe zwang sich zur Ruhe, nur keine übereilten Schlüsse. Er nahm sich die Kelle, die Herbert am Wegesrand abgelegt hatte und stieg die Leiter hinunter.

Ein metallisches Geräusch erklang, die Kelle war auf Stein gestoßen, kaum dass er zu kratzen begonnen hatte. Kurz darauf kam Marmor zum Vorschein, wunderbarer, makelloser Marmor. Noch eine Statue? Osterlohe kratzte, half mit der Hand nach, bis er einen mit Blättern und Rosetten verzierten Stein, ein Kapitell wohl, freigelegt hatte. Eine wunderbare Arbeit, soviel konnte man sogar unter dem Dreck und Sand erkennen. Sein Herz schlug schneller, er zwang sich zur Ruhe, tastete die Umgebung ab, lockerte die Erde, doch diesmal kein Holz, keine Bretter. Er rang seine Erregung nieder, grub weiter. Vorsichtig führte er die Kelle und stieß auf den mit dem Kapitell verbundenen Säulenschaft, der in der Erde verschwand. Das Loch musste tiefer ausgehoben werden. Fast hätte er nach Herbert gerufen, doch der würde ihn wohl kaum hören. Auch war es schon fast dunkel, er hatte während des Grabens die Zeit vergessen. Kurz nach acht, sagte ihm ein Blick auf die Uhr. Er bedeckte die Säule wieder mit Erde, legte die Kelle beiseite und stieg die Leiter empor, sie schwankte auf dem weichen Grund.

Seine Hose war staubig, notdürftig klopfte er sie ab, bevor er sich auf den Weg zum Restaurant machte.

Ansgar saß schon beim Essen, Mechthild leistete ihm Gesellschaft. Kurz umriss er seine Nachforschungen.

»Sie war verpackt, Herr Professor?«

»Ich sagte es doch bereits. Und, Ansgar? Haben Sie eine Idee, wie die Statue in die Kiste kam?«

»Beutegut aus dem zweiten Weltkrieg?«

Osterlohe schüttelte den Kopf. »Selbstverständlich war das auch mein erster Gedanke. Doch unsere Venus wird von niemandem vermisst.«

»Auch nicht gestohlen? Später, meine ich?«

»Nein, Ansgar.«

»Und nun?«

»Was denken Sie wohl? Wir werden selbstverständlich untersuchen, ob noch weitere Kunstwerke im gräflichen Boden von Schloss Dyck schlummern. Haben Ihre Sondierungen etwas ergeben?«

»Bedaure, nichts Nennenswertes.«

»Oh doch, Ansgar hat meinen Ohrring wiedergefunden, den ich im letzten Jahr verlor.« Mechthild strahlte Ansgar an, dessen Ohren zu leuchten begannen.

»Wie aufmerksam von ihm. Besser wäre gewesen, er hätte die Zeit genutzt und ein Zelt über unsere Baugrube aufgebaut, Regen ist angesagt.«

»Aber Sie hatten doch . . .«

Es war ein Kreuz mit Mitarbeitern, die keines eigenen Gedankens fähig waren, nur mit preußischem Gehorsam Befehle ausführten. Hatte er tatsächlich in Erwägung gezogen, Ansgar mit verantwortungsvolleren Aufgaben zu betrauen? Nein, er war noch nicht so weit.

»Wenigstens hatten Sie mit der Einordnung recht, die Venus ist augustäisch.« Mit Blick auf Mechthild fügte er hinzu: »Augustus war wirklich ein außergewöhnlicher Kaiser. Es wird Sie sicher interessieren, zu hören, dass er als erster die Macht der Bilder zu Zwecken der Propaganda einsetzte. In gewisser Weise war er also ein Kollege von Ihnen, marketingmäßig, meine ich.« Osterlohe lachte. »Aber Scherz beiseite, Sie, Ansgar, werden gleich noch das Zelt aufbauen. Wir wollen doch nicht, dass die mühsam von Herbert gegrabene Grube gleich wieder zuschlämmt, nicht wahr?«

Ansgar senkte den Kopf und nickte. Mechthild straffte die Schultern. »Herr Professor, ich wundere mich über Ihren Ton.«

»Ich bitte um Vergebung, liebe Frau Sauer. Aber wenn Sie wüssten, mit welcher Anhäufung von Inkompetenz ich täglich zu ringen habe, da reißt dem Nachsichtigsten schon mal der Geduldsfaden.«

Sein Blick streifte Ansgar, der auf seinen Teller starrte. »Aber wie sollen Sie das beurteilen können.« Er schüttelte den Kopf, die Stirn in Falten. »Vielleicht kann Herbert Ansgar noch beim Aufbauen des Zeltes helfen?«

Mechthild Sauer nickte Ansgar zu. »Ich werde ihn schicken.«

Es war spät geworden, Zeit, sich zurückzuziehen. »Morgen um sechs.«

Ansgar schreckte hoch. »So früh?«

Osterlohe stand in der Grube und betrachtete die Säule. Natürlich ließ Ansgar auf sich warten. Nie konnte der Adlatus pünktlich sein, nie war er zur Stelle, wenn man ihn brauchte. Kein Wunder, wenn aus dem nichts wurde. Wenigstens hatte er gestern noch das Zelt aufgebaut, doch auch das dilettantisch. Eine Seitenbahn flatterte im Wind, die Decke hing durch, das Regenwasser würde sich darin sammeln.

»Ah, endlich!« Eine Zigarette zwischen den Lippen schlenderte Ansgar heran. Osterlohe sah demonstrativ auf die Uhr. »Wir sind hier nicht an der Universität, Ansgar, also gibt es auch kein akademisches Viertelstündchen.«

Dieser devote Blick, unerträglich. Wenn Ansgar doch endlich einmal damit beginnen würde, Format, Persönlichkeit zu entwickeln, aber das war wohl hoffnungslos.

»Was ist das, Herr Professor? Das habe ich gestern Abend gar nicht bemerkt. Ein neuer Fund?« Ansgar kletterte in die Grube und beugte sich über die Säule, seine Säule.

»Finger weg!«

Ansgar zuckte zurück.

»Haben Sie den Fotoapparat dabei?«

Ansgar lief rot an. »Nein.«

»Na, dann holen Sie ihn.«

Ansgar hetzte los. Er würde es nie lernen, dass man als Assistent stets auf alle Eventualitäten vorbereitet sein musste. Vorerst konnte Osterlohe nicht weiterarbeiten, erst musste der Fund fotografiert werden, Geduld.

Links hatten sie die Kisten gefunden, eine neben der anderen, etwas unterhalb, zum Rand der Grube hin, ragte nun die Säule aus dem Boden. Ein zierliches Exemplar, wie von dem Atrium einer Villa oder einem kleineren Heiligtum. Was mochte hier geschehen sein? Hatte jemand die Stätte gefunden, die Kunstwerke ausgegraben, zum Transport verpackt? Wenn es so gewesen war, musste etwas verhindert haben, dass sie weggeschafft wurden. Rätselhaft. Osterlohe untersuchte noch einmal die Stelle, an der die Kisten lagen. Da ragte etwas Weißes aus dem Boden, sie hatten es in der Aufregung gar nicht bemerkt. Solange Ansgar mit dem Fotoapparat noch nicht da war, würde er einmal nachsehen. Die Kelle lag noch dort, wo er sie hingelegt hatte.

Knochen, es waren ganz eindeutig Knochen. Mehrere Rippen zeichneten sich ab, gut erhalten, kaum anzunehmen, dass sie aus dem Altertum stammten. Musste man die Polizei holen? Osterlohe stieg die Leiter hinauf und wartete, die Arme hinter dem Rücken verschränkt. Nur nichts überstürzen.

»Ah, Ansgar, da sind sie ja endlich. Ich habe noch etwas entdeckt, ein Skelett, wie es scheint. Machen Sie ein paar Aufnahmen von der Säule, natürlich auch von den Knochen, der Gesamtsituation, sie wissen schon.«

»Ein Skelett?« Ansgar kletterte in die Grube. »Gestern fand ich einige Dokumente in der Schlossbibliothek. Darin las ich etwas, das die Sache vielleicht erklären würde.«

»Und was, bitteschön?« Sollte ausgerechnet Ansgar hinter das Mysterium ihres Fundes gekommen sein? Das wäre zu ärgerlich.

»Im neunzehnten Jahrhundert, bei der Anlage der Gärten, gab es ja bereits einen römischen Fund, diese Jupitersäule, die jetzt im Schloss zu sehen ist. Es heißt, zu der Zeit sei einer der Gärtner spurlos verschwunden. Ein Kollege, Engländer, glaube ich, sei in dem Zusammenhang verhört worden, wird dann aber nicht mehr in den Dokumenten erwähnt. Möglicherweise entdeckten die beiden, was wir jetzt wiederfanden, wollten es außer Landes bringen, gerieten in Streit und der eine brachte den anderen um. Vielleicht ist das der vermisste Gärtner?« Ansgar deutete auf die Knochen, tatsächlich so etwas wie Bedauern in den Augen.

»Vielleicht geht Ihre Fantasie mit Ihnen durch. Los, fotografieren Sie!«

Hatte Ansgar recht? Osterlohes Herz schlug schneller.

Dann stammte die Statue von diesem Gelände, waren noch weitere Objekte zu erwarten – wenn nicht die Raubgräber von damals schon einen Teil ihrer Funde abtransportiert, versteckt, verkauft hatten.

Artefakte von seiner Ausgrabung in englischen Privatsammlungen – Osterlohe stöhnte leise. Nun, wenigstens einen der Raubgräber hatte das Schicksal bestraft – wenn diese Theorie stimmte.

Ansgar knipste, bis der Apparat mit einem Surren zu erkennen gab, dass der Film voll war. Immerhin hatte er die Geistesgegenwart besessen, einen Ersatzfilm mitzubringen. Er stieg aus der Grube, um ihn einzulegen.

»Nun machen Sie schon. Wenn Ihre Mechthild nicht in der Nähe ist, sind Sie wohl zu keinen Höhenflügen fähig, was?«

Er lachte, auch darüber, dass Ansgar wieder errötete. »Ich werde jetzt hinuntersteigen und mir die Sache noch einmal aus der Nähe ansehen.« Osterlohe trat auf die erste Sprosse der Leiter, sie sackte in den Boden, fast hätte er den Halt verloren.

»Nun halten das Ding schon fest, Sie komatöser Tropf. Sehen Sie nicht, wie die Leiter schwankt?«

Ansgar trat einen Schritt auf ihn zu. Seine Augen flackerten, irr fast, schien es Osterlohe.

»Hat Ihnen die schöne Mechthild den Verstand geraubt? Bilden Sie sich nicht ein, dass eine Frau wie sie etwas an Ihnen findet. Sehen Sie sich doch an.« Osterlohe stieg eine Sprosse tiefer, sein Fuß suchte die nächste.

Ansgar streckte seine Hände aus, umfasste den oberen Tritt. Wusste nicht mal, wie man eine Leiter richtig festhält, der Trottel. »Ansgar, passen Sie doch auf! Halten Sie sie an den Seiten fest!«

Ansgars Augen blieben auf ihn geheftet, wie hypnotisiert starrte er ihn an, unheimlich.

„Was soll das?"

Die Leiter neigte sich, Ansgars Hände lösten sich von

der obersten Sprosse, er sah, wie der seine Hände betrachtete, als seien sie ihm fremd.

»Was . . .«

Neben Ansgars Gesicht erschien das von Mechthild. Im Gegenlicht ähnelte sie der Venus noch mehr, seiner Venus. Sie lächelte, verschwand.

Im Fallen ließ er die Leiter los, drehte er sich um seine eigene Achse, versuchte, sich mit den Händen abzufangen, das Kapitell der Säule kam näher und näher. Weißer, samtiger Marmor.

Garten-Tipp von Malachy Hyde

Fortpflanzung von Ölbaum und Obstbäumen durch Absenker

Junge Triebe, die einem Baum dicht über der Erde entsprießen, drücke in die Erde hinunter und ziehe ihre Spitze hoch, damit der Ableger Wurzeln schlägt; dort grabe den Setzling zwei Jahre später aus und verpflanze ihn von dort. Feige, Ölbaum, Granatapfelbaum, Quitte und alle anderen Apfelfruchtbäume, Lorbeer, Myrte, Praenestinische Haselnusssträucher, Platane – bei ihnen allen kann man auf dieselbe Weise Schösslinge vom Stamm absenken.

Willst du Ableger sorgsamer absenken, hast du sie in Töpfe oder in Körbe abzusenken, deren Boden durchstoßen wurde, und mit ihnen in eine Pflanzgrube zu versetzen. Damit sie auf Bäumen Wurzeln schlagen, durchstoße eine Pflanzschale. Durch ihren durchstoßenen Boden oder den Korb stecke den Zweig, der Wurzeln schlagen soll, hindurch, fülle den Korb oder die Pflanzschale mit Erde, stampfe die Erde gut fest. Nach zwei Jahren kappe den Zweig unter dem Korb, schneide den Korb auf einer Seite durchgehend auf oder – wenn es eine Pflanzschale ist – zertrümmere sie und setze den Setzling mit diesem Korb oder dieser Schale in die Pflanzgrube. Auf dieselbe Weise verfahre mit den Weinreben; sie kappe ein Jahr danach. Auf diese Weise kannst du von jeder beliebigen Sorte Ableger absenken.

(Nach Marcus Porcius Cato, De Agricultura – Über den Ackerbau)

Andrea C. Busch

Was du ererbt von deinen Vätern . . .

Manche Menschen sind wirklich selbst schuld, wenn sie vorzeitig aus dem Leben scheiden, dachte Hans-Dieter Janßen und lauschte missmutig auf das Rattern des Häckslers im Garten nebenan. Dem Garten, der eigentlich sein Garten war.

Was gab es da eigentlich dauernd zu häckseln? Soviel Frühjahrsschnitt konnte da doch nicht angefallen sein?

Gut, der Garten war ein wenig verwildert. Es hatte diesmal länger als sonst gedauert, bis das Haus verkauft war. Aber die Struktur des Gartens war vollkommen. Es gab Äpfel-, Kirsch- und Pflaumenbäume, Johannisbeersträucher, eine Himbeer- und eine Brombeerhecke, die den Garten zu einer beinahe uneinnehmbaren Festung machten. Ein wunderbarer Rosenpavillon, bewachsen mit verschiedenen Clematisarten und schönen alten Kletterrosen, die ihre Pracht einmal im Jahr überreichlich präsentierten. Beete für Nutzpflanzen, einen romantischen Bauerngarten mit Pfingstrosen, Löwenmäulchen, Cosmeen, Stockrosen, Eisenhut und Rittersporn; alles, was das Herz des wahren Pflanzenliebhabers begehrte. Am meisten hing Hans-Dieter jedoch an den Rosen, deren blühende Pracht er in Mai und Juni aus seinem Dachfenster bewunderte.

Er strich an der hohen Buchsbaumhecke entlang, die am Ende seines winzigen Gärtchens Rücken an Rücken mit den nachbarlichen Brombeeren einen fast undurchdringlichen Schutzwall bildete.

An einer Stelle bog er den von ihm etwas gelichteten Buchsbaum beiseite und spähte durch die frühlingshaft schwach begrünten Brombeertriebe. Er konnte einfach nicht erkennen, was da gehäckselt wurde, und den Geräuschen nach konnte es fast alles sein. Alte Rosentriebe, Baumschnitt . . .

Sicher trieb der Mann dort auf dem Nachbargrundstück unqualifizierten Blödsinn und verschandelte dabei den Garten. Keiner der so oft wechselnden Besitzer des alten, stattlichen Backsteinhauses hatte gewusst, wie man mit dieser Pflanzenpracht richtig umgehen musste. Mit seiner Pflanzenpracht.

Haus und Garten standen doch ihm zu; schließlich war er der letzte Spross der Familie, die dieses Haus gebaut und den prächtigen Garten für Selbstversorger und Liebhaber angelegt hatte. Ein illegitimer Spross der Zuckerrüben-Dynastie allerdings, denn seine schwangere Mutter war vom alten Meyerink sofort aus dem Dienst entlassen worden und ihn, Hans-Dieter, hatte er nie als seinen Sohn anerkannt.

Die Bäume im Garten waren älter als er selbst, Rosen und Sträucher liebevoll von seiner Mutter gepflanzt, deren Schönheit damals gerade erblühte, deren breites Becken und sanft gerundeter Körper vor Fruchtbarkeit strotzten. Dem hatte der alte Meyerink wohl nicht widerstehen können.

Hans-Dieter spürte die Zornesröte in sich aufsteigen, als er daran dachte, wie das Meyerinksche Anwesen an diesen Schnösel aus Düsseldorf verkauft worden war, der den Garten roden lassen wollte, um Platz für einen Swimming-Pool zu schaffen. Zum Glück war er über den Kostenvoranschlag nicht hinausgekommen. Ein tragischer Unfall. Marder, hieß es, hätten ihm die Bremsschläuche durchgenagt.

Und dann diese überkandidelte Schnepfe aus dem Münsterland, die unbedingt an den Niederrhein hatte ziehen wollen, weil sie gelesen hatte, dass die Bewohner von Flussufern und deren Umgebung besonders aufgeschlossen seien. Sie sei auch sehr aufgeschlossen, hatte sie betont. Und zu allem und jedem eine Meinung geäußert. Noch nie eine Harke in der Hand gehabt, aber über Gärten alles besser gewusst.

Er hatte sie kaum fünf Minuten gekannt, da vertraute sie ihm bereits die Details ihrer Verdauung an. Unappetitliche Details. Nach kurzer Zeit mied man sie im ganzen Ort; vermutlich war niemand aufgeschlossen genug. Und niemand im Ort war wirklich traurig, als sie eines Tages beim Fensterputzen aus dem Dachgeschoss fiel und sich den Hals brach.

Alle kamen zur Beerdigung; sie wollten sicher sein, dass ihr Mundwerk auch wirklich mit beerdigt wurde. Der Pfarrer, erinnerte Hans-Dieter sich, hatte von einem tragischem Unglücksfall gesprochen und dass ihre Seele nun bei Gott Ruhe finden würde.

»Das Geschnatter hält nicht mal Gott aus«, hatte einer der Anwesenden gewitzelt, und zum ersten Mal in der mehrhundertjährigen Geschichte der kleinen Friedhofskapelle war Heiterkeit aufgekommen.

Hans-Dieters Mutter hatte übrigens nie ein Wort darüber verloren, ob sie sich dem alten Meyerink freiwillig hingegeben hatte oder nicht. Überhaupt hatte sie nie ein schlechtes Wort über den Mann verloren, und doch wusste er um ihre Enttäuschung, dass Meyerink sie nach dem Tod seiner Frau nicht wieder ins Haupthaus geholt hatte. Stattdessen hatte er das Gesindehaus, in dem Hans-Dieter aufgewachsen war, und ein winziges Stück Garten dazu von seinem Grundstück abgetrennt und dichte Hecken zwischen den beiden Gärten pflanzen lassen. Auf diese seltsame Art waren Mutter und Sohn außer Sichtweite, aber doch nicht ganz aus der Welt.

Und er hatte Hans-Dieter eine Lehrstelle als Gärtner vermittelt, als habe er instinktiv geahnt, woran das Herz des Jungen hing. Warum aber, warum nur hatte er ihn nie als seinen Sohn anerkannt? Warum hatte er ihm Haus und Garten nicht vererbt und das Anwesen an seine viel jüngere Schwester fallen lassen, die nichts anderes im Sinn hatte, als es möglichst schnell zu verscherbeln und sich eine Stadtwohnung zu kaufen?

Nach der Schnepfe aus dem Münsterland war eine Familie mit vielen Kindern in das Haus gezogen. Hilflos hatte Hans-Dieter mit ansehen müssen, wie die kleinen Monster ihre Initialen in die Rinden seiner innig geliebten Obstbäume ritzten. Noch mehr entsetzte ihn, was er eines Tages durch die lichte Stelle in der Buchsbaumhecke belauschte. Die Mutter der Kinder kündigte an, die alten Kletterrosen beseitigen zu wollen. Es genügte ihr nicht, dass sich Ännchen von Tharau, Paul's Himalayan Musk Rambler und Felicité et Perpétue einmal im Jahr die Seele aus dem Leib blühten, ihre ganze Schönheit in dichten prachtvollen Büscheln verschenkten, dass einem der Atem stockte. Sie wollte lieber Edelrosen, die länger blühten und sich leichter in die Vase stellen ließen als die weichtriebigen Ramblerrosen.

Sein Gärtnerherz blutete, als er die Frau in verächtlichen Worten über seine Lieblinge sprechen hörte. Diese Rosen waren dort schon gewachsen, da war diese Frau noch nicht einmal geboren! Aus einem Schaumtropfen des Meeres seien diese wunderbaren Pflanzengeschöpfe entstanden, so eine antike Sage; eine andere behauptete, sie wären aus einem Schweißtropfen Mohammeds geformt. Unschuld und Reinheit, Liebesfeuer und Leidenschaft vereinten sie auf sich. So wundervolle Geschöpfe konnte man doch nicht einfach meucheln!

Natürlich hatte es ihm damals für die Kinder leid getan, die ihre Mutter nach der Schule tot im Rosenpavillon fanden. Das war bestimmt ein schrecklicher Schock für sie. Mit völlig verrenkten Gliedern habe sie neben der umgestürzten Leiter gelegen, hieß es, die Rosenschere noch in der Hand. Der Mann war mit den Kindern in die Stadt gezogen. Die ganze Zeit hatte man schon gemunkelt, dass auf dem Haus kein Segen mehr läge, seit es nicht mehr von der Familie bewohnt wurde. Nun wurde aus »kein Segen« ganz schnell ein Fluch. Die meisten Interessenten hatten sich im Ort erkundigt, warum das Haus so preisgünstig war. Auch wenn alle behaupteten, nicht an Flüche zu glauben – die vielen Toten schreckten doch ab.

Nur der Mann mit dem Häcksler schien sich nichts daraus zu machen. Ob er wohl wusste, wie gefährlich so ein alter Häcksler sein konnte? Nicht nur, dass man sich versehentlich im Schnittgut verheddern konnte und von den starken Messern bis zum Unterarm in das Gerät gezogen wurde. Nein, manche Geräte hatten auch technische Mängel. Wie leicht konnte man da einen Stromschlag bekommen!

Vier Wochen später stand Hans-Dieter Janßen vor dem Büro des Immobilienmaklers und betrachtete die Angebote. Der Preis des Hauses war auf weniger als ein Drittel dessen gesunken, was es ursprünglich hätte kosten sollen, und damit für ihn in erreichbare Nähe gerückt. Vielleicht sollte er direkt mit der trauernden Witwe verhandeln, um die Maklercourtage zu sparen. Bestimmt wäre sie froh, wenn sie das Haus und all die traurigen Erinnerungen loswerden würde.

Mit aufrichtiger Dankbarkeit im Herzen dachte Hans-Dieter an seine Mutter.

»Es ist nicht viel, was ich dir vererben kann, mein Sohn«, hatte sie auf dem Totenbett gesagt. Sie hatte sich mühsam aufgerichtet und aus den Tiefen ihres Nachtkästchens einen kleinen Samtbeutel geholt, den sie ihm in die Hand drückte. »Das sind die Schlüssel zu dem Haus, das dir rechtmäßig zusteht. Die soliden alten Sicherheitsschlösser sind nie ausgetauscht worden. Ich denke, du weißt, was du zu tun hast.«

Liebevoll betastete er den Schlüsselbund in seiner Hosentasche. O ja, das hatte er immer gewusst.

Garten-Tipp von Andrea C. Busch

Sicher kennen Sie das Märchen von Dornröschen. Hätte **Paul's Himalayan Musk Rambler** *das Schloß umgeben, würde sich der Prinz heute noch vergeblich abmühen. Paulchen, wie ich ihn nenne, ist Jahrgang 1906 und blüht einmal im Jahr in üppigen, zart duftenden Büscheln. Die Blüten sind klein, rosettenförmig und hell-lilarosa; die Farbe kann je nach Boden variieren. Seine langen Triebe tragen mattgrünes Laub und Stacheln mit kleinen Widerhaken. Sie wachsen unter guten Bedingungen 5 bis 6 Meter im Jahr. Paulchen ist ideal, wenn Sie ein Gebäude, ein Spalier oder einen Baum sehr rasch mit Rosen verschönern wollen.*

Felicité et Perpétue *wurde 1882 eingeführt. Sie ist nicht ganz so wuchsfreudig wie Paulchen, aber 3 Meter im Jahr schafft sie spielend. Ihre Blüten sind je nach Bodenbeschaffenheit milchig-weiß bis zartrosa. Die kleinen, rosettenartig gefüllten Blüten stehen in großen, üppigen Dolden und duften leicht. Das Laub ist mattgrün, die Triebe tragen viele spitze Stacheln.*

Ännchen von Tharau, *Jahrgang 1826, gehört zu den heimlichen Stars der alten Kletterrosen. Nicht viele Rosenschulen haben diese zauberhafte Schönheit im Programm. Ihre zentifolienartig gefüllten Blüten sind cremeweiß mit einem Hauch lila in der Mitte, und ihr Duft ist atemberaubend. Die langen weichen Triebe tragen graugrünes Laub und Stacheln mit starken Widerhaken. Empfehlenswert ist, die Blüten nach dem Verblühen abzuschneiden, da sie braun und unansehnlich werden.*

Paulchen, Felicité und Ännchen sind sogenannte Ramblerrosen, weichtriebige Kletterrosen, die eine solide Kletterhilfe oder einen Baum brauchen, an denen sie hochranken können. Sie schaffen es problemlos bis in 10 m Höhe. Sie blühen am alten Holz, also an den Trieben des vorherigen Jahres. Wenn Sie diese Rosen zurückschneiden wollen, tun sie es direkt nach der Blüte. Dann haben sie genug Zeit, neue Triebe zu bilden, an denen sie im nächsten Jahr blühen können. Alle drei sind frosthart.

Rosen lieben Begleitpflanzen. Sehr empfehlenswert sind Clematis (achten Sie auch hier auf die Schnittgruppe) und Rittersporn, Glockenblumen und Lavendel.

Ulla Lessmann

Lilien zur Erinnerung

Die erste halbe Stunde beim ersten Mal machte mir Spaß. Wann habe ich schon Zeit, mich in diese Zeitschriften zu vertiefen, die angeblich niemand kauft, die aber alle in Wartezimmern und beim Friseur lesen? Prinzessin Stefanie hat schon wieder einen neuen Lover, Gräfin von und zu Waldenlohe freut sich auf ihr siebtes Kind und Prinz William sieht seiner Mutter ähnlich, aber das hatte ich schon gewusst. Die erste halbe Stunde war nicht so schlimm, man muss eben trotz Termin ein wenig warten, »ein paar Minuten dauert' s«, sagte die Arzthelferin, es gibt kränkere Menschen, die Ärzte sollen sich dem ganzen Menschen widmen und der ganze Mensch braucht seine Zeit.

Ich sah mich um, denn auch die vierte Zeitschrift hatte nur den neuen Lover von Prinzessin Stefanie, und den kannte ich schon. Die alte Frau neben mir saß tief gebeugt über einem Kreuzworträtsel, sie hatte einen Bleistift dabei, wahrscheinlich kommt sie oft und ist vorbereitet auf die Wartezeit. Unter dem Stapel mit den Stefanie-Blättern entdeckte ich ein arg zerlesenes Gartenjournal der edleren Art. Es gab darin eine längere Reportage über Gärten am Niederrhein, die an der »Offenen Gartenpforte« teilnahmen, eine Aktion, die *er* niemals mitgemacht hätte. Sein Garten war exakt, ja, das war der richtige Ausdruck, exakt, aufgeräumt, übersichtlich, kontrolliert. So wie er. Ich hatte gelegentlich überlegt, daran teilzunehmen, scheute aber die vermutlich vielen Menschen in meinem Garten und befürchtete, sie würden meine liebevoll gehegten Kräuterbeete zertrampeln. Mir wäre es ohnehin am liebsten gewesen, niemand außer mir würde meinen Garten betreten. Gärten verraten so viel. Wie seiner. Der verriet viel und ich hatte das alles übersehen, was ich hätte sehen können.

Unsere Grundstücke, verwinkelt wie alle in der Siedlung, eigen, individuell wie die Häuser, waren an einigen Seiten durch Zäune, an anderen durch Buchenhecken getrennt. Ich hatte vor dem Haus zur Sackgasse hin eine Buchenhecke, er hatte einen weißen Lattenzaun um das gesamte Grundstück herum, mit allen Aus- und Einbuchtungen, er wurde alle halbe Jahr gestrichen und jedesmal gab ich die Erlaubnis, dass der Anstreicher mein Grundstück betrat, um auf meiner Seite zu streichen. Es waren immer sehr dünne Anstreicher, darauf achtete er sicherlich, denn sie mussten zwischen meiner Buchenhecke und seinem Zaun in dem kleinen Graben stehen. Ganz hinten links in meinem Garten, wo ich einen winzigen Teich angelegt hatte, hatte er im vergangenen Sommer den Zaun grün streichen lassen. Vielleicht fand er, es passte besser zum Teich.

Später fragte ich mich manchmal, warum ich ihn erst im Herbst ermordet hatte. Die meisten Menschen sterben im Frühjahr und den ersten Termin, bei dem ich zwei Stunden warten musste, hatte ich im Frühjahr gehabt. Vielleicht hatte ich unbewusst den Herbst gewählt, gegen Ende eines Jahres, wenn man sich schon ein wenig auf das neue Jahr freuen kann, etwas abschließt, das keinesfalls in das nächste Jahr hinüber getragen werden soll. Wenn man das Laub zusammenharkt, alles Verblühte abschneidet, wegräumt, aufräumt, wenn alles kahl und sauber aussieht im Garten. Jedenfalls sah es in seinem Garten so aus, alles aufgeräumt und weggeräumt. Auf ein paar Monate mehr oder weniger kam es ohnehin nicht an, die Planungen waren seit langem abgeschlossen, der mir richtig erscheinende Zeitpunkt tatsächlich dann wohl von diesen jahreszeitlichen Überlegungen bestimmt gewesen. Ich hatte ja Zeit gehabt in diesem Wartezimmer.

Im nachhinein gelang es mir, eine Fantasie darüber zu entwickeln, dass es der Herbst, das ihm zugeschriebene Absterben und Vergehende, hatte sein müssen, obwohl ich natürlich wusste, dass es so nicht gewesen war. Ich bin alles andere als dumm. Er hatte das geglaubt, wenn auch nicht gezeigt, aber ich hatte es immer gespürt, dass er mich für dumm hielt. Einer seiner Fehler.

Im Frühjahr hatte er persönlich das Unkraut zwischen den aus der Erde spitzelnden Tulpen und Narzissen gehackt, ich sah seinen grünen Gartenkittel durch das grüne Zaunstück schimmern, als ich Algen aus dem Teich fischte. Wie immer trug er Gartenhandschuhe, was ich in meinem ganzen Leben noch nicht getan hatte, es trennte mich zu sehr von der Erde. Wie er diese Handschuhe sauber hielt, hatte ich nie begriffen, ich vermutete, er habe hundert gleichartige Handschuhe, so dass er die verschmutzten jeweils nur wegwerfen musste.

Die Polizei fand tatsächlich nach seinem Tode 26 Packungen mit jeweils zwei Paaren Gartenhandschuhen. Zwei Männer von der Spurensicherung standen am weißen Zaun, als ich hinter meiner Hecke die Hyazinthenzwiebeln ausgrub, um sie über den Winter in den Keller zu bringen, und sprachen darüber.

»26 Packungen von dem Zeug«, sagte der eine, »der muss eine echte Macke gehabt haben.«

»Kein Grund, ihn zu erschießen«, sagte der andere.

»Weiß man das?« erwiderte der erste und sie gingen wieder ins Haus.

Ich wusste, warum er immer Handschuhe trug. Nicht nur, weil er die Erde an seinen Händen nicht ertragen konnte. Einmal hatte er sich unbeobachtet geglaubt, ich saß hinter der mit Jalousien verblendeten Terrassentür, von der ich durch die winterlich kahle Buchenhecke sein Gartenstück hinter dem grünen Zaunteil sehen konnte, hatte ihn beobachtet, wie ich es mir angewöhnt hatte. Und da hatte er nach einem raschen Rundblick den rechten Handschuh abgestreift und hastig einen ohnehin schon auf die blutige Fingerkuppe heruntergekauten Fingernagel mit den Zähnen ein kleines Stückchen weiter abgebissen und ich hatte gesehen, dass alle Fingernägel dieser Hand bis zum rohen Fleisch heruntergekaut waren.

Fast hätte ich gekichert, der feine Herr mit dem menschenfreundlichen Beruf! Fingernägel wie ein verhaltensgestörtes Kind. Es passte natürlich, was war er denn mehr als ein Kind, der Herr Psychiater und Neurologe mit der gutgehenden Praxis? Gutgehend nannte man das, wenn ich als Nachbarin Tag für Tag diese Menschen vor seiner Tür sah, diese Leute, die sich ständig verstohlen, ja, das abgegriffene Wort in seiner wahrsten Bedeutung stimmte, verstohlen umsahen, ob jemand sah, wie sie den Herrn Psychiater und Neurologen in seinem schönen Haus mit dem überaus gepflegten Garten aufsuchten. Ein Kind suchten sie um Rat auf, maßlos in seinen Wünschen. Er konnte nie genug kriegen.

Natürlich brauchte er die Handschuhe, die Gummihandschuhe im Garten, die hauchdünnen Latexhandschuhe in der Praxis. Niemand schien je gefragt zu haben, warum ein Psychiater diese Handschuhe brauchte, wie sie Gynäkologen oder Zahnärzte oder Fußpflegerinnen aus Pappboxen zupfen.

Gerne hätte ich ihm noch gesagt, dass ich seine abgefressenen Fingernägel gesehen hatte, aber es ging dann doch alles zu schnell und unnötige Verzögerungen konnte ich mir nicht mehr leisten.

Lange genug hatte es gedauert, bis das von mir ausgestreute Gerücht über unangemessene Bekanntschaften, die er in Neukirchen-Vluyn haben sollte, geglaubt wurde. Selbst beim Verein für Gartenkultur und Heimatpflege Schaphuysen hatte ich es nach einem Vortrag über Wintergartenpflanzen gestreut. Beim Bäcker sagte dann irgendwann Frau Friemers, es sei doch eigenartig, dass ein Herr wie der Herr Dr. Dr. Winnekendonk, der doch wirklich etwas von einem Herrn im fast altmodischen Sinne habe, neulich mit diesem höchst suspekten Wirt vom »Plümpe's Eck« gesehen worden sei, in dessen Gastwirtschaft, die man eigentlich kaum so bezeichnen könne, mehr als einmal habe die Polizei gründlich aufräumen müssen und sie habe es gar nicht glauben wollen, als Frau Langenfeld es ihr erzählt habe, weil auch Herr Schrott vom Stockrosenweg es mit eigenen Augen nicht direkt gesehen, sich aber habe von Frau Materborn berichten lassen.

Frau Dassel-Bommers vertraute mir vor der Tür zum Bäcker an, dass sie ihre Anna-Lisa nicht mehr zu Herrn Dr. Dr. Winnekendonk schicken wollte. Zwar habe Anna-Lisa durchaus Fortschritte gemacht und ihre Versetzung sei nicht mehr gefährdet, aber heutzutage müsse man doch auf den Umgang der Kinder besonders achten und man stelle sich vor, der Wirt vom »Plümpe's Eck« erscheine eines Nachmittags in der Villa, womöglich während der Sprechstunde und ihre Anna-Lisa werde womöglich Zeugin nicht kindgerechter Gespräche.

Frau Dassel-Bommers war ein Erfolg, dem weitere folgten. Als Dr. Dr. Winnekendonks andere Nachbarin, wie sie mir auf dem Wochenmarkt erzählte, ihren, wie sie es nannte, »schon traditionellen Tee« auf Dr. Dr. Winnekendonks Terrasse, eine »vertrauliche, aber nicht intime Angelegenheit«, wie sie mehrfach betonte, hatte ausfallen lassen, weil sie von Frau Materborn gehört habe, Dr. Dr. Winnekendonk verkehre nahezu täglich im »Plümpe's Eck«, das, wie jeder wisse, die Drogenhochburg des Ortes sei und Herr Schrott habe Herrn Dr. Dr. Winnekendonk sogar neulich mit Vennikels Peter gesehen, von dem jeder wisse, dass er seine Mädels, »na, ja, Sie wissen schon und man weiß auch, wo«.

»Gewiß«, sagte die Nachbarin, Herr Dr. Dr. Winnekendonk habe ein für einen Mann ganz ungewöhnliches Verständnis gezeigt, als sie ihm ihre Sorgen mit ihrem Sven-Oliver erzählt habe, schließlich, als Kapazität der Kinderpsychologie, sei das zu erwarten gewesen, aber auch darüber hinaus habe er so gar keine Macho-Allüren an den Tag gelegt. Ich wusste längst, dass sie ihren Nachmittagstee bei ihm nahm, jeden dritten Nachmittag im Monat, um genau zu sein, sie sprachen laut über Rosen und leise über anderes, was ich nicht verstehen konnte und es dauerte immer sehr lange, bis sie durch den Vorgarten kam, nachdem sie von der Terrasse ins Haus gegangen waren.

Man stelle sich aber vor, sagte die Nachbarin und klaubte ihre Markttüten zusammen, Sven-Oliver hätte irgendwann seinen gelegentlichen psychologischen Berater mit Vennikels Peter gesehen und ihr Fragen gestellt! Sie habe ohnehin genug mit seinen Fragen zu tun und Verständnis hin oder her, sie habe auf Sven-Olivers Entwicklung Rücksicht zu nehmen und der habe ohnehin schon so seine Eigenarten entwickelt.

Serienmörder sind so, immer freundlich, aufmerksam, hilfsbereit und kein Unkraut im Garten und plötzlich haben sie 26 junge Mädchen zerstückelt und alle Nachbarn treten im Fernsehen auf und erzählen tief erschüttert, dass er ihre Blumen gegossen und immer gegrüßt hat. Warum sollen Serienmörder nicht grüßen und etwas gegen Zimmerpflanzen haben?

Natürlich war Dr. Dr. Winnekendonk kein Serienmörder. Eine Serie hat gleichbleibende Rituale, wieder erkennbare Strukturen und ein gewisses Maß an Ordnung und Wiederholung. Die Gartenhandschuhe hätten gut zu einem Serienmörder gepaßt. Eine schöne Überraschung für die Boulevardpresse hätten sie allemal hergegeben, aber so viel ich weiß, hat die Polizei die Sammlung nie bekannt gegeben, denn sie gehörte ja dem sogenannten Opfer und ließ wohl keine Rückschlüsse auf den Mörder zu und Vennikels Peter und der Wirt vom »Plümpe's Eck«, die von mir so sorgfältig vorbereiteten potenziellen Verdächtigen, ließen sich offenbar auch nicht damit in Verbindung bringen, obwohl sie, wie die Boulevardpresse ausführlich berichtete, immer wieder verhört wurden. Abgekaute Fingernägel, auch wenn sie einem fünfzigjährigen höchst renommierten Psychiater und Neurologen gehören, sind kein Mordmotiv.

Ich wurde auch verhört, aber das war nur das, was in Kriminalromanen als Routine bezeichnet wird. Ich habe alle Fragen wahrheitsgemäß beantwortet, sie stellten die falschen Fragen, weil ihnen die richtigen nicht einfielen. Ja, mein Nachbar, der Herr Dr. Dr. Winnekendonk, hat seinen Garten sehr gepflegt, ja, er war hilfsbereit und freundlich. Ja, wir haben uns gelegentlich gegrüßt, er auf der Zaunseite, ich auf der Buchenheckenseite.

Ja, Sylvia hat bei mir geputzt und den Rasen gemäht auf Vermittlung von Herrn Dr. Dr. Winnekendonk und es ist unfassbar, immer trifft es die falschen Leute, beziehungsweise jene, von denen man denkt, sie könnten niemals Opfer eines Verbrechens werden. Und aufgefallen ist mir nie etwas, ich kannte ihn nur vom Garten, unsere großen verwinkelten Gärten hier in Rheurdt, Am Parsick, Sie sehen sie ja, da sieht man sich auch nicht oft, nur, wenn man an bestimmten Gartenecken steht, natürlich hat er sich irgendwann vorgestellt und gefragt, ob er mal Pakete annehmen soll oder etwas in der Art, ja, so kam das zustande, was man ganz sicherlich nicht Freundschaft nennen könne, herzliche Nachbarschaft vielleicht, wobei herzlich schon wieder zu viel sei, aber seinen Garten habe er sehr schön in Stand gehalten, auch wenn das nicht mein Geschmack gewesen sei und die Empfehlung von Sylvia sei ein wahrer Glücksfall gewesen, eine Seltenheit heutzutage, ein so hübsches Mädchen und es hatte Freude daran, einer älteren Frau das Haus zu putzen.

Sie waren bald gelangweilt, die Herren Polizisten, von einer Frau wie mir, die vage herumredet, abwiegelt und in Nebensätzen ausschweift. Die behindert die Polizeiarbeit, und die Gerüchte über Herrn Dr. Dr. Winnekendonks Freundschaft mit Vennikels Peter, seine Besuche im »Plümpe's Eck«, die hatten sie längst gehört, die wollten sie von mir nicht hören, weil sie sicher waren, dass ich nichts davon gewusst hatte. Man erzählte auf dem Wochenmarkt, dass Vennikels Peter und der Wirt sich standhaft weigerten, zuzugeben, Herrn Dr. Dr. Winnekendonk je gesehen zu haben, aber diese Leute geben ja nie etwas zu.

Es war sehr vernünftig von mir, meine Patientenakte schon Wochen vor dem Ereignis von Sylvia aus dem Praxiscomputer löschen zu lassen, die jungen Leute kennen sich mit Computern aus und Sylvia putzte immer erst, wenn die Praxis leer war und Dr. Dr. Winnekendonk schon im Garten arbeitete.

Sylvia weiß, was sie davon hat, mir geholfen zu haben und wird ihren Lohn bekommen. Sie weiß natürlich nichts über die Hintergründe, aber sie hatte ihre eigenen Motive, auf meine Vorschläge, behutsam nach und nach vorgetragen, einzugehen.

Die Löschung meines Namens aus der Patientenkartei war für sie ein leichtes und die Arzthelferin, diese schnippische Person mit ihrem »ein paar Minütchen müssen Sie schon noch warten« durchsuchte ja nicht die Patientenkartei, nachdem ihr Arbeitgeber ermordet worden war, auf der Suche nach Namen, die dort nicht mehr vorhanden waren.

Die kannte ohnehin keine Namen, sechsmal hatte ich dort gesessen, zwei bis drei Stunden mit wachsender, zunehmend glühender, sich im Magen ballender Wut, die schon begonnen hatte, als die Arzthelferin fragte, »wie war der Name, bitte?« und ich sagen wollte, »den müssten Sie aber jetzt wissen, erstens bin ich eine Nachbarin von Dr. Dr. Winnekendonk und zweitens bin ich zum dritten oder vierten Male hier und wenn Sie gleich wieder sagen, ,ein paar Minütchen dauert es noch', fange ich an zu schreien, denn es dauert immer mehrere Stunden und es gibt nur

Minuten und keine Minütchen, die werden nicht kürzer, indem man sie verniedlicht.«

Aber ich sagte nichts, irgendwie sagte nie jemand etwas, es herrschte immer diese bleierne Stille im Wartezimmer und die Gartenzeitschrift war monatelang dieselbe. Bei Psychiatern wird in Wartezimmern nicht geschwätzt, was soll man sagen? »Welche Neurosen haben Sie denn?« - »Können Sie auch nicht schlafen?«

Hätte ich sagen sollen, es ist so eine Leere in mir, ich will da etwas füllen, aber ich weiß nicht womit und wie diese Leere da hinein gekommen ist und wie ich sie wieder ausfülle? Hätte ich sagen sollen, diese Stunden im Wartezimmer sind grauenhaft, aber ich kann diese Zeitschriften lesen, denn sonst kann ich nichts lesen, weil dann diese Leere sich weiter in mir ausbreitet? Hätte ich der alten Frau mit den Kreuzworträtseln, die nie aufblickte, die ich oft sah, hätte ich ihr sagen sollen, ich bin hierher gekommen, nach langen Überlegungen, obwohl oder vielleicht weil der Herr Dr. Dr. Winnekendonk mein Nachbar ist und so einen schönen ordentlichen Garten hat und er vielleicht eher versteht, was diese Leere zu bedeuten hat, weil er mein Haus kennt und meinen nicht so ordentlichen, aber duftenden Garten, der längst nicht so schön übersichtlich ist wie seiner und der mir seine Putzhilfe empfohlen hat und sozusagen meine Lebensumstände kennt?

Das alles hätte ich nicht sagen können, auch nicht diese geballte Wut hinausschreien wegen der zwei, drei, einmal vier Stunden, die ich dort saß und wusste, dass ein Psychiater und Neurologe eben auch Neurologe ist und nicht nur Gespräche führt, sondern auch untersuchen und ertasten und durchleuchten muss und dass das dauern kann.

Und ich musste ohnehin warten, denn es war die einzige halbe Stunde, die die Leere füllte, weil er einfach und von vornherein und nach einigen Minuten schon beim ersten Mal mit mir schlief. Obwohl ich das nicht schlafen nennen dürfte, aber ich habe nie gelernt, andere Worte dafür zu benutzen und ich wusste endlich, warum sich diese Leere ausgebreitet hatte und wie ich sie füllen wollte. Und er wusste das auch, schon beim allerersten Mal und er verschrieb mir sozusagen einmal im Monat sich selber, immer mit Handschuhen, immer in seinem Behandlungszimmer, denn es war eine Behandlung, nur dass sie nicht heilte, sondern süchtig machte und ich wusste, ich musste bis an mein Lebensende einmal im Monat in dieses Zimmer gehen und mich von Herrn Dr. Dr. Winnekendonk mit seinen Handschuhfingern befühlen lassen und ich genoss es und hasste es und wollte wissen, ob die alte Frau mit den Kreuzworträtseln auch mit ihm schlief. Im Wartezimmer saßen nur Frauen wie ich, jenseits der 50 und ich versuchte, sie anzusehen und in Gedanken auszuziehen.

Ich glaube, er ließ mich absichtlich immer länger warten, damit ich die Leere noch stärker fühlte und dann noch bereiter war. Er sprach nie mit mir. Er sprach als Nachbar mit mir gelegentlich über den Zaun und die Hecke hinweg, er brachte mir einmal ein Paket, das er für mich angenommen hatte, aber er war genau wie vor der Behandlung und ich wäre nie auf die Idee gekommen, ihn irgend etwas zu fragen, irgend etwas zu sagen, was mit unseren Begegnungen in seinem Behandlungszimmer zu tun hatte.

Die Leere wurde immer größer im Laufe des Sommers. Meine Kräuter dufteten und blühten, sie durften blühen, weil ich sie nicht aß, ich wollte sie nur im Garten haben, weil sie dufteten und blühten.

Ich begann, häufiger in die Praxis zu gehen, ich bekam seltener Termine, mußte betteln, bei dieser blöden Kuh. Ich ließ Sylvia Termine machen für sich selber, sie bekam auch welche und dann erschien ich und tat so, als habe Sylvia für mich bestellt und die Arzthelferin habe sich geirrt, als sie Sylvia eintrug. Ich spürte, dass ich zu oft kam. Dass er Abwechslung brauchte, dass er sehr genau darauf achtete, in welcher Reihenfolge welche leeren Frauen zu ihm ins Zimmer durften.

Ich begann, Pläne zu schmieden. Wenn er nicht mehr da wäre, würde es keine Leere mehr geben, denn ich hatte etwas, woran ich denken konnte, daran, wie ich ihn beseitigt hatte, daran, was in dem Behandlungszimmer gewesen war, das ich nicht vermissen würde, denn es wäre unmöglich, es zu wiederholen und so hoffte ich auf das Verschwinden der Leere und auf Zufriedenheit.

Ich begann, die Gerüchte zu streuen und war so erfolgreich, dass ich einen Augenblick überlegte, es dabei zu belassen. Aber das hätte nichts geändert, er wäre vielleicht irgendwann ruiniert gewesen, aber ich wäre weiterhin hingegangen. Oder er hätte mich nicht mehr empfangen.

Als ich Sylvia schließlich fragte, ob sie eigentlich gelegentlich die Patientenkartei erforsche, wir waren uns nahe gekommen, sah sie mich ruhig an und sagte: »Ja. Wenn Sie Wünsche haben, sagen Sie es mir.« Und eines Tages, sie putzte die Fenster und grüßte Dr. Dr. Winnekendonk in seinem Garten, drehte sie sich zu mir um und sagte: »Meine Mutter war bei ihm in Behandlung. Sie ist seit vier Jahren in der Geschlossenen.« Da wusste ich, ich hatte eine Verbündete, was immer sie auch dachte.

Zu Beginn des Herbstes bekam ich keine Termine mehr. Der Trick mit Sylvia klappte auch nicht mehr. Ich ging auf gut Glück hin, falls von Glück in diesem Zusammenhang überhaupt die Rede sein kann, was nicht der Fall ist, aber »auf gut Glück«, sagte ich zu der Arzthelferin, hätte ich es einfach mal versuchen wollen.

»Das kann aber sehr lange dauern«, sagte sie dann, »ohne Termin sehe ich kaum eine Chance . . .«

Aber ich sagte, ich würde warten und irgendwann, sie konnte mich ja nicht hinauswerfen, irgendwann rief sie mich. Ich wartete drei, vier Stunden, ich spürte, wie die Leere mich inzwischen vollständig ausfüllte, ich war eine Art Luftballon, gefüllt mit blasser, lauwarmer Luft.

Im Oktober ließ er mich nicht mehr hinein. »Ohne Termin«, sagte die Arzthelferin, »habe ich Anweisung, Sie nicht mehr warten zu lassen. Sie müssen sich bitte an unsere Gepflogenheiten halten.«

Ich gab Sylvia die Anweisung, meinen Namen zu löschen. Ich ließ mir von Arends-Maubach ein Paket mit Blumenzwiebeln schicken, weiße Lilien, zwei Dutzend, meine liebste Todesblume. Die zarten weißen Blütenblätter würden sich im Sommer vor dem hellen Grün der Buchenhecke, durch die die weißen Zaunlatten schimmerten, abheben und mit dem Zaun ergänzen. Eine Verbindung. Ich öffnete nicht, als der Briefträger klingelte. Samstags brachte Dr. Dr. Winnekendonk das Paket. Ich sah ihn an, ich traute mich und sagte: »Ich bekomme keine Termine mehr bei Ihnen.« »Nein«, sagte er, »sie sind geheilt.« Und ging mit einem freundlichen Lächeln in sein Haus zurück.

Ich erschoss ihn in der Dämmerung desselben Abends über die Buchenhecke und den weißen Lattenzaun hinweg, als er wie immer um diese Zeit über seinen englischen Rasen ging und nach Klee Ausschau hielt. Ich warf die Pistole, die ich nie ohne Handschuhe angefasst hatte, neben die Leiche in den Garten.

Es war kein Problem gewesen, im »Plümpe's Eck« eine Pistole mit Schalldämpfer zu kaufen, niemand dort würde mich je wieder erkennen, eine unauffällige Frau über fünfzig, Frauen über fünfzig merkt sich niemand, hat er einmal gesagt, und wenn sie eine Pistole kaufen, denkt vielleicht der Verkäufer, sie will sich selber erschießen, weil sie keinen mehr abkriegt und das Leben ohnehin vorbei ist.

So viel ich weiß, ist die Pistole nicht bis ins »Plümpe's Eck« zurück verfolgt worden, obwohl dank meiner Vorbereitungen dort lange ermittelt wurde. Niemand hat mich je verdächtigt. Sylvia habe ich das Haus überschrieben und sie wird bei mir bleiben. Wir haben ein Gartenhäuschen bestellt, in dem sie schlafen will. Vielleicht nehmen wir bald ihre Mutter zu uns. Es soll ihr schon viel besser gehen.

Garten-Tipp von Ulla Lessmann

Ich koche gerne und habe in unserem Garten ein großzügiges Kräuterbeet. Ich bin aber keine Hegerin, d. h. was wächst, wächst, was nichts wird, wird nichts.

Deshalb mein Tipp: Rosmarin und Salbei und Weinraute sind nicht nur köstlich, sondern überaus robust und winterhart, die Pflanzen werden alt und groß und blühen auch noch schön. Die Blütenstände allerdings muss man bald abschneiden, damit das Krautaroma erhalten bleibt.

Warnung: Wer einmal Zitronenmelisse hatte, wird sie nie mehr los, sie wuchert durch den ganzen Garten – und das in einer Fülle, die niemand braucht und schön ist sie auch nicht gerade. Tipp: weg damit.

Beatrix M. Kramlovsky

Fleisch von meinem Fleische

Ahnungslos war er. Zumindest vermittelte er diesen Eindruck glaubhaft. Die Beamten hatten ihn zu der Bank geführt, die er mit Blick auf das südliche Staudenbeet unter dem Federahorn hatte aufstellen lassen. Was für eine schmerzende Ironie! Dies war der Platz, an dem sein Eheleben beendet worden war. Hier nun erfuhr er auch von seinem Versagen als Vater.

Der Polizist stand vor ihm, er musste den Kopf weit nach hinten legen, um ihm in die Augen schauen zu können. Das war ihm sichtlich unangenehm. Die Frau hatte sich neben ihn gesetzt, auf diese Art, wie Frauen sich oft niederlassen, als wären sie schon wieder im Begriff, loszulaufen, mit nur wenig Schenkel auf der Sitzfläche, ein hastiges, angespanntes Hocken auf dem Steißbein. Gärtner bemerken so etwas, denn Pflanzen erziehen zu Geduld, zu Aufmerksamkeit, zu Hinwendung. Kein Wunder, dass er es sofort registrierte und sich gleichzeitig darüber ärgerte. Er hatte sich doch vorgenommen, Frauen als Frauen gar nicht mehr zur Kenntnis zu nehmen.

»Also, worum geht es denn?« Seine Stimme kratzte, er war Sprechen einfach nicht mehr gewohnt. Und er wollte es den Beamten nicht leicht machen. Er schaute weg, wieder hin zu seiner Arbeit, den aufgeschlagenen Büchern, dem überladenen Schreibtisch, dem offenen Laptop. Natürlich konnte er das alles nicht sehen, die Verandatür spiegelte, aber er wusste, was hinter der Wand lag und ihn ärgerte diese ungeplante Verzögerung. Ihn ärgerte die spürbare Nervosität der zwei. Ein wenig fürchtete er sich auch vor dem, was sie ihm sagen mussten. Er unterdrückte ein kurzes Aufflackern von Neugier. Hatte er nicht beschlossen, sich von den banalen Niederungen des Alltags fern zu halten?

Der Beamte räusperte sich, versuchte krampfhaft, an den Vorstellungssatz vorhin beim Gartentor anzuknüpfen, gab unvermittelt auf und erklärte monoton, warum sie hier waren, worum es ging. Ein langer Erzählsatz mit mehreren Einschüben, aber kein Verhaspeln mehr, kein Stottern, kein Verlieren von Hilfszeitwörtern. Ein Teil von ihm stellte das fest, während er geschockt da saß und spürte, wie sein Körper sich immer schwerer gegen die Banklehne drückte, wie alles Blut in die Beine floss, sein Kopf sich in Glast auflöste.

Als er das Bewusstsein wieder erlangte, lag er auf dem Boden, feuchte kühle Hände auf seiner Stirn. Er stützte sich auf, starrte den Kokarden direkt ins stachelige Innere. Die Löwenmäulchen davor musste er noch von den verwelkten Blüten befreien, dachte er, und dass sich das rote Basilikum prächtig entwickelte. Außerdem musste er Frau Rogmans berichten, wie stramm die blaugrüne Artischocke das silbrige Salbeigewirr durchbrach. Und dann war da wieder der Bericht des Kripomannes, diese grausigen Worte, die in Zukunft sein Leben in ein Davor und ein Danach teilen würden.

Er musste dort hin. Sofort. Sie zögerten, redeten von Freigabe und Tatort. Egal. Er musste sehen, wo seine Söhne aneinander geraten waren, musste dort selbst stehen. Vielleicht würde sich daraus eine Erklärung ergeben. Warum hatten sie diesen Ort für ihren Zusammenstoß gewählt? Das ergab keinen Sinn. Die Gärtnerei war nur für ihn ein oftmals besuchtes Ziel, ein vertrauter Punkt gewesen. Wie konnten seine Söhne diesen Platz derart – beschmutzen? Schänden? Er wich aus, beschäftigte sich mit dem Ort, versuchte, die Tat fern von sich zu halten, als könnte jede zusätzliche Minute den Schrecken mildern. Aber die Beamten halfen ihm endgültig auf, führten ihn zum Tor.

Beim Zaun drehte er sich nochmals um, betrachtete seine kräuterreiche Wildnis, die zart gestutzte Hecke, das Rosentor, das zum Obstgeviert führte, ein großzügiges Areal, das, wie er wusste, Neid hervorrief.

»Ein Garten ist nichts anderes als ein breit angelegtes Täuschungsmanöver. Wir komprimieren unsere persönlichen Vorstellungen vom Paradies. Es ist ein Wettbewerb mit der freien Natur, den wir natürlich nie gewinnen, schließlich haben wir begrenzten Raum und begrenzte Mittel. Aber wir Gärtner träumen erfolgreich.« Seine Stimme brach. Die Begleiter sahen einander kurz an, wandten sich dann ab.

Im Wagen erkannte er voll Zorn, dass er weinte. Vor der Kräuterey Wilhelm blieben sie stehen. Ein vertrauter Außenposten auf der Landkarte seines zurückgezogenen Lebens. Wie oft hatte er sich hier in ein Fachgespräch mit Frau Rogmans vertieft, die Zeit darüber vergessen, manchmal auch vergessen, dass eventuell die Söhne warteten, eines ihrer seltenen Treffen, die Kai immer so angespannt hinter sich bringen wollte. Kai. Mit Albert dagegen war es leichter. Nicht unkompliziert, aber erträglich. Albert hatte meistens ein Pflänzchen in der Hand, das er wie von ungefähr dem Vater entgegenhielt, so wie er als kleiner Junge Schnecken, ramponierte Schmetterlinge, manchmal auch verletzte Vögel heimgebracht hatte. Albert war einfach. Wusste er nicht, was er reden sollte, brachte er Tiere oder Pflanzen ins Spiel. Es war eine Wellenlänge zwischen ihnen, sie akzeptierten die Sprachlosigkeit, die Familientabus. Selten ein Misston. Und nun. Nun kein Albert mehr monatlich am Gartenzaun. Keine zerknitterte Salvia Sclarea zwischen seinen Fingern, kein Anis-Ysop, den er, ohne ihn wirklich zu kennen, schnell noch in der Kräuterey erstanden hatte, um den Vater fröhlich zu stimmen. Kein animierter Bericht mehr über die Favoritin des Monats von diesem umwerfenden Sohn, dem die Frauen so nachliefen. Kein Albert mehr.

Er spürte die Tränen wieder rinnen, ein brennendes Strömen, Jucken auf der Haut. Aufkratzen, blutiges Fleisch wegschaben, wie es die Klageweiber taten. Das konnte er nun verstehen. Er sah Polizisten und Herrn Wilhelm, der einen Korb voll irdener Schildchen verschob, als würden seine Finger ein Eigenleben führen, an einem anderen Körper hängen. Unter dem ausladenden Nussbaum sah er Frau Rogmans sitzen. Sie sah so schmal aus, so verletzlich und einen Augenblick vergaß er glatt den Grund seiner Anwesenheit, gefesselt von der betroffenen Verwirrtheit der anderen. Dann sah er die weiße Kontur auf dem Weg, der am Tisch mit den Kränzen und Gestecken vorbei nach rückwärts zu den Küchenkrautrabatten führte.

Nein! Schrie eine hohe Stimme in seinem Kopf. Nein! Wie das Fiepsen eines kleinen Kindes. Alberts Umrisse. Zwei Beine, eines angewinkelt. Ein Arm ausgestreckt, ein Arm dicht am Körper. Der Kopf schon im Frauenmantel, er musste im Beet aufgeschlagen sein, zerknitterte Fächerblätter, geknickte Fruchtstände.

»Ihre Söhne haben die Kräuterey gemeinsam betreten.«

Er schüttelte den Kopf. Es schien ihm unmöglich. Kai hatte sich nie für Pflanzen interessiert, war nur froh gewesen, dass der Vater nach der Frühpensionierung und dem Weggang seiner Frau die Gestaltung eines Gartens als bereichernden Lebensinhalt gefunden hatte. Aber die Idee, etwas Lebendiges zu schaffen, das nach seinem Tod noch weiterblühen und wachsen würde, die hatte er nicht wirklich verstanden. Albert schon. Oder hatte Albert das nur vorgetäuscht, um seines Vaters Einsamkeit nicht wahrnehmen zu müssen? Was wusste er wirklich von diesen Männern, die er vor so langer Zeit gezeugt, vor so vielen Jahren im Arm gehalten hatte? Albert war ein so freundlicher Mensch. Gewesen. Wieder dieser Schmerz, den er am liebsten hinausgebrüllt hätte. Albert hatte sich Pflanzpläne erklären lassen, hatte wissen wollen, warum er im Westen die hohen Hecken hatte einsetzen lassen, den steten Wind vom Atlantik her brechen wollte, um seine grünen Gartenzimmer optimal zu schützen. Albert hatte gefragt. Kai hatte schweigend die Räume betrachtet. Albert hatte Blätter angegriffen. Kai hatte stumm im Pfeilschatten der Goldulme dem Ende der Visite entgegen gewartet, mit ungeduldig im Kies scharrenden Füßen. Mit beiden hatte er im Grunde wenig zu reden. Kein wirklicher Austausch, nur dieses Gefühl, als enge Verwandte dementsprechend verbunden sein zu müssen. Hatte er ihnen je gesagt, dass er sie liebte? Hatte er versucht, es zu zeigen?

Der Mann schluchzte, die Beamten warteten, sorgsam beobachtend. Ihrer Erfahrung nach hatten vermögende Menschen oft ein gespaltenes Verhältnis zu den eigenen Kindern. Und je fugenloser Familienfassaden präsentiert wurden, als desto brüchiger entpuppten sie sich. Tragödien waren der Hintergrund ihrer Arbeit, sie mussten distanziert bleiben, um effektiv sein zu können. Aber Distanz im privaten Bereich ihrer Klientel machte die meisten Polizisten hellhörig. Täter hatten immer eine verborgene Geschichte.

Er kniete sich nieder, es war mühsam, sein linkes Knie stach wieder. Nahm er es Kai übel, dass er ihn an die Mutter, an seine ihm abhanden gekommene Frau erinnerte? Hatte er seine Kinder nicht immer gleich behandelt? Hatte er? Warum dachte er darüber nach? Warum liefen seine Gedanken im Kreis? Warum konnte er überhaupt denken im Angesicht dieser weißen Linien, dieser furchtbaren Kalligrafie des Todes?

Albert hatte seines Vaters wöchentliche Plaudereien in der Kräuterey verstanden. Schließlich musste das Grundstück ordentlich gepflegt werden, er brauchte professionelle Hilfe für die sechstausend Quadratmeter, dies war ja keine übliche Parzelle, dies war sein privater Garten Eden. Kein Wunder, dass man ihn hier nicht nur wie einen guten Kunden behandelte, sondern verstand wie einen, der derselben Sucht verfallen war, ausgeliefert der haltlosen

Liebe zu Stauden und Büschen, Stecklingen, Samen und Früchten. Er musste nicht davon leben, das unterschied ihn vom Betreiber der Kräuterey. An manchen Tagen hatte er schon die Versuchung gefühlt, seinen Besitz öffentlich zugänglich zu machen, war sich aber bewusst, dass er das aus niederen Beweggründen getan hätte. Nicht, um Freude zu teilen, sondern um Neid zu wecken.

Albert hatte ihn manchmal aufgezogen mit dieser Gartenbesessenheit. Einmal waren beide Söhne dem Gärtner begegnet, den er für die groben Arbeiten eingestellt hatte, der verlässlich übernahm, was er selbst nicht mehr bewältigen konnte. Albert ein Bonmot auf den Lippen, Kai mit einem gemurmelten Gruß. Aus einer Augenblickslaune heraus hatte er daraufhin Albert den Gartenbesitz in Aussicht gestellt. Ein Vater, großzügig schenkend. So hatte er sich damals gesehen. Albert hatte seine Wurzeln in der Gegend nie verleugnet, pflegte sie geradezu. Kai hingegen war ständig unterwegs, einer dieser modernen Berufsnomaden, die in Flughafenlounges mehr Stunden verbrachten als in ihren für limitierte Zeit gemieteten Wohnungen. Kai war ein unsteter Mensch. Ehrgeizig. Intelligenter als Albert. Das ja. Manchmal zu Jähzorn neigend. Sahen Väter ihre Söhne je aus der richtigen Distanz?

Er stützte sich auf und fuhr mit der Rechten den Kreidenumriss auf dem Weg nach, als könnte er so den fehlenden Körper streicheln. Wegstreicheln, was geschehen war. Unter seinen Nägeln steckte wie üblich Erde. Trauerränder.

»Sie haben sich offensichtlich gestritten. Nicht laut. Zeugen sagen aus, es wäre eher ein Zischen gewesen. Sehr viel unterdrückte Wut.«

»Nur bei einem«, die Beamtin unterbrach ihren Kollegen, hockte sich nieder, ihr Gesicht befand sich nun in seiner Augenhöhe. Er registrierte verwundert, dass er ihr dafür dankbar war. Pflanzen erzogen zu Aufmerksamkeit. Vielleicht hätte er sich schon während seiner Ehe für Blumen interessieren sollen. Vielleicht hätte er dann anders in bestimmten Situationen reagiert. Vielleicht. Alle diese nutzlosen Wenn-Aber-Spiele.

»Kai wollte mit seinem Bruder reden, hatte schon draußen auf dem Parkplatz auf ihn gewartet, aber Albert marschierte einfach weiter, an ihm vorbei. Er hatte angeblich vor, Ihnen ein Kraut mitzubringen, noch eine Salbeiart, sagt Frau Rogmans.«

Ja, Albert hätte den Garten verdient, dachte er und spürte wieder den Zweifel.

»Kai ging ihm nach. Albert wollte ihm nicht zuhören, drehte sich auch gar nicht um.«

Ja, so war Albert. Vermutlich hielten seine Liebschaften deswegen nicht all zu lange.

»Es kam zu einem kurzen Handgemenge drüben bei den Rosmarinbeeten. Da zogen sich schon die anderen Kunden zurück und Herr Wilhelm wurde aufmerksam.«

Bubengerangel, schoss es ihm durch den Kopf. So waren sie doch immer gewesen. Zwei so unterschiedliche Brüder.

»Albert riss sich los und kam hierher zurück. Dabei hat er gelacht und seinem Bruder etwas zugeschrieen. Was das genau war, wissen wir noch nicht, jedoch dürfte das der Auslöser gewesen sein.«

Er erhob sich schwankend, sah sich um. Sie wusste, was er suchte.

»In der Erde steckte ein Unkrautstecher, noch recht neu. Kai muss er als Erstbestes aufgefallen sein.«

Kai, der Spaten von Schaufel nicht unterscheiden konnte! Und Albert? Albert hatte doch auch nie gejätet, nie seine Hände schmutzig gemacht. Er hatte nur immer gebracht, was den Vater höchstwahrscheinlich erfreuen mochte, ein vages Spiel mit Möglichkeiten. War es Aufmerksamkeit gewesen oder billige Schmeichelei? Warum dachte er das plötzlich?

»Mord im Affekt.« Die Beamtin redete weiter, ein so stabil bleibender, so bestimmter Ton, ein Klang, an dem er sich wenigstens aufrecht halten konnte. »Kai hat mindestens vier Mal zugestochen. Keine geplante Tötungsabsicht, wie es aussieht. Er ist nicht davongelaufen, hat sofort gestanden. Das wird beim Urteil eine Rolle spielen.«

Seine Söhne!

Er griff nach ihrem Arm, ein plötzlich gebrechlicher Mann. Vor seinen Augen ein niederfahrender Blitz, ein silberner Pfeil mit blutigen Rändern.

»Gärten haben Ablaufdaten.« Das hatte Frau Rogmans einmal gesagt, als sie über sein privates Paradies geplaudert hatten. Blechernes, bitteres Lachen stieg hoch, schüttelte ihn. Seine Kräuter hatte er pflegen können, weil er ihre Schwächen, ihre Stärken kannte. Was sagte das aus über seine Qualitäten als Vater? Die Beamtin führte ihn behutsam an den Leuten vorbei hinaus zum Wagen, schweigend setzten sie sich, schweigend fuhren sie der Stadt, dem Gefängnis, Kai entgegen. Und hin zu Albert in der Prosektur. Ein totes Kind. Ein tötendes Kind. Die Gärten der nichts wissenden, nichts erkennenden Unschuld lagen endgültig hinter ihm.

Er wimmerte. Wie sollte er reagieren, wie sollte er sich Kai gegenüber verhalten? Fleisch von seinem Fleisch. Welche grausame Rolle hatte er gespielt in diesem Drama? Wieder flossen die Tränen. So leicht. So ungewohnt leicht. In der Verwirrtheit seiner Trauer, seines beginnenden Zorns, seines schmerzenden Unverständnisses fühlte er etwas Neues. Schuld. Es zerriss ihm schier sein Herz.

Garten-Tipp von Beatrix M. Kramlovsky

Mein Garten versteckt sich in einer extrem trockenen, kalkreichen, nährstoffarmen Gegend, am Fuß eines Inselberges, der, nördlich Wiens gelegen, zur Freude der Botaniker sibirische Steppenflora beherbergt. Perfekt für bestimmte Rebstöcke und Weißweinsorten, einengend für ambitionierte Gärtnerinnen und ihre grünen Träume.

Falls Sie ebenfalls auf mageren Sandkrümeln, aber in der Nähe einer Großstadt hocken, hilft Ihnen vielleicht meine Erfahrung etwas weiter. Nach vielen Fehlversuchen mache ich nämlich nun das Beste aus den Gegebenheiten, die auch den Kot diverser Fasane, Marder, Igel und Katzen (vieler Katzen!) beinhalten. Ich sammle die Hinterlassenschaft und reichere sie mit Pferdeäpfeln an. (Entweder es verirren sich Reiter in meine Gasse oder ich radle zum Bauern deswegen.) Wirklich phantastische Qualität bekommt diese stinkende Dungmischung allerdings erst mit einer Ladung Elefantenkot, die ich mir vom Zoo in Schönbrunn besorge. Dort wird freundlich und haufenweise abgegeben. Die Fahrt verpestet die Autoluft für mehrere Tage, aber die gut durchlüftete Mischung ist für meine Gartenerde wie ein maßloses Tortenessen für mich – reines Vergnügen mit sichtbaren Folgen.

Ich mache das jetzt seit drei Jahren als Zusatz zur permanenten Kompostdüngung. (Mischungsverhältnis: auf zwei Kübel feste »Haus- und Gartentier«-Ausscheidung fünf Kübel Elefantenmist). Meine Stauden danken mir die Nahrungserweiterung mit üppigem Wuchern und Blühen. Der etwas strenge Geruch am Tag der Ausschüttung verfliegt dank unseres ewigen Ostwindes und der Trockenheit innerhalb von Stunden.

Jürgen Kehrer

Mord im Samba-Express

Nele schaute auf ihre Uhr. In fünf Minuten sollte der Samba-Express eintreffen. Der Zug stand auf keinem Fahrplan der Deutschen Bahn. Wer mit ihm fahren wollte, musste im Reisebüro buchen, als Verein, Klub oder partysüchtige Gruppe.

Vor zwei Monaten war Nele in den FKK eingetreten, den Frauenkegelklub Moers. Obwohl sie nie zuvor in ihrem Leben gekegelt hatte. Aber als Einzelreisende wäre sie aufgefallen. Und für das, was sie vorhatte, musste sie untertauchen, verschwinden in der Masse der Tanzzugreisenden.

»Hey, was ist mit dir?«

»Was?« Nele schreckte aus ihren Gedanken auf.

Yvonne, die Zahnarzthelferin, stand vor ihr. »Du guckst so nachdenklich. Hast du keine Lust auf die Reise?«

»Doch. Natürlich. Ich habe nur überlegt, ob ich meiner Katze genug zum Fressen hingestellt habe.«

»Du musst Moers vergessen«, riet Yvonne. »Wir machen drei Tage Party. Zandvoort, Matjes, Männer, Mucke . . .«, Yvonne klimperte mit den Augenlidern, ». . . Mannetjes.«

»Klar. Machen wir.« Nele zauberte ein Lächeln auf ihre Lippen. »Sobald wir im Zug sind, bin ich dabei.«

Die Frauen ihres Klubs, die um sie herum standen, waren bereits bester Laune. Alle trugen grüne T-Shirts mit dem Vereinslogo auf der Brust. Einige hatten zusätzlich ihre Handynummer auf den Rücken drucken lassen. Für den Fall, dass die Männer zu schüchtern waren, sie direkt anzusprechen. Tanja und Nicole prosteten sich gerade mit Pikkolos zu. Für Getränke war reichlich gesorgt. Neben den kleinen Sektflaschen hatten sie ein paar Kartons mit Schnapsfläschchen eingepackt.

Nele griff in die Handtasche und tastete nach ihren Fläschchen. Die meisten waren mit Tee gefüllt. Für das, was sie beabsichtigte, musste sie einen klaren Kopf bewahren. Nur in einem der Fläschchen steckte ein ganz besonderer Saft. Speziell für ihn. Sein letzter Drink, sozusagen.

Der Samba-Express war schon von weitem zu hören. Laute Disco-Musik drang aus den geöffneten Fenstern, als der Zug am Bahnsteig stehen blieb. Nele nahm ihr Gepäck. Jetzt gab es kein Zurück mehr.

Nachdem Nele ihr Gepäck abgestellt hatte, ging sie zum Tanzwagen. Die meisten Frauen ihres Kegelklubs machten es sich im Abteil bequem, packten ihre Essensvorräte und Getränke aus. Aber Nele war es nicht nach Smalltalk. Sie wollte den Zug erkunden. Für ihr Vorhaben musste sie wissen, wo er sich aufhielt, ob sie ihn allein erwischen konnte. Denn Zeugen durfte es keine geben. Das war ja das Geniale an ihrem Plan: ein Mord inmitten von 250 Menschen. Und niemand würde etwas bemerken.

Aus den Lautsprechern im Tanzwagen dröhnte »Du hast mich tausend Mal betrogen« von Andrea Berg. Nele konnte sich ein wehmütiges Lächeln nicht verkneifen. Ja, das war der richtige Song. Sozusagen ihre Hymne.

Was war sie doch für eine dumme Gans gewesen, damals, in Ostende, fast ein Jahr war das jetzt her. Sie hatte die Fähre verpasst und er hatte sie eingeladen. Zuerst ins Restaurant und dann in sein Hotel. Was für eine wunderbare Nacht! Die Nacht der Nächte.

Am nächsten Morgen hatte er von Liebe geredet. Und sie hatte ihm geglaubt, jedes einzelne Wort. Dass sie ihn nur auf dem Handy anrufen konnte, dafür gab es gute Gründe, er war eben viel unterwegs. Auch dass es mit den Treffen bei ihm zu Hause nie klappte, weil immer etwas dazwischen kam, nahm sie ihm ab. Einmal musste er für einen Kollegen einspringen, ein anderes Mal seine kranke Mutter besuchen.

Aber dann häuften sich die Telefongespräche, bei denen er kurz angebunden war und sie abwimmelte. Da war sie misstrauisch geworden. Sie hatte sich in den Zug gesetzt und war in seine Stadt gefahren, mit einer Perücke, Kleidern, die sie sonst nie tragen würde, und einer großen Sonnenbrille. Sie hatte seine Wohnung beobachtet und entdeckt, dass er verheiratet war und Vater von zwei Kindern.

Sobald er aus dem Haus ging, nahm er seinen Ehering ab. Nele hatte keinen Zweifel, was das bedeutete: Sie war nicht die Erste und würde nicht die Letzte sein, der er den Schmu von der großen Liebe erzählte.

»Du hast mich tausend Mal betrogen.« Ja, dachte Nele, und das war genau einmal zu viel. Heute würde damit Schluss sein.

Sie bekam einen Stoß in die Seite und merkte, dass sie wie ein Fremdkörper auf der Tanzfläche herumstand. Das war dumm von ihr. Sie durfte nicht auffallen. Also ging sie zur Theke und bestellte ein Krefelder*.

Als der Thekenmann den Becher vor ihr abstellte, schaute sie zur Tür. Und genau in diesem Moment kam er herein.

Nele schaute ihm direkt in die Augen. Sie war sich sicher, dass er sie nicht erkennen würde. Sie hatte es ausprobiert. Vor einigen Tagen war sie mit ihrer Blondhaarperücke, der dick aufgetragenen Schminke und der Hornbrille, die sie trug, seitdem sie in den Kegelklub eingetreten war, ganz dicht an ihm vorbeigegangen. Er hatte sie nicht erkannt, nur mit einem abschätzigen Blick gemustert. Als Brillenschlange war sie nicht sein Typ. Nun, das würde die Überraschung umso größer machen.

»Cowboy und Indianer« von Olaf Henning klang jetzt aus den Boxen. Auf der Tanzfläche wurde es hitziger. Eine

---

*Altbier mit Cola

Gruppe von Männern trug T-Shirts mit der Aufschrift »Geh doch zu Hause, du alte Scheiße!« Auch so ein Hit.

Nele verfolgte mit den Augen, wie er sich durch das Gewühl kämpfte. Der Mann ihrer schlaflosen Nächte trug kein T-Shirt. Schmuck sah er aus in der blauen Uniform. Nele hatte eine Schwäche für Männer in Uniform. Damit hatte er sie rumgekriegt. Auch wenn er nur ein Schaffner war, ein Schaffner der Deutschen Bahn.

Er hatte ihr von den Tanzfahrten erzählt, zu denen er verpflichtet wurde, weil ja jemand den Zug kontrollieren müsse, auch wenn der einem Privatunternehmen wie der Rheinberg-Touristik gehöre. Und wie schrecklich das sei, als einziger Nüchterner unter Hunderten von Tanzenden und Feiernden.

Nun, er machte nicht den Eindruck, als würde er leiden. Eine Frau baute sich vor ihm auf und schwenkte ihre Hüften. Offensichtlich war Nele nicht die Einzige, die auf Männer in Uniform stand.

Mit einem breiten Grinsen im Gesicht schob er die Frau zur Seite. Wie zufällig legte er dabei seine Hand auf ihre Taille. Wahrscheinlich plante er schon sein nächstes Abenteuer. Aber dazu würde es nicht mehr kommen. Das würde Nele verhindern.

Sie setzte sich in Bewegung und folgte ihm in einem Abstand von einigen Metern. Fast hätte sie Yvonne übersehen, die sich bei ihr unterhakte.

»Hey, was machen wir heute Abend? Zuerst einen langen Strandspaziergang und dann . . . Disco?«

»Klar«, sagte Nele. »Schlafen können wir immer noch, wenn wir wieder zu Hause sind.«

Yvonne gab ihr einen Klaps auf die Schulter. »Du bist okay!«

Nele musste sich beeilen, weil er bereits den Tanzwagen verlassen hatte. Aber sie kam gerade noch rechtzeitig, um zu sehen, wie er in einem Abteil verschwand. Ein Abteil, das er ganz für sich allein hatte.

Bingo, dachte Nele. Bis jetzt lief alles optimal.

Der Zug verlangsamte seine Fahrt. Bald würden sie in Duisburg eintreffen.

Anna Kemper war beunruhigt. Die Frau aus dem Gartencenter ging ihr nicht aus dem Kopf. Sie hatte Martin nichts davon erzählt. Was für eine alberne Geschichte, hätte er bestimmt gesagt, die Frau ist doch verrückt.

Das hatte Anna anfangs auch gedacht. Aber wieso stimmte so vieles von dem, was die Frau erwähnt hatte?

Jetzt, wo Martin und die Kinder aus dem Haus waren, ließ Anna die Begegnung noch einmal in ihrem Kopf abspulen. Wie waren sie überhaupt ins Gespräch gekommen? Richtig, die Frau hatte sie angesprochen, an dem Drehturm mit den Samentütchen. Irgendeine Bemerkung über die große Auswahl, und dass sie im letzten Jahr die Mischung für den Bauerngarten ausprobiert und gute Erfahrung damit gemacht habe, und Anna war darauf eingegangen. Eigentlich völlig harmlos. Und dann hatte die Frau gesagt, dass sie Hellseherin sei. Das hatte Anna natürlich neugierig gemacht, obwohl sie nicht an Hellseherei glaubte. Nur zum Spaß hatte sie der Frau ihre Hand überlassen und die hatte ihr auf den Kopf zugesagt, dass sie Mutter von zwei Kindern sei. Gut, das traf sicher auf einen großen Teil der Frauen im Gartencenter zu. Aber dann kam der Hammer. Die Frau sagte: »Ich sehe, dass Ihr Mann bei der Arbeit Uniform trägt. Ist er Polizist?«

»Nein, er ist bei der Bahn«, antwortete Anna ohne nachzudenken.

»Richtig, es ist eine blaue Uniform und keine grüne.« Die Frau studierte intensiv ihre Handlinien. »Oh, da sehe ich noch etwas. Ihr Mann betrügt sie.«

»Unsinn.« Anna wollte ihre Hand zurückziehen, doch die Frau hielt sie fest umklammert.

»Er übernachtet doch öfters auswärts.«

»Natürlich. Wenn er mit dem Zug am nächsten Tag zurückkommt.«

»Es wird ein böses Ende nehmen.« Endlich ließ die Frau Annas Hand los. »Schon sehr bald. Vielleicht schon morgen.«

Und dann hatte sich die Frau umgedreht und war verschwunden. Anna brauchte ein paar Minuten, bis sie wieder ruhig atmen und ihren Einkaufswagen voller Primelchen zur Kasse schieben konnte. Die Frau war verrückt, keine Frage.

Doch jetzt, wo sie allein in der Wohnung saß, kam Anna noch ein anderer Gedanke: Was, wenn die Frau eine von Martins Affären war? Wenn sie sich an ihm rächen wollte?

Anna griff zum Telefon und wählte Martins Handynummer. Nach dem fünften Klingeln sprang die Mailbox an. Er hatte das Handy abgeschaltet oder der Akku war leer. Aber es gab noch eine Möglichkeit. Anna wählte eine Nummer in Wesel.

Hannes Beimke stand auf dem Bahnsteig in Wesel und ärgerte sich. Dabei hatte er sich noch vor einer Stunde ausgesprochen wohl gefühlt. Ein dienstfreies langes Wochenende lag vor ihm, er konnte Überstunden abfeiern, mal richtig ausspannen. Als er aufwachte, hatte er sich einen Plan für den Tag gemacht: zuerst gemütlich frühstücken, dann Gartenarbeit. Der Rasen musste dringend gemäht und das Unkraut gejätet werden. In Ruhe wollte er die Sache angehen, ohne Hast, ohne Hektik.

Doch dann kam der Anruf von Anna, seiner Schwägerin. Aufgeregt hatte sie ihm von der Verrückten im Gartencenter erzählt, von der angeblichen Morddrohung, von der Gefahr, in der Martin stecke. Beimke hatte versucht, Anna zu beruhigen, ihr den Verdacht auszureden. Nicht, dass er Martin für einen Engel hielt. Beimke traute ihm schon zu, mal eine Frau abzuschleppen. Martin war ein Typ, der nichts anbrennen ließ. Aber Rache einer Verflossenen? Gar

Mord? Das war doch eine kranke Frauenfantasie, verursacht durch zu viel Fernsehkrimis.

Seine Argumente brachten rein gar nichts. Anna hatte weiter auf ihn eingeredet, ihn angefleht, schließlich angefangen zu weinen. Da hatte Beimke zugesagt, in den Samba-Express zu steigen und Martin zu warnen. Um des lieben Friedens willen. Und weil er Kripobeamter war. Zwar hatte er noch nie mit einem Mord zu tun gehabt – in Wesel kam so etwas äußerst selten vor – aber für Anna war er der kompetenteste Mann weit und breit. Und der einzige, der sich auf so einen Quatsch einließ. Nun, dann sollte es so sein. Er würde bis zum nächsten Bahnhof mitfahren und anschließend wieder zurück. Mit etwas Glück würde er am Mittag wieder zu Hause sein.

Eine Gruppe von Frauen mit bunten Hüten und Luftballons wartete neben Beimke auf den Samba-Express, der gerade einlief. Typische Tanzzug-Reisende eben. Er dagegen, in seinem beigefarbenen Windblouson, sah aus wie die personifizierte Spaßbremse.

Ein korpulenter Mann um die fünfzig stieg aus dem Zug, stellte sich als Reiseleiter vor und wies der Frauengruppe den Weg. Der Mann trug einen blauen Pullover und ein Namensschild, auf dem nur »Jörg« stand. Nachnamen waren hier anscheinend verpönt.

Beimke zückte seinen Kripo-Ausweis.

Jörg wurde ein wenig blass. »Ist irgendwas passiert?«

»Wahrscheinlich nicht«, antwortete Hannes Beimke. »Ich möchte nur mit dem Schaffner reden.«

Jetzt war der Zeitpunkt gekommen. Nele würde Martin ansprechen. Sie freute sich schon auf den Moment, wenn er aus allen Wolken fallen würde. Und dann wollte sie seine Überraschung ausnutzen, ihn überrumpeln mit dem Vorschlag, ein Fläschchen mit ihr zu trinken. Auf die guten alten Zeiten, ganz freundlich. Das konnte er ihr nicht abschlagen.

Nele ging auf sein Abteil zu und vergewisserte sich noch einmal, dass die Flaschen in ihrer Handtasche an der richtigen Stelle lagen. Auf das Giftfläschchen hatte sie einen Punkt geklebt, damit keine Verwechslung passieren konnte.

Doch was war das? Aus dem Abteil kamen Stimmen. Martin unterhielt sich mit einem anderen Mann. Verdammt!

Mit abgewandtem Kopf schlenderte Nele ganz langsam an der geöffneten Abteiltür vorbei. »Das ist der größte Blödsinn, den ich je gehört habe«, hörte sie Martin aufgebracht reden. »Warum sollte ich meine Frau . . .«

»Ob du das getan hast oder nicht, geht mich nichts an«, unterbrach ihn der andere, der ebenso wütend schien. »Anna hat mich gebeten, dich zu warnen. Und das habe ich hiermit getan.«

»Danke. Dafür hättest du nicht in den Zug steigen müssen.«

Nele verzog das Gesicht. Warum hatte sie nicht der Versuchung widerstehen können, dieses kleine verhuschte Etwas von Ehefrau anzusprechen? Die Nummer im Gartencenter war großartig gewesen, keine Frage. Noch Stunden danach hatte sie sich über das erschreckte Gesicht der Frau amüsiert. Aber anscheinend war Martins Gattin auf die richtige Idee gekommen. Zu dumm!

Nele blieb am Ende des Wagens stehen und dachte nach. Den Plan mit dem Giftfläschchen konnte sie vergessen, Martin würde sich an die Warnung erinnern. Sie musste sich etwas Anderes einfallen lassen. Und den anderen Mann ablenken.

Sie sah, wie Martin und sein Freund zum Tanzwagen gingen.

Zwei Minuten später stand sie selbst inmitten des Trubels. Die Stimmung war merklich gestiegen, erste Pärchen hatten sich bereits in die Ecken verzogen.

Nele entdeckte Yvonne, die sich mit Tanja unterhielt,

und zog sie am Arm. »Hey, weißt du, was ich gerade gehört habe? Da ist ein Typ, der dich toll findet.«

»Wer denn?«

»Der da drüben!« Sie zeigte auf den Mann im Windblouson. »Er hat zum Schaffner gesagt, dass er dich gerne kennen lernen würde.«

»Du spinnst«, protestierte Yvonne.

»Nein. Im Ernst. Du solltest ihn anquatschen, bevor es eine andere tut.«

Hannes Beimke hatte es geahnt, Martin hielt die Befürchtungen von Anna ebenso für Hirngespinste wie er selbst. Auch damit, dass Martin abstritt, jemals eine Affäre gehabt zu haben, hatte er gerechnet. Dass er ihm kein Wort davon glaubte, stand auf einem anderen Blatt. Jedenfalls hatte Beimke nicht vor, sich in einen Familienstreit einzumischen, das sollten Martin und Anna alleine klären. Er hatte seine Pflicht erledigt.

Der Kripomann lehnte an der Theke und schaute sich um. Da er nicht im Dienst war, hatte er sich ein Bier genehmigt. Eigentlich war es ja ganz nett hier. Am nettesten war allerdings die schlanke Dunkelhaarige, die neben ihm stand und ihn mit großen Augen anschaute. Sie heiße Yvonne, hatte sie gesagt, und sie arbeite als Zahnarzthelferin.

Und sie ist offensichtlich an dir interessiert, dachte Beimke.

Obwohl er nicht die Absicht hatte, das auszunutzen. Er war verheiratet und würde am nächsten Bahnhof aussteigen, daran gab es nichts zu rütteln. Aber es war schon ein angenehmes Gefühl, Eindruck auf eine hübsche Frau zu machen. Wenn er im Dienst mit Frauen zu tun hatte, wurde er zumeist beschimpft, von Trickbetrügerinnen, die alte Frauen ausraubten, oder von betrunkenen Ehefrauen, die ihre Männer verprügelten.

»Sind Sie immer so schüchtern?«

»Was?« Beimke war irritiert.

»Na, Sie haben doch gesagt, Sie würden mich gerne kennen lernen. Jetzt haben Sie die Gelegenheit.«

»Wem soll ich das gesagt haben?«

Yvonne verdrehte die Augen. »Dem Schaffner. Herrgott, sind Sie blöd! Okay, dann eben nicht.«

Sie machte einen Schritt zur Seite.

»Warten Sie!« Hannes Beimke schnappte nach ihrem Arm und zog sie zurück. »Wer hat Ihnen das erzählt?«

»Eine Freundin. Lassen Sie meinen Arm los!«

Beimke zeigte ihr seinen Ausweis. »Ich arbeite bei der Kripo. Also sagen Sie mir bitte, wer die Freundin ist. Ich bin wegen eines bestimmten Verdachts hier.«

Yvonne starrte mit offenem Mund auf den Ausweis. »Sie heißt Marion Schmidt.«

»Was wissen Sie über sie?«

»Nicht viel. Sie ist erst vor kurzem in unseren Kegelklub eingetreten.«

»Wie sieht sie aus?«

»Unscheinbar. Sie trägt so eine große Brille. Und eine Perücke. Blond. Wahrscheinlich hat sie irgendwelche Probleme mit den Haaren.«

»Wann haben Sie sie zuletzt gesehen?«

»Vor fünf Minuten.« Yvonne streckte ihren Finger aus. »Sie ist in diese Richtung gegangen.«

Hinter Martin her, dachte Hannes Beimke.

Nele setzte alles auf eine Karte. Sie hatte den Mord nicht monatelang geplant, diesen langweiligen Kegelklub und die ätzende Verkleidung ertragen, um jetzt einfach aufzugeben. Auch wenn das Risiko, erwischt zu werden, viel größer sein würde. Das musste sie in Kauf nehmen. Martin sollte nicht davonkommen.

Ein Mann im Batman-Kostüm und eine Frau in bayerischer Tracht kamen ihr entgegen. Aber Nele hatte keinen Blick für das Pärchen, das sich köstlich zu amüsieren schien. Nele sah nur eines: Martin, etwa zehn Meter vor ihr. Sie blieb an einer Zugtür stehen. Abgesehen von Martin war der Gang jetzt leer. Die Zugwagen gehörten zu einer älteren Generation, es gab noch Türgriffe, mit denen man die Türen öffnen konnte. Auch während der Fahrt – wenn man die Notbremse zog.

Und das tat Nele. Ein kreischendes Geräusch setzte ein. Der Zug bremste abrupt mit einem starken Schütteln. Nele klammerte sich an einem Griff fest und sah, wie Martin stolperte und gegen eine Wand knallte.

Dann zog sie am Türgriff. Es war schwer, sie musste sich mit einem Bein gegen die Wand stemmen, bevor sich die Tür ganz langsam öffnete. Aber sie schaffte es, der Spalt wurde breiter. Sie klemmte sich in den Spalt und drückte mit der Kraft ihres Körpers. Draußen flog die Niederrhein-Landschaft vorbei. Das platte Land mit Wiesen, Kühen, ein paar Kopfweiden und Bauernhäusern.

Martin hatte sich aufgerappelt und kämpfte sich zu ihr vor. »Halt! Was machen Sie da?«

Nele beugte sich aus dem Zug, als wolle sie springen. Er sollte denken, sie habe die Absicht, Selbstmord zu begehen.

Und tatsächlich schnappte er nach ihrem Arm. »Tun Sie das nicht!«

»Was soll ich nicht tun?«, fuhr sie ihn an. »Denkst du wirklich, ich würde mich deinetwegen umbringen?«

Er war geschockt, vollkommen unfähig sich zu bewegen. Das war der Moment, auf den sie gewartet hatte. Sie hob den Arm, um ihm einen Stoß zu geben. Good-bye, Martin!

Doch sie schlug ins Leere. Plötzlich stand der Mann im beigefarbenen Blouson neben ihr und riss Martin zurück. Der Schwung der Bewegung schleuderte sie nach draußen. Mit der linken Hand hielt sie sich noch am Griff fest, aber die gewaltigen Kräfte, die durch die Notbremsung ausgelöst wurden, zerrten an ihrem Körper. Sie musste den Griff loslassen. Und dann fiel sie.

»Garten-Tipp« von Jürgen Kehrer

Georg Wilsberg, der sympathische, unter chronischem Geldmangel leidende Privatdetektiv aus Jürgen Kehrers Münsteraner Kriminalromanen, ist kein Freund von Gärten und schon gar nicht von Gartenarbeit. Statt Rasen würde er pflegeleichten, grün gestrichenen Beton vorziehen.

Behauptet zumindest sein Autor.

Garten-Tipp von Bina Ch. Seelen

Bepflanzen von Blumenkästen und Töpfen.

Nach der Kalten Sophie werden die Blumenkästen, Töpfe, Schalen und Hängeampeln mit Sommerblühern bepflanzt. Als Drainage verwende ich Styropor, den ich plattenweise, 1,5 bis 2 Zentimeter stark, im Baumarkt kaufe und in Stücke breche. Das hat gleich drei Vorteile: Ist nicht so schwer wie Sand oder Tonscherben, preiswert und wieder verwendbar, wenn im Herbst die ausgelaugte Erde entsorgt wird.

Zum Kompostieren der alten Erde – samt ausgeblühter Pflanzen – Pötte und Kästen umdrehen, Styroporstücke rauspulen und fürs nächste Jahr aufheben. Zwischen die Topfbepflanzung stopfe ich Samen von Kapuzinerkresse, ohne sie vorzuziehen (keine hoch rankenden, die kleinwüchsige Variante). Irgendwann – wenn man sie schon fast vergessen hat – fummeln sie sich durch ihre blühenden Kollegen und geben noch mal einen Farbklecks.

Bina Ch. Seelen ist Redakteurin beim STADT-SPIEGEL Krefeld

Sandra Lüpkes

Der Thron der Lilie

Annegreta de Melk fuhr mit dem Lieferwagen rasant die Auffahrt zum Gewächshaus hinauf. Sie hörte hinter ihrem Fahrersitz das Plätschern des Blumenwassers in den Eimern und das Knistern der Papiertüten, mit denen sie die 1200 Lilien eingewickelt hatte. Hier in Deutschland sagte man den Holländern hundsmiserable Fahrweise nach und viele Passanten schauten etwas verängstigt, wenn Annegreta mit ihrem verräterisch gelben Nummernschild durch deutsche Fußgängerzonen preschte. Doch das Geschäft mit den frischen Schnittblumen war ein Wettlauf gegen die Zeit und ihr Transporter fuhr tapfer das Tempo, welches sie schon seit Jahren von ihm verlangte.

Peer ten Cate kam durch die Glastür und blieb unter dem Firmenlogo seines Blumenladens stehen. Er trug seine grüne Schürze und die feinen Gummihandschuhe; man merkte ihm an, dass er in den letzten Tagen zuviel Arbeit und zuwenig Schlaf gehabt hatte. Aber zum Frühlingsfest und zum Beginn des Wettbewerbes »Unsere Stadt blüht auf« ging es ihm da nicht anders als den übrigen Kollegen in der Region. Selbst Annegreta im fernen Utrecht merkte an ihren Umsatzzahlen, dass in Straelen für wenige Tage der Ausnahmezustand herrschte.

In diesem Jahr waren es vor allem Lilien. Langstielige, zartblühende Lilien in Weiß und Rot, die meisten jedoch in Gelb und Blau. Peer ten Cate hatte mit weit über tausend Stück die größte Bestellung aufgegeben. Er durfte den Wagen der Blumenkönigin schmücken, weil sein Betrieb sich schon seit mehreren Generationen der Lilienzucht widmete. Und ihre königliche Hoheit hieß in diesem Jahr

Lilie I. Gekrönt wurde stets ein junges, unverheiratetes Mädchen aus der Gegend, möglichst hübsch und nicht zu dumm.

Annegreta sprang aus dem Auto. Die Ladefläche war so eng bepackt, dass ihr fast ein voller Blumenbehälter auf den Fuß gefallen wäre. Sie schaute sich um, normalerweise kamen ten Cate oder sein Sohn Claas immer sofort herangeeilt, um hilfreich zur Hand zu gehen. Dieses Mal aber blieb der ältere Mann stehen, wo er war. Der Juniorchef war gar nicht zu sehen.

»Peer«, rief Annegreta. »Bist du angewachsen, oder was? Wenn ich die Lilien allein schleppen muss, welken die Blüten, bevor ich alle im Laden habe!«

»Ich weiß nicht so recht, wie ich es sagen soll.«

Sie sah, wie seine Finger in den Taschen nervös am Hosenfutter kneteten.

»Was willst du mir sagen – oder nicht sagen? Hast du doch eine Null zuviel auf den Bestellzettel geschrieben? Glaube nicht, dass ich jetzt mit 1080 Lilien wieder nach Hause fahre.«

Nun schlurfte er doch auf sie zu. »Die haben heute Morgen Lilie die Erste gefunden. Tot. Die lag im Rückhaltebecken des Kanals in Straelen-Rieth nicht weit von der Brüxkener Straße.«

»Nee!« Annegreta tat es für das junge Mädchen leid. Menschenskind, tot im Graben. Aber was, um Himmels Willen, sollte sie mit dieser Menge frischer Schnittblumen anfangen? Denn bei einem solchen Unglücksfall würden die Straelener mit Sicherheit auf das Frühlingsfest verzichten.

»Ein Busfahrer hat das Mädchen im Wasser liegen sehen.«

»Ein Autounfall?«

»Nein. Sie war nackt. Man geht von einem Sexualdelikt aus. Ist das nicht schrecklich?«

Annegreta konnte noch immer nichts Vernünftiges erwidern, sondern schluckte und schluckte an der Trockenheit in ihrem Mund.

»Es war die Tochter vom Hausmeister des Schullandheimes, Melanie Wilken. Sie war erst achtzehn. Ein so anständiges Kind. Ich kann es noch nicht glauben.«

Annegreta rechnete den Schaden aus, den ihr die unverkaufte Ladung Lilien bereiten würde. Sie käme nie auf den Gedanken, dem armen ten Cate jetzt die ganze Ware in Rechnung zu stellen. Das wäre pietätlos. Eine ganze Wocheneinnahme würde sie das kosten. Besonders die blauen, von der sie mehr als vierhundert Exemplare dabei hatte, waren schon im Einkauf sündhaft teuer. Und sehr schwer verkäuflich. Aber sie würde den Schaden übernehmen, er war ein guter Kunde.

Sie wusste, dass ten Cate eigentlich selbst Lilien züchtete, es war eine seiner Leidenschaften. Doch eine solche Anzahl verschiedenfarbiger Blüten würde er in seinem Betrieb wohl kaum auf einen Schlag ernten können. Zudem war vor einigen Wochen in der Gärtnerei eingebrochen worden. Annegreta hatte davon gehört. Mehrere hundert Blumen waren verschwunden.

Plötzlich schob ten Cate sie zur Seite und griff einen der Eimer. »Wollte ich dir nur erzählen. Aber jetzt los, ran an die Arbeit . . .«

Annegreta wusste nicht, ob sie erleichtert oder schockiert reagieren sollte. Allem Anschein nach hatte ten Cate noch immer den Bedarf, 1200 Lilien zu verarbeiten, was zwangsläufig darauf schließen ließ, dass man in Straelen das Frühlingsfest nicht abzusagen gedachte.

Annegreta folgte ten Cate mit einem Eimer blauer Lilien ins Innere des Glashauses. In der fast tropischen Schwüle der Gärtnerei roch es neben dem Blumenduft nach Schweiß. Erst als sie den Eimer auf dem Boden abstellte, hatte sie freie Sicht auf das Gefährt in der Mitte der Halle. Ein Treckeranhänger, ummantelt mit modrig grauem Steckschaum, stand noch recht schmucklos herum.

Drei kräftige Jungs, unter ihnen auch Claas ten Cate, waren dabei, einen Holzthron auf die Ladefläche zu hieven und ihn mit Schlaufen und Schrauben in der Mitte zu fixieren. Der Juniorchef erkannte Annegreta und winkte ihr lächelnd zu. Sie waren in einem Alter, stammten beide aus Familien, in denen Blumen schon seit Generationen für das Essen auf dem Tisch sorgten, und sie kannten sich von der Berufsschule, wo Claas ten Cate während seiner Ausbildung in Holland in Annegretas Prüfungsklasse gewesen war. Sie hatten damals eine schöne Zeit gehabt. Nun reichte es seit Jahren nur noch für ein freundliches Winken.

Ten Cate rief den Jungs ein paar Kommandos zu, dann strahlte er Annegreta entgegen. »Das war meine Idee, für die Königin einen solchen Festwagen zu kreieren. Lilien gibt es in so vielen Farben. Da haben wir gedacht, wir gestalten den Niederrhein im Kleinformat. Wir wollen das Sandufer und den Fluss aus gelben und blauen Blüten stecken. Die Wiesen in grün, aufgefüllt mit Schleierkraut. So etwas hat die Welt noch nicht gesehen.«

»Ach, und deswegen die vielen blauen. Du weißt ja, wie teuer die sind.«

»Eben. Und nun, da das Frühlingsfest ausfallen muss...«
»Wie? Es fällt doch aus?«
»Aber ja, wie sollen wir ohne Königin feiern?«
»Und der Wagen?«

»Den machen wir trotzdem fertig. Wurde ja von der Sparkasse gesponsert, hinten dran ist das Logo eingeplant, dazu brauchen wir auch die weißen und roten Blüten.«

»Und was macht ihr dann mit dem Wagen? Ich meine, ich könnte versuchen... die Lilien zum Selbstkostenpreis an die anderen Händler...«

»Nee, Annegreta, das ist lieb von dir. Aber da mach dir mal keine Sorgen. Ich habe das Gefährt schon so lange geplant, habe den Thron zusammengezimmert, und so weiter und so fort. Nun will ich das Werk auch vollendet sehen.«

Annegreta musste noch einige Male den Weg vom Lieferwagen zum Gewächshaus zurücklegen. Die Männer, die sonst mit anpackten, waren alle mit dem Festwagen beschäftigt und dem alten Peer ten Cate wollte sie die Plackerei nicht zumuten. Sie war eine starke Frau, von der Statur her konnte sie es mit den meisten Männern lässig aufnehmen, ihr machte es nichts aus, die Blumen zu schleppen. Im Gegenteil, sie nutzte die Zeit, um über die Geschehnisse hier in Straelen nachzudenken. Genau genommen: über das tote Mädchen.

Annegreta war keine sensationshungrige Person. Sie hatte auch keine Anwandlungen, nebenberuflich als Detektivin tätig zu sein. Bodenständig wie sie war, verschwendete Annegreta nur selten Gedanken an Dinge, die sie nicht betrafen. Aber dennoch blieb diese Geschichte an ihr haften wie Blütenstaub. Weil sie so etwas schon einmal gehört hatte. Eine tote Lilie hatte es doch schon einmal gegeben. Nicht hier, nicht in Straelen. Aber in Amsterdam. Beim dortigen Blumenfest.

Annegreta zog den letzten Eimer von der Ladefläche. Sie konnte sich nicht mehr so genau erinnern. Sie war schon lange im Geschäft; seit sie sechzehn war, arbeitete sie im Familienbetrieb und sie konnte all die ähnlichen Jahre nicht so richtig auseinander halten. Doch dieser Mord in Amsterdam war in ihrer Lehrzeit passiert, da war sie sich sicher. Und war es nicht auch ein junges Mädchen gewesen? In Amsterdam wurde eine Repräsentantin für jede Blumenart gewählt, es gab eine Rose, eine Narzisse, eine Nelke und die Tulpe war natürlich die Königin. Aber damals, und jetzt war Annegreta sich ganz sicher, damals war die Lilienprinzessin ermordet worden. Es musste schon zwanzig Jahre her sein. Und man hatte den Mörder nie gefasst.

Einige Frauen hatten schon mit dem Stecken begonnen und Peer ten Cate stand mit kritischem Blick daneben. Die

Seiten des Wagens waren wellenförmig zugeschnitten und erweckten die Illusion eines tatsächlichen Blütenflusses.

Lilien sind eigenwillig, elegant, zart, aber mit robustem Stängel, haben weiche Blätter, aber einen harten Blütenstempel in der Mitte. In Holland war die Lilie von etlichen alten Künstlern gemalt geworden, jedoch wurde der phallusartige Stiel im Blütenkelch nicht abgebildet, weil er sich nicht mit dem Charakter der Blume vereinbaren ließ.

Wenn Annegreta nach ihrer Lieblingsblume gefragt wurde, so nannte sie meist die weiße Madonnenlilie. Und sie kannte auch deren Bedeutung: Lilie steht für Unschuld. Wenn eine Lilie gebrochen wird, so steht dies für den Verlust der Jungfräulichkeit. Die Blumensprache ist reich an Bildern und Annegreta hatte die Symbole während ihrer Lehrzeit auswendig lernen müssen.

»Sag mal, Peer, wegen des Mädchens . . .«

»Was ist mit ihr?«

»Hatte sie eine Blume dabei?«

»Woher weißt du das?«

»Eine Lilie?«

»Ja, aber . . .«

»Durchgebrochen?«

»Genau. Das hat man sich erzählt. Eine weiße Madonnenlilie. Aber wie kommst du darauf?«

Annegreta überlegte kurz, ob sie ihm erzählen sollte, dass das Mädchen vor wer-weiß-wievielen Jahren in Amsterdam ebenfalls eine weiße Lilie in der kalten Hand gehalten hatte. Eine gebrochene Madonnenlilie. Wahrscheinlich hätte es Peer ten Cate interessiert, vielleicht sogar noch mehr als der Wagen mit dem Thron und den Unmengen von Blumen, der nie benutzt werden würde. Schließlich entschied sie sich, dieses Wissen vorerst für sich zu behalten.

»Ach, nicht, ich überlege nur . . .«, wimmelte sie ab.

»Aber ich . . .«

»Es wird wunderbar. Wenn der Wagen fertig ist, brauche ich unbedingt ein Foto«, sagte Annegreta, dann verließ sie winkend das Glashaus und setzte sich in ihren Kleintransporter.

Sie atmete tief durch. Dann ließ sie den Motor an und fuhr – rasant und halsbrecherisch – die Abfahrt hinunter.

Theodor Brebeck sammelte alles. Er hatte auf der Dienststelle in Kevelaer schon vor Jahren einen bezeichnenden Spitznamen erhalten: Lexikon. Weil er jeden Schnipsel, den er bei einem ungeklärten Todesfall in die Finger bekam, abheftete, nach einem ihm eigenen System archivierte und so jederzeit und immer alles Wissenswerte zur Hand hatte. Einige Kollegen belächelten ihn dafür.

Sie hatten ihn heute Morgen, kaum war er im Büro angekommen, nach Straelen-Rieth geschickt. Leichenfund in der Nähe des Schullandheimes, Riemer und die Leute von der Spurensuche waren schon dort. Die Beamten in Straelen würden ihn unterstützen.

Es war praktisch für ihn, ausgerechnet in Straelen zum Einsatz zu kommen, so konnte er gleich zwei Eintrittskarten für das Konzert des Frühlingsfestes besorgen und sie seiner Frau als kleines Geschenk mitbringen.

So hatte sich Theodor Brebeck das alles gedacht. Doch seine Pläne hatten sich gleich nach der Ankunft am Fundort in Luft aufgelöst. Das Frühlingsfest würde ausfallen. Das Mädchen im Rückhaltebecken des kleinen Nordkanals war die diesjährige Blütenkönigin Lilie I., Melanie Wilken, achtzehn Jahre, nackt und erdrosselt, mit einer gebrochenen weißen Blume in der Hand. Als man den traurig zugerichteten Körper mit Hilfe eines Gabelstaplers aus der Senke hob, standen rund zwanzig nicht zu verscheuchende Schaulustige in der Nähe.

Theodor Brebeck notierte fleißig, bis der Leichenwagen abfuhr und er zur Straelener Polizeidienststelle aufbrach.

»Das hier hat was mit den Blumen zu tun«, sagte Brebeck mehr zu sich selbst.

»Hier hat alles mit Blumen zu tun«, ergänzte einer der Polizisten, die ständig in der wirklich kleinen Kleinstadt ihren Dienst taten. »Die meisten Nachbarschaftsstreitigkeiten drehen sich um Blumen. Es gab mal einen Selbstmord, weil ein über Jahre gezüchteter Blumengarten einer hartnäckigen Blattlausart zum Opfer gefallen war. Alles dreht sich hier um Blumen. Das können Sie mir glauben!«

Eine Kollegin wollte auch noch ihre Geschichte zu diesem Thema loswerden: „»Vor ein paar Wochen hatten wir einen Einbruch in einer Gärtnerei. Über hundert Zuchtlilien wurden geklaut, aber der randvolle Tresor war unangetastet geblieben, genau wie Laptop und Kleingeldkasse.« Schließlich stutzte sie. »Was schreiben Sie denn da auf?«

»Ich notiere mir Ihre Aussagen.«

»Aber warum denn?«

»Weil ich mir immer alles aufschreibe, könnte ja wichtig sein.«

»Aha«, sagten beide Streifenpolizisten gleichzeitig und Brebeck konnte aus den Augenwinkeln ihr Schulterzucken erkennen.

»Und was war das für eine Blume, die das tote Mädchen in der Hand hielt?«, fragte Brebeck.

»Woher soll ich das wissen?«

»Ich dachte, hier in Straelen dreht sich alles um Blumen. Dann hätten Sie doch . . .« Brebeck sah wieder einmal ein, dass nicht jeder Mensch der Ansicht war, lokales Allgemeinwissen zu speichern, so wie er es tat. »Schon gut. Wir fahren zu dieser Gärtnerei.«

»Welche Gärtnerei?«

Jetzt konnte Brebeck sich ein genervtes Seufzen nicht verkneifen. »Zu der Gärtnerei, bei der mal dieser Einbruch gewesen ist.«

»Bei Peer ten Cate war das. Es ist nicht weit von hier, kommen Sie mit.«

Die Beamten gingen durch die Seitentür der Dienststelle nach draußen und stiegen vorn in den grünsilbernen Passat, neuestes Modell. Brebeck klemmte sich auf die Rückbank. Er war ein langer Kerl und hatte Mühe, die Stelzenbeine und den ockerfarbenen Mantel unterzubringen, ohne dem Kollegen auf dem Beifahrersitz die Knie durch die Lehne in den Rücken zu stemmen.

»Der ten Cate war ganz verzweifelt damals«, führte die Polizistin aus, während sie den Wagen auf die Straße lenkte. »Ich glaube, dem hätten sie besser den Tresor plündern können, statt seine Blümchen zu mopsen.«

Sie fuhren über den Süd- und Westwall und Brebeck bestaunte die penibel gepflegten Fassaden der Einfamilienhäuser. Weiter aus dem Ortskern heraus war in den Vorgärten kein Grashalm zu lang, keine Blume verblüht und kein Kinderspielzeug, das kreuz und quer auf dem Rasen lag. Brebeck fühlte sich an sein eigenes Grundstück in Kerken erinnert, bevor seine kleine Tochter laufen gelernt hatte.

»Haben wir eigentlich schon ein Foto von dem Mädchen?«, fragte Brebeck, denn das, was heute aus dem Graben gefischt wurde, war nicht die Melanie Wilken, die er sich in seinem Kopf und in seinen Akten konservieren wollte. Für ihn bedeuteten die Leichen immer den Abschluss einer längeren bis langen Geschichte, hinter die er als Kommissar erst einmal kommen musste. Und in dieser Geschichte spielten die ermordeten Personen ja noch eine andere Rolle, waren Konfliktstoff, Objekt der Begierde oder ungeliebtes Anhängsel. Und waren lebendig.

»Wir waren ja schon bei den Eltern und haben die schlimme Nachricht übermittelt. Und dann reichte der Vater uns das Bild aus dem Wohnzimmerregal.« Der Kollege auf dem Beifahrersitz kramte umständlich in seiner Aktentasche und zog ein goldgerahmtes Foto heraus. »Für

Ihre vorbildliche Aktenführung sollten wir wahrscheinlich besser den Rahmen entfernen, Ihr Ordner quillt ja jetzt schon fast über.«

»Nein, lassen Sie das. Ich nehme es, wie es ist.«

Brebeck fand es wichtig, den antik verschnörkelten Bilderrahmen zu lassen, wie er war. Er wog in der Hand wie ein Packen Mehl und fasste ein typisches Fotografenportrait ein: Melanie Wilken vor dunkelrotem Hintergrund in ihrer Robe als Königin Lilie I., welche ein samtblauer Umhang über einem weißen Baumwollgewand war. Sie lächelte in die Kamera, eine Zahnspange versilberte ihr Gebiss. Die dauergewellten blonden Haare lagen auf den Schultern, sie hatte den Oberkörper leicht zur Seite gedreht und hielt in der Hand einen voluminösen Strauß bunter Blumen. Es war dieselbe Art, von der ihre bleiche Hand eben noch ein Exemplar umklammert gehalten hatte. Wahrscheinlich Lilien. So ein nettes Mädchen, bemerkte Brebeck, und musste sich gegen den Gedanken an seine eigene Tochter wehren, die erst in den Kindergarten ging, aber irgendwann auch einmal so alt sein würde. So knapp zwischen Mädchen und Frau, so unsicher in ihrer Erscheinung und gerade deswegen so bezaubernd.

»Wie haben Melanies Eltern reagiert?«, fragte Brebeck, während er das Bild in den Ordner legte.

»Wie schon: Sie waren außer sich.«

Die Fahrerin ergänzte: »Wir überbringen ja nicht so oft grauenvolle Todesnachrichten wie ihr von der Kripo, aber ich denke . . . Halt! Was ist das denn? Ist der denn total übergeschnappt . . .«, rief sie plötzlich, malträtierte zeitgleich das Gaspedal und schaltete Blaulicht an. Ein Transporter, der ihre Straße kreuzte, musste eindeutig bei Rot über die Ampel gefahren sein. Kurz heulte das Martinshorn, damit die Wagen vor ihnen die Kreuzung räumten und sie dem Verkehrssünder auf die Pelle rücken konnten. »Holländisches Kennzeichen . . . mal wieder typisch!«

Der Polizeiwagen jagte aus dem Ort hinaus, an einer

Windmühle vorbei und schließlich auf die flache Landstraße Richtung Niederlande. Immer dem dunkelblauen Kleintransporter hinterher, auf dessen Seitenwänden in Holländisch etwas stand, umrahmt von Blumenranken – de Melk . . . Utrecht – und irgendwas Unverständliches eben.

»Ist das nicht etwas übertrieben? Sie rasen ja, als hätten wir hier soeben den Täter erwischt. Das war doch nur ein lapidarer Fahrfehler!«, wagte Brebeck von der Rückbank.

»Lapidarer Fahrfehler!«, wiederholte der Kollege und schnaubte. »Wenn Sie wüssten, wie oft wir uns mit diesen verrückten Holländern auseinandersetzen müssen. Die heizen wie die Teufel.«

»Ich dachte immer, das wäre ein Klischee . . .«

»Schön wäre es!«, seufzte der Streifenbeamte und dann: »Scheiße, tritt auf die Bremse, verdammt noch mal, diese Tulpenfresser, pass auf!«

Wenige Zentimeter vor dem eidottergelben Nummernschild kamen sie zum Stehen. Der Kollege war im selben Moment schon auf der Straße und schimpfte: »Erst total ignorieren und dann 'ne Vollbremsung machen. Lebensgefährlich ist das, lebensgefährlich!«

Brebeck ließ die Seitenscheibe herunter. Nach der Achterbahnfahrt tat frische Luft gut. Zudem war er gespannt, was der Fahrer des Lieferwagens zu seiner Verteidigung zu sagen hatte.

Eine große Frau stieg schuldbewusst aus dem Wagen, es hätte Brebeck nicht gewundert, wenn sie wie ein Schwerverbrecher die Hände über den Kopf gehalten hätte. »Entschuldigung! Ich war total in Gedanken«, sagte sie mit dem sympathisch weichen Slang der deutschsprechenden Niederländer. Sie war mittleren Alters, mehr grau als blond, mit gesunder Gesichtsfarbe, trug eine blaue Latzhose und hatte kräftige Arme. Keine zierliche Person, sondern ein echtes Mannsweib. »Was habe ich denn verbrochen? Ich dachte, wir sind hier in Straelen und nicht in Chicago!«

»Sie haben eine rote Ampel überfahren«, gab der Kollege sachlich zur Kenntnis und ergänzte, während er die griffbereiten Papiere aus der Brusttasche zog und den Kugelschreiber klicken ließ: »Sie sollten beim Autofahren nicht gleichzeitig mit den Gedanken spazierengehen!«

»Ich habe von der toten Lilie gehört. Da war ich ganz durcheinander. Das müssen Sie doch verstehen.«

»Wenn Sie durcheinander sind, sollten Sie den Wagen lieber stehenla . . .«

»Sie haben von dem ermordeten Mädchen gehört?«, unterbrach Brebeck. Es war verwunderlich, dass seine Kollegen mehr Energie in ein Verkehrsdelikt als in einen Mord investieren wollten.

»Ich habe einen Riesenhaufen Lilien in Peer ten Cates Gärtnerei geliefert und der Seniorchef hat es mir erzählt. Schlimme Sache mit der toten Lilie.«

»Peer ten Cate?«, hakte Brebeck nach.

Die Kollegin bestätigte: »Sie erinnern sich richtig. Dorthin waren wir eben unterwegs.«

»Und woher wusste ten Cate von der Sache? Ich meine, dass es eine Leiche gab, ließ sich kaum geheim halten. Aber dass es sich dabei um Melanie Wilken handelt, können nur die wenigsten gewusst haben.«

»Die Schaulustigen . . .«, gab der Kollege zu bedenken.

»Ich bitte Sie. Wir haben hier das Foto von dem Mädchen – hübsch und lächelnd – «, Brebeck zog den Rahmen aus dem Ordner, »und wir hatten eine nackte Frauenleiche im Straßengraben. Und wenn Sie mich fragen, gibt es leider nicht mehr viel Ähnlichkeit zwischen den beiden. Das Gesicht der Toten war von nasser Erde und vermoderten Blättern bedeckt, zudem sehen erwürgte Leichen immer entstellt aus, Sie wissen, die Augen und die Zunge und so. Nie im Leben hat einer von den Menschen erkennen können, wen wir aus dem Wasser gezogen haben.«

Brebeck sah, dass sich das Gesicht der holländischen

Verkehrssünderin verzog. »Entschuldigen Sie, ich hatte ganz vergessen, dass...«

»Kein Problem«, sagte diese etwas gequält. »Es ist nicht wegen dem, was Sie gesagt haben. Es ist wegen der Erinnerung, die es in mir weckt.«

»Erinnerung?«

»Wie gut arbeiten Sie eigentlich mit unserer Polizei zusammen?«, fragte sie, als wäre sie längst schon ein Mitglied des Teams.

»Hervorragend«, betonte der Kollege und klickerte erneut demonstrativ mit dem gezückten Kugelschreiber. »Insbesondere mit den holländischen Kollegen von der Verkehrssicherheit.«

»Und Mord?«

»Kam noch nie vor.«

»Eben doch. Vor genau zwanzig Jahren. Darüber habe ich nämlich gerade eben so schrecklich nachdenken müssen, dass ich gar nicht auf die deutschen Verkehrsschilder achten konnte.«

»Was?«

»Bei uns wurde damals auch eine Lilie gebrochen.«

Bevor Brebeck nachfragen konnte, fuhr sie fort: »Lilien stehen für Unschuld, aber das wussten Sie ja sicher schon, oder nicht?« Brebeck hatte es nicht gewusst und war ein wenig ärgerlich auf sich selbst.

Die Holländerin lehnte nun lässig an ihrem Lieferwagen. Sie schien bemerkt zu haben, dass sie kein Bußgeld mehr erwartete. »Und eben, kurz bevor ich Ihr Tatütata gehört habe, ist mir auch eingefallen, was damals in Amsterdam noch so ähnlich war.«

Claas ten Cate setzte den Akkubohrer an. Er konnte nicht mehr so recht ausmachen, die wievielte Schraube er inzwischen in der Ladefläche des Traktoranhängers versenkte. Alles nur, damit der Thron einen stabilen Stand hatte. So wie sein alter Herr es wollte. So wie es auf dessen peniblem Plan bis ins Detail beschrieben war. Der Thron für die Lilie muss auch einem plötzlichen Stopp standhalten, er muss Unebenheiten im Boden vertragen, er muss stehen wie eine Eins. Daran änderte sich laut seinem Vater auch nichts, wenn dieser Wagen sich aller Wahrscheinlichkeit niemals auch nur einen Zentimeter vom Fleck rühren würde.

Eine sinnlose Tätigkeit also, dieses Schrauben. Und sein Vater stand daneben und kommandierte, wie er es immer tat. »Jetzt aber zackzack! Wenn dieser Wagen nicht das Tollste wird, was jemals in Straelen gebaut wurde, dann müsst ihr im nächsten Jahr den Wagen mit Kakteen bestücken.«

Die anderen lächelten sich schief zu. Claas kannte ihre Einstellung. Lass den Alten reden! Ihn aber trieb die Art seines Vaters zur Weißglut.

Wieder wand sich eine Schraube in das Bodenholz. Genau so war er in diesen Betrieb hier getrieben worden, wie eine Schraube. Zuerst hatte er doch nur seinen Eltern zuliebe angetestet, ob die Gärtnerei wohl etwas für ihn wäre. Und dann, besonders nach Mutters Tod, hatte die Sohnespflicht ihn tiefer und tiefer gedrückt, hatte ihn hier festgeschraubt. Er hatte nie eine Chance gehabt, das alles zu verlassen. Dabei hasste er diese grellen Farben der Blüten, ihr Geruch widerte ihn an, es kostete ihn Überwindung, die zarten Blätter nicht zwischen den Fingern zu zerreiben, bis sie zu filzigen Krümeln wurden.

Das Quälendste an der Sache war jedoch: Niemand wusste von Claas ten Cates Leiden. Jeder in Straelen freute sich, dass der Fachbetrieb in der nunmehr dritten Generation weitergeführt werden würde. In derselben Perfektion, mit derselben Hingabe. Seit er sechzehn Jahre alt war, hatte er sich jeden Morgen vorgenommen: Heute sag ich es meinem Vater, dass ich es nicht tun werde, dass ich einen anderen Lebensweg einschlagen möchte. Und jeden Abend lag er niedergeschlagen in seinem Bett und verwünschte seine Feigheit.

Dieses ewige Versagen sich selbst gegenüber machte alles nur noch schlimmer, machte ihn stets übel gelaunt und eigenbrötlerisch. Er hatte auch noch nie eine feste Freundin gehabt, weil die Mädchen immer viel zu schnell darauf gekommen waren, dass mit ihm etwas nicht stimmte. Einige hatten sogar den Grund dafür erraten und ihn bestärken wollen, sich gegen seinen Vater durchzusetzen. Stets war den ersten tiefer gehenden Gesprächen zwischen ihm und einer Frau die sofortige Trennung gefolgt. Deswegen war er mit Mitte vierzig noch immer Junggeselle. Junggeselle und Gärtner mit eigener Lilienzucht. Alles das, was er nie hatte werden wollen.

»Das müsste eigentlich halten«, sagte er nun und richtete sich auf. Doch sein Vater stand inzwischen am Eingang des Gewächshauses, neben der Holländerin, die immer die Blumen lieferte und die er schon aus seiner Lehrzeit in Amsterdam kannte, diese unattraktive Annegreta, plump und klobig wie die Zwiebel einer Hyazinthe. Daneben waren zwei Bullen und ein Schnauzbartträger im ockerfarbenen Mantel, der einen Aktenordner umklammert hielt.

Sie schauten zu ihm herüber. »Kommst du mal her?«, rief sein Vater.

Er sprang vom Wagen. Er wählte absichtlich einen langsamen und sicheren Schritt. Warum sollte er nervös werden? Weil sie vielleicht dahinter gekommen waren? Hinter sein Geheimnis? Es machte keinen Unterschied. Er schlurfte über den Boden und schaffte ein Lächeln. »Ja bitte?«

»Annegreta sagt, du weißt vielleicht was über das tote Mädchen.«

Claas wischte sich seine verdreckten Finger an der Jeans ab und reichte jedem in der Runde die Hand. »So, weiß ich das?«

Annegreta ließ ihn nicht mehr los. Es war nicht zu übersehen, dass sie etwas ahnte. Sie war eine von denen gewesen, eine von den Weibern, die ihm zu nah auf die Pelle gerückt waren. »Weißt du nicht mehr, damals in Amsterdam? Die tote Lilie?«

»In Amsterdam?«, fragte er nach, obwohl er wusste, was sie meinte.

»Ich habe vorhin im Auto darüber nachgedacht und dann fiel es mir wieder ein: Es war während unserer Zwischenprüfung. Da ist auch eine Lilie umgebracht worden.«

Sie schaute ihn an. Wirklich, Annegreta war so unförmig wie die Zwiebel einer Hyazinthe, aber was in ihr steckte, war ebenso schön und süß wie deren Blüte. Er hatte sie gemocht. Mein Gott, wie lang war es her? Zwanzig Jahre. Sie war eine der wenigen Frauen, die es beinahe geschafft hätten. Die ihn beinahe überredet hätten, seinen eigenen Weg zu gehen. Sie hatten zusammen für diese beschissene Zwischenprüfung gebüffelt, waren sich dabei näher gekommen, sie hatte mit ihm gelitten, als er mit Pauken und Trompeten durchgefallen war, sie hatte ihm zugeredet, sie hatte ihm ihre Unterstützung angeboten. Und er hatte sie zum Teufel geschickt.

Hatte stattdessen das Blumenfest gefeiert, zuviel getrunken, dieses Mädchen kennen gelernt, diese Lilie, eine Blumenprinzessin, kichernd und dämlich. Sie sollte ausgerechnet die Lilie vertreten, ausgerechnet diese Blume der Unschuld, die bei ihm zu Hause vergöttert, liebkost und verhätschelt wurde. Die weiße Lilie. Sie war ebenso betrunken gewesen wie er, hatte einen Schluckauf gehabt und ihm beim Küssen ihren sauren Atem in den Mund geblasen. Dann hatte sie die Beine für ihn geöffnet. Sie hatte sich einfach so nackt auf die Wiese hinter dem Festplatz gelegt. Sie hatte ihn geködert. Bleib mir treu, lass mich nicht gehen. Ich bin doch so kostbar. Ich bin doch so unschuldig.

»Ja, ich erinnere mich«, sagte Claas. »Meinen Sie, es gibt einen Zusammenhang?«

Der Schnauzbartträger trat auf ihn zu. »Mein Name ist

Theodor Brebeck, ich bin von der zuständigen Kriminalpolizei in Kevelaer.«

»Ja?«, fragte Claas.

»Sehen Sie denn einen Zusammenhang?«

Claas entschied sich für ein Schulterzucken.

»In Ihrer Gärtnerei wurde vor einigen Wochen eingebrochen, es wurden Zuchtlilien entwendet. Gibt es dort vielleicht eine Verbindung?«

Sein Vater schüttelte den Kopf. »Die Polizei meint, dass die Melanie Wilken umgebracht wurde, weil sie eine Lilie war. Sie glauben, dass es um die Blume geht. Eine merkwürdige Vorstellung, finde ich, entschuldigen Sie, aber Lilien stehen doch genau für das Gegenteil. Sie bedeuten Unschuld.«

»Tut mir leid«, sagte Claas. »Ich kann Ihnen nicht helfen. Sie sehen, es gibt so viel zu tun.« Er gab erneut die Hand und war sich bewusst, wie wohlerzogen er wirken musste.

Niemand hielt ihn auf, als er wieder in Richtung Festwagen ging.

Melanie Wilken war wirklich unschuldig gewesen. Nicht so verlogen wie die Lilie aus Amsterdam. Sie hatte sich ihm nicht an den Hals geworfen. Doch als er erfahren hatte, dass die Königin in Straelen in diesem Jahr eine Lilie sein würde und dass die Familiengärtnerei – wer auch sonst – die Ausstattung übernehmen würde, da hatte er geahnt, dass es Probleme geben könnte. Und er hatte es verhindern wollen. Er hatte alle Lilien vernichtet. Einen Einbruch vorgetäuscht, die Pflanzen entwendet, sie irgendwo in der niederrheinischen Walachei durch den Schredder gejagt und über Land verteilt als Kompost entsorgt. Doch sein Vater, der schon so lang an seinem Plan gefeilt hatte, wollte trotz des Verlustes nicht aufgeben. Dieser verfluchte Festwagen war ihm wie ein Lebenswerk erschienen. Und so hatte er die Pflanzen eben bei Annegreta in Holland bestellt. Eigentlich war er also schuld. Vater hatte immer weitergemacht. Claas hatte Melanie gestern zu sich eingeladen. Es ginge um den Festwagen, hatte er gesagt. Sie müsse Probe sitzen. Und sie war zu ihm gekommen. Hatte mal links und mal rechts ihren Rücken an den Thron gelehnt, hatte gelächelt und posiert. Und da hatte Claas wieder diesen Drang verspürt. Die zarten Blätter zwischen die Finger nehmen und zerreiben, bis es filzige Krümel waren. So schlimm war es noch nie gewesen. Dieser Geruch und diese Farben, fast hätte er geschrieen.

Melanie war leise gewesen. »Nein, ich will nicht. Herr ten Cate, Sie tun mir weh!« Sie sprach ihn mit Herr ten Cate an. Genau wie sein Vater, Herr ten Cate, ein alter Mann zwischen Blumen, ein alter Mann und eine weiße Lilie.

„»Ich habe Ihnen nichts getan!«, waren die letzten verständlichen Worte gewesen. Es hatte gut getan, sie zu würgen.

»Wir haben einige Spuren an der Leiche sichergestellt«, erzählte der Schnauzbart hinter ihm. »Dies ist ein großer Vorteil. Vor zwanzig Jahren war die Polizei noch nicht soweit mit der Beweisarchivierung. Aber inzwischen können wir per DNA-Analyse sehr effektiv jede Spur auswerten.«

»Warum erzählen Sie mir das?«, fragte Vater.

»Nun, ich habe es mir eher selbst erzählt. Als eine Art Gedankenstütze. Ich bin manchmal etwas nachlässig mit meiner Ordnung.«

Claas ten Cate ahnte, dass der Kriminalkommissar soeben gelogen hatte. Dieser Mann mit dem Aktenordner war nicht nachlässig. Der Kripomann hatte diese Bemerkung mit Sicherheit in Claas' Rücken gesprochen. Es sollte wahrscheinlich als eine Drohung verstanden werden. Nur hatte Claas' Vater nichts kapiert.

Das Rücklaufbecken war tief genug. Und außerhalb von Straelen war es dunkel und einsam. Sicher hatten sich einige wenige Autofahrer gewundert, warum der Blütenwagen mitten in der Nacht durch die Gegend kutschiert wurde. Nun hatte er den Traktor am Straßenrand hinter einer Tanne geparkt und den Anhänger bis zum Ufer des kleinen, aber tiefen Gewässers geschoben. Er sicherte das Gefährt gegen das Abrollen, indem er Keile zwischen die Reifen und die Bremsbacken schob. Am Ende der Holzstücke hatte er Sisalbänder befestigt. Er hielt die rauen Seile wie Zügel in der Hand.

Er setzte sich auf den Thron. Der Blütenduft betäubte seine Sinne. Es war kaum zu ertragen. Dann nahm er den Akkubohrer. An seinen Händen waren etliche Druckstellen von der mühseligen Arbeit des Tages. Er musste sich verrenken, um die Hose und den Pullover in das gepolsterte Holz zu schrauben. Zehn lange Gewinde auf jeder Seite fixierten seinen Körper. Kerzengerade saß er zwischen den Lilien auf seinem Thron. Wie albern und wie majestätisch.

Er zog kräftig an den Seilen. Mit einem Ruck lösten sich die Keile und der Wagen rollte den Hang hinunter. Der Thron stand wie eine Eins. Hätte er die rechte Hand frei gehabt, so hätte er gewunken. Wie ein König.

Doch so sank er bewegungslos auf den Grund des künstlichen Teiches. Selbst wenn er gewollt hätte, eine andere Entscheidung war nicht mehr möglich. Er hatte seinen Weg gefunden.

Garten-Tipp von Sandra Lüpkes

Wer nicht wirklich über einen grünen Daumen verfügt, es aber doch gern farbenfroh, üppig und am besten auch noch genießbar mag, dem sei die Kapuzinerkresse ans Herz gelegt. Die knubbeligen Kapseln können in Blumentöpfen ab Ende März herangezüchtet und bei fünf Zentimetern Länge ins Beet, in den Blumenkübel oder in die Hängeampel gesetzt werden. Vom frühen Sommer bis in den Herbst hinein klettert oder rankt die anspruchslose Pflanze wie ein Wasserfall in den Garten.

Sowohl die seerosenartigen Blätter wie auch die orangefarbenen und gelben Blüten sind sehr schmackhaft, dekorativ und gesund. Und wer die Samenkapseln aufbewahrt, kann sich im nächsten Jahr wieder an der Kapuzinerkresse erfreuen.

Kompostella

»Kahler Krempling!«
»Was?«
»Ich sagte: Kahler Krempling!«
»Zu mir?«

Elvira drehte sich langsam um ihre Achse und sah sich demonstrativ im ganzen Gewächshaus um. »Zu wem sonst?«, sagte sie und zuckte mit den Schultern. »Siehst du hier noch jemanden?«

Freddy warf vor Wut eine leere Tonschale auf den Boden. »Geht's dir noch gut, ja? Nicht genug, dass du den ganzen Tag mit diesen schleimigen Dingern verbringst, jetzt nennst du mich auch noch so?«

Elvira sah sich den Schaden auf dem Boden an. Dann blickte sie Freddy direkt in die Augen. Meine Güte, dachte sie, als sie ihn betrachtete, wie konnte ich mich nur in diesen Kerl verlieben? Elvira war es leid, so leid. Seit sie Freddy kannte und mit ihm Tisch und Bett teilte, musste sie sich anhören, wie eklig er Pilze fand. Gerade sie, die aus einem Hobby ihren Traumberuf gemacht hatte, als sie hier an den Niepkuhlen eine Pilzzucht eröffnete, traf das hart. Am liebsten hätte sie sich von Freddy wieder getrennt, aber er hatte sie finanziell unterstützt und sie war außerstande, ihm das in nächster Zeit zurückzuzahlen.

Er war der Sohn eines Industriellen aus Duisburg und studierte schon seit sechs Jahren mehr oder weniger lustlos Betriebswirtschaft.

Seit sie vor acht Monaten ein Paar wurden, war sie sehr dankbar für seine Großzügigkeit, die sie sich aber schwer erkauft hatte. Freddy wurde ihr immer lästiger, je mehr und je öfter er sich über ihre Pilzzucht aufregte. Außerdem war er jähzornig und ließ seinen Worten ab und zu auch Taten folgen. Das bisher schlimmste Erlebnis war eine regelrechte Vergewaltigung vor sechs Wochen in Elviras Gewächshaus, bei der Freddy sie einfach mit dem Rücken auf einen Strohballen gestoßen hatte und über sie hergefallen war.

Ruhig kehrte sie die Tonscherben zusammen und warf den Abfall in eine Tonne. Dann knöpfte sie ihre Schürze ab und löste ihr Haarband. »Ich muss duschen gehen, ich hab einen wichtigen Termin.«

Freddy grinste anzüglich. »Soll ich mitkommen?« Demonstrativ hob er seinen rechten Arm und tat, als würde er an seiner Achsel riechen. Er zog die Nase kraus und sagte: »Ich könnte auch eine Dusche vertragen.«

Elvira schüttelte den Kopf. »Ich muss um neun Uhr in der GAMU sein, das Seminar beginnt pünktlich.«

Freddy sah auf seine Rolex. »Was machst du denn im Pilzinstitut?«

Elvira seufzte hörbar. »Heute ist ein interessantes Seminar über Aufzucht. Ich habe in der letzten Zeit ein paar Probleme mit meinen Kulturen. Ich hoffe, dabei genügend Antworten zu bekommen, damit ich so was in Zukunft vermeiden kann. Wir können uns gerne heute Abend sehen, wenn du Lust hast.«

Freddy schüttelte den Kopf. »Ich komme mit zum Duschen und wasche dir den Rücken, Liebes, du hast ja noch so viel Zeit.«

Elvira holte tief Luft, widersprach aber nicht.

Kurz vor neun Uhr kam Elvira im Institut für Pilzforschung an. Sie hatte in den ersten Minuten Schwierigkeiten sich auf den Vortragenden zu konzentrieren, der zunächst freundlich die Teilnehmer des Seminars begrüßte. Sechs Frauen und vier Männer hatten sich eingefunden, um etwas über die Aufzucht und das Kultivieren von Speisepilzen zu erfahren. Ein Diavortrag mit einigen interessanten Neuheiten zog sie in ihren Bann, fast hätte sie Freddy darüber völlig vergessen.

In der kurzen Pause stand sie mit zwei weiteren Teilnehmern zusammen und trank eine Cola.

»Hast du das über den Toten in Irland gehört? Diesen jungen Litauer?«

Elvira hörte dem Gespräch der beiden nur mit halbem Ohr zu, dem Dialekt nach stammten sie aus dem Osten der Republik.

»Irland? Nein, erzähl.«

»Der hat seine Mutter besucht, die nach Irland gezogen war. Hat bei 'nem Pilzzüchter ausgeholfen. Saubergemacht und so.«

»Und?«

»Er hat Pilzkompost eingesammelt und in einen Lastwagen geladen. Er ist an den Gasen erstickt.«

Jetzt wurde auch Elvira neugierig. »Erstickt? Wegen des Komposts? War er denn irgendwo eingesperrt und konnte nicht raus, oder . . . ?«, fragte sie.

Der junge Mann, der die Geschichte erzählt hatte, schüttelte den Kopf. »Nein, nein, war nix mit eingesperrt. Die haben im Freien beladen.«

Elvira und der zweite Teilnehmer schüttelten unisono den Kopf.

»Wie kann man denn im Freien an Kompost ersticken?«

Ein Achselzucken war die Antwort. »Keine Ahnung. Stand so in einer irischen Zeitung. Ein Freund von mir hat mir das per Mail geschickt. Die beiden haben das Zeug auf einen Lastwagen geladen und der junge Litauer brach plötzlich zusammen und starb auf dem Weg ins Krankenhaus. Ist an Schwefelwasserstoff erstickt.« Dann sah er Elvira hoffnungsfroh an. »Noch 'ne Cola?«

Elvira verneinte dankend. Das Wort Schwefelwasserstoff ging ihr plötzlich nicht mehr aus dem Kopf. Pilzkompost?

Schwefelwasserstoff? Den Rest des Seminars bekam sie nicht mehr richtig mit, immer wieder schweiften ihre Gedanken ab.

Kaum zu Hause angekommen, suchte Elvira im Internet nach Hinweisen und wurde auch schnell fündig. Durch die Suchbegriffe »mushrooms« und »gas« kam sie auf die Seite des *Irish Independent* und las den gesamten Artikel. Automatisch schaltete sie den Drucker ein und druckte den Bericht aus. Das war die Lösung, Freddy für immer loszuwerden. Ihr erster, stümperhafter Versuch, ihn aus dem Weg zu räumen, lag zwei Monate zurück. Sie hatte ihm seine geliebten Forellenfilets im Blätterteig zubereitet, mit angeblich frischen Morcheln, hatte die essbaren Morcheln aber gegen giftige Frühjahrslorcheln ausgetauscht.

Mehr als einen verdorbenen Magen hatte das bei Freddy nicht ausgelöst. Er hatte einfach keinen großen Appetit an diesem Tag. Im Nachhinein war Elvira froh darüber. Sie hatte das damals völlig ohne Plan durchgezogen. Hätte sie Erfolg gehabt, wäre Freddy womöglich obduziert worden und man hätte ihr vorsätzlichen Mord nachweisen können. Sie konnte immer noch den Kopf schütteln über ihre damalige Naivität.

Die Tage nach dem Seminar hatte Elvira Probleme, sich auf ihre Arbeit zu konzentrieren. Wie in Trance dachte sie die ganze Zeit nur darüber nach, wie sie die Sache mit dem Schwefelwasserstoff für sich nutzen könnte.

Um ganz sicher zu gehen, müsste sie dafür sorgen, dass Freddy mit dem Pilzkompost in einem geschlossenen Raum war. Eine ihrer Kühlkammern bot sich an, ein Zimmer oder Keller vielleicht auch. Plötzlich kam ihr die Idee. Freddys Auto! Wenn sie es schaffen würde, Freddy, der seit seiner Kindheit an Asthma litt, in seinen Porsche zu verfrachten, in dem sich Kompost befand und er lange genug im Wagen bleiben würde, dann ... !

Blieb die Frage, wieso Freddy im Auto sitzen bleiben sollte, wenn es dort, wie es im Artikel stand, bestialisch nach faulen Eiern stank. Die Polizei würde das auch fragen. Hinterher. Alkohol! Freddy musste betrunken ins Auto steigen. Am besten, er würde stockbesoffen im Auto einschlafen. Ihr fiel ein, dass sie Freddy versprochen hatte, am nächsten Wochenende mit ihm zum Tanzen zu gehen. In die Kulturfabrik. In ihr reifte ein Plan.

Laut war es, sehr laut. Elvira hatte sich in den Vorraum zurückgezogen, trotzdem dröhnte der Bass der Liveband dumpf in ihren Ohren. Freddy hüpfte, schon ziemlich angetrunken, über die Tanzfläche. Ihm gegenüber tanzte eine kleine, pummelige Blondine mit großen Brüsten, die sie ziemlich offenherzig zur Schau stellte. Freddy schien die Welt um sich herum vergessen zu haben, er hatte nur noch Augen für die Blondine, glotzte ihr ständig in den Ausschnitt. Elvira hatte sich den Abend etwas anders vorgestellt, trotzdem kam ihr die derzeitige Situation sehr gelegen. Freddys fast leeres Glas Gin Tonic tauschte sie gegen ein neues aus.

»Doppelte Portion Gin, bitte«, sagte sie laut, als sie der jungen Frau an der Theke das Glas reichte. Sie bezahlte und drängte sich durch die Masse von Leibern, die zuckend und fuchtelnd das zelebrierten, was sie tanzen nannten.

»Na, süße Schnecke, so alleine hier?« Eine kieksende Stimme lenkte sie von der Tanzfläche ab. Langsam drehte sie ihren Kopf nach links. Ein pickeliger, blasser Jüngling von vielleicht achtzehn, neunzehn Jahren stand mit glasigen Augen neben ihr, eine Bierflasche in der Hand. Seinen Kopf zierten hellblonde Dreadlocks und er sah ziemlich ungepflegt aus.

»Fransenwulstling«, murmelte Elvira leise.

»Wa?« Er schien verwirrt.

Elvira war ein wenig beunruhigt. Ihre Augen suchten Freddy auf der Tanzfläche.

Plötzlich fühlte sie die Hand des Pickligen auf ihrer Schulter. »Ich heiße Gregor, und du?«

Elvira drehte sich um und schob angewidert seine Hand weg. »Das willst du nicht wissen, glaub mir.«

Er gab nicht auf. Im Gegenteil. »Willste was trinken, 'n Bier vielleicht?«

Elvira roch den säuerlichen Atem und wünschte sich ins Freie. Sie schüttelte den Kopf. Unvermittelt spürte sie eine Hand auf ihrem Hintern. Erschrocken drehte sie sich um und schüttete dem Pickligen einen Teil von Freddys Gin Tonic ins Gesicht.

Der sah sie mit aufgerissenen Augen an. »Duuu . . .« Er hob seine Hand.

Plötzlich stand Freddy neben ihm. »Gibt's Probleme?« Trotz seines Alkoholkonsums wirkte er völlig ruhig. Er nahm die erhobene Hand des Jünglings in seine und drückte sie fest zusammen. Der Picklige ging in die Knie und verzog schmerzhaft sein Gesicht.

»Auuu! Du tust mir . . .« Er kam nicht mehr dazu, seinen Satz zu beenden. Freddy hatte sich mit ihm zur Ecke gedreht und schlug ihm mit der Faust brutal in den Magen. Gregor übergab sich würgend.

Elvira sah sich um, niemand achtete auf sie.

»Was treibst du denn hier mit fremden Kerlen, wenn ich nicht da bin?« Freddy grinste Elvira an.

»Ich treibe hier überhaupt nichts. Der Kerl hat mich angebaggert.« Elvira sah zu dem in der Ecke zusammengesunkenen Pickligen, der sich den Magen hielt. »Mein Freund treibt sich ja lieber mit hirnlosen Blondinen auf der Tanzfläche herum.«

»Heh, wer ist da hirnlos? Ich hab' mittlere Reife!«, kam es von der Seite. Unbemerkt war die dralle Blondine zu den beiden getreten.

Elvira musterte sie von oben bis unten. »Ja, wahrscheinlich hast du die im letzten Jahr gemacht.«

Die Blondine verstand die Ironie nicht und wandte sich an Freddy. »Ich geh wieder tanzen. Du kannst ja nachkommen, wenn du die Schickse losgeworden bist.« Mit einem verächtlichen Blick zu Elvira drehte sie sich um und tänzelte davon, nicht ohne die ausladenden Hüften demonstrativ zu schwingen.

Elvira schüttelte den Kopf. »Was findest du nur an der?«

Freddy trank den Rest Gin Tonic aus und gab Elvira das Glas. »Finden? Wieso? Wir tanzen nur miteinander, weil du keine Lust hast. Holst du mir noch einen? Tanzen macht durstig.« Er sah nach, was der Picklige machte, und grinste, weil Gregor immer noch auf dem Boden saß und sich den Magen hielt.

Elvira wandte sich ab und ging zur Theke. »Gin Tonic, dreifach Gin, bitte.«

Das volle Glas brachte sie Freddy.

Er trank es zur Hälfte aus. »Klasse Mischung machen die hier!« Seiner Stimme merkte man jetzt langsam den Alkoholverbrauch an. Er drehte sich um und wollte zur Tanzfläche.

»Freddy?«

»Ja?«

»Was mache ich, wenn der Kerl wieder anfängt?« Sie deutete mit einem Nicken zu dem Pickligen.

Freddy schüttelte den Kopf »Der fängt nichts mehr mit dir an, keine Sorge.«

Bevor er ging, trank er das Glas aus. »Holst du mir noch einen, Schatz, ja?«

Eine Stunde und drei doppelte Gin Tonic später torkelte Freddy nur noch über die Tanzfläche. Elvira hatte darauf geachtet, sich jedes Mal von einer anderen Bedienung die Drinks geben zu lassen. Als Freddy wieder einmal nach Luft japsend die Tanzfläche verließ und mit der Blondine an ihr vorbei kam, sagte sie: »Wie lange willst du noch bleiben? Es ist schon weit nach Mitternacht. Ich möchte gern nach Hause.«

»Dann . . . dann nimm dir ein Taxi, ich bleib noch.« Freddy lallte.

»Kann ich nicht den Wagen nehmen?«, fragte sie betont zaghaft. Freddy lachte laut, die Blondine sah interessiert zu ihm auf.

»Den Porsche? Bist du verrückt? Du weißt, dass ich den von niemandem fahren lasse. Schon gar nicht von einer Frau.«

Elvira spielte ihre Rolle weiter. »Du wirst doch aber nicht mehr fahren?«

Freddy schüttelte lachend den Kopf.

Die Blondine, auch schon angetrunken, hängte sich an ihn und sagte: »Ich bin aber noch nie Porsche gefahren.«

Freddy grinste dümmlich.

Elvira verließ die Kulturfabrik und ging zwei Straßen weiter zu ihrem Polo, den sie am frühen Nachmittag heimlich dort abgestellt hatte. Aus dem Kofferraum holte sie eine längliche Kiste voll Pilzkompost, den sie neben dem Gewächshaus fünf Tage lang in die pralle Sonne gestellt hatte und hob sie auf den Rollwagen, den sie mitgebracht hatte. Dann zog sie einen schwarzen Pulli über ihr helles T-Shirt und machte sich auf den Rückweg zur Kulturfabrik.

Freddys Porsche stand auf dem Parkplatz. Mit dem Reserveschlüssel öffnete sie die Beifahrertür, kippte den Sitz nach vorne und stellte den Behälter auf die Rückbank.

Dann holte sie tief Luft, hielt den Atem an und öffnete den Deckel. Der Gestank nach faulen Eiern breitete sich sofort aus. Schnell schloss sie den Wagen. Aufmerksam sah sie sich um, niemand schien sie bemerkt zu haben. Sie ging zurück zu ihrem Polo und fuhr nach Hause.

Eine halbe Stunde später lag sie frisch geduscht in ihrem Bett. Hatte sie wirklich an alles gedacht? In Gedanken ging sie alle Eventualitäten noch einmal durch:

»Herr Hölzer wurde den ganzen Abend über mit einer Blondine zusammen gesehen. Kennen Sie sie?«
»Nein, Herr Kommissar.«
»Warum hat sie mit Herrn Hölzer getanzt und nicht Sie?«
»Ich bin keine große Tänzerin, Herr Kommissar.«
»Wissen Sie, warum Herr Hölzer diesen Pilzabfall in seinem Wagen hatte?«
»Freddy wollte zu Hause seinen Garten damit düngen, Herr Kommissar. Allerdings hat er die Kiste schon am Mittwoch eingeladen.«

Verdammt, dachte sie plötzlich. Die Polizei würde ihre Fingerabdrücke an der Tür des Porsche finden. Sie musste das umformulieren.

»Freddy wollte zu Hause seinen Garten damit düngen, Herr Kommissar. Allerdings habe ich ihm die Kiste schon am Mittwoch in den Wagen geladen. Ich habe ihn auch darauf aufmerksam gemacht, dass er die Kiste wegen des Gestanks auf keinen Fall im Wagen öffnen soll. Wer hat die Kiste denn geöffnet?«
»Das wissen wir nicht. Wussten Sie denn, wie gefährlich Pilzkompost sein kann?«
»Aber nein, Herr Kommissar. Der Gestank war mir bekannt, aber dass es, wie sagten Sie, heißt das Zeug, Schwefelwasserstoff . . . ?«
»Wussten Sie von der Lebensversicherung, die Herr Hölzer zu Ihren Gunsten abgeschlossen hatte?«
»Lebensversicherung? Ich hatte ja keine Ahnung, Herr Kommissar!«

Nach ein paar Stunden unruhigen Schlafes machte sich Elvira mit einer Tasse Kaffee auf in ihr Gewächshaus. Den ganzen Vormittag über erwartete sie, Polizeifahrzeuge auf ihren Hof fahren zu hören. Aber erst gegen ein Uhr fuhr ein Wagen vor, aus dem ein einzelner junger Mann stieg. Durch die geöffnete Tür des Gewächshauses kam er direkt auf sie zu.

»Ein Apfeltäubling«, dachte Elvira spontan, als sie rote, borstige Haare sah.

»Mein Name ist Kommissar Meusel. Frau Bernhard?«

Elvira mimte die Überraschte. Sie versuchte, das Zittern ihrer Hände zu verbergen. »Polizei? Was . . . was kann ich für Sie tun, Herr Hauptkommissar? Ist etwas passiert?«

Der Polizist räusperte sich und winkte ab. »Kommissar reicht.« Man sah ihm an, dass ihm das Ganze unangenehm war. Er hatte eine Visitenkarte in der Hand, die er ihr entgegenstreckte. »Wir haben das da gefunden.«

Elvira nahm die Karte in die Hand und warf einen kurzen Blick darauf. »Das ist eine meiner Geschäftskarten. Deswegen hätten Sie nicht extra zu mir kommen müssen, ich habe noch mehr davon.«

»Die Karte hatte Herr . . .« Er sah in ein Notizbuch. ». . . Herr Alfred Hölzer bei sich.«

»Freddy?« Elvira unterbrach ihre Arbeit. »Ist was mit meinem Verlobten? Ist ihm etwas zugestoßen?«

Meusel knetete unbeholfen seine Finger. »Frau Bernhard, ich muss Ihnen leider mitteilen, dass Ihr Verlobter heute Nacht gegen drei Uhr auf dem Weg nach Düsseldorf . . . ums Leben kam.«

Elvira fiel auf den hinter ihr stehenden Stuhl. Obwohl sie es genauso erwartet, es sich in Gedanken immer wieder vorgestellt hatte, wurden ihr jetzt doch die Knie weich und die Tatsache, dass ihr Plan funktioniert hatte, machte sie fast sprachlos. Ihr Gesicht verlor seine Farbe, als sie sagte: »Freddy . . . ist tot?«

Der Polizist nickte. Dann fragte er fürsorglich: »Kann ich Ihnen etwas zu trinken holen?«

Elvira deutete auf den alten Kühlschrank in der Ecke. »Wasser. Bitte!«

Während Kommissar Meusel, der offensichtlich noch nicht viele Todesnachrichten überbracht hatte, sich am Kühlschrank zu schaffen machte, atmete Elvira mehrmals tief durch. Es hatte also tatsächlich geklappt. Freddy war tot. Dann wappnete sie sich gegen die Fragen, die kommen würden, kommen mussten.

Meusel reichte ihr eine kleine Flasche Mineralwasser.

»Frau Bernhard, darf ich ihnen ein paar Fragen stellen?«

Elvira versuchte, tapfer zu wirken. Sie trank einen Schluck und nickte.

»Kennen Sie eine Gerlinde Hauberlich?«

Elvira schüttelte den Kopf. »Nein. Der Name sagt mir gar nichts. Ist die etwa auch . . . ?« Meusel schüttelte den Kopf. »Nein, nein, keine Sorge. Frau Hauberlich liegt mit einem schweren Schock im Krankenhaus, sonst fehlt ihr nichts.«

Elvira war irritiert. Die Blondine hatte demnach überlebt und Freddy war tot. Ob sein Asthma den Ausschlag gegeben hatte?

»Frau Hauberlich saß ebenfalls im Wagen, als Herr Hölzer, also . . . als er zu Tode kam.«

Elvira riss sich zusammen. »Im Wagen? Bei Freddy? Wie ist er denn . . . ich meine, was ist denn eigentlich genau passiert?«

Meusel atmete tief durch. »Herr Hölzer war mit Frau Hauberlich wohl auf dem Weg von der Kulturfabrik in Krefeld zu Frau Hauberlichs Wohnung in Düsseldorf.« Nach diesem Satz sah Meusel Elvira an, als müsse er sich dafür entschuldigen. »Auf der A 44 wurde Herrn Hölzer plötzlich übel. Das lag wohl an seinem übermäßigen Alkoholkonsum. Er bestand darauf, sofort auszusteigen. Als der Wagen anhielt, stieg er auf der Fahrerseite aus, stolperte auf die Fahrbahn und wurde von einem Lkw erfasst. Er war auf der Stelle tot.«

Elvira riss die Augen auf. »Wie . . . Lkw? Aber wieso, ich meine, wieso . . . ?«

Meusel zog die rechte Augenbraue nach oben. »Ach so,

der Taxifahrer, Herr Wilfried Mutschler, gab zu Protokoll, er sei von Herrn Hölzer praktisch genötigt worden, auf dem Seitenstreifen anzuhalten. Herr Hölzer hatte damit gedroht, sich im Taxi zu übergeben.«

»Taxi? Wieso denn Taxi? Freddy ist . . . mit einem Taxi gefahren?« Elviras Stimme war jetzt nur noch ein Flüstern.

Wieder sah Meusel auf seinen Notizblock. »Ja, das ist so, irgendwer hat an Herrn Hölzers Porsche alle vier Reifen zerstochen und eine Scheibe eingeschlagen. Zeugen wollen einen jungen Mann mit blonden Dreadlocks gesehen haben. Anscheinend hat er auch eine Stinkbombe in den Wagen geworfen. Im Inneren des Porsches stank es noch heute Morgen bestialisch nach faulen Eiern, wie die Kollegen . . . Frau Bernhard?«

Elviras Augen wurden immer größer, ihr Mund stand weit offen. »Der Fransenwulstling!«, flüsterte sie, dann wurde sie ohnmächtig.

Pflanz-Tipps von Robert Herbig

Vor der Wachstumsphase müssen viele Kübelpflanzen in größere Töpfe umgetopft werden. Tontöpfe mit hässlichen Kalkausblühungen werden durch ein Essig-Tauchbad wieder wie neu. Bei hartnäckigem Schmutz mit Bürste oder Schwamm nachhelfen und zusätzlich etwas Spülmittel ins Wasser geben.

Wenn man die Erde in Töpfen mit Kies, Blähton oder Rindenmulch abdeckt, verhindert man das Verkrusten der Erde und das Keimen von Unkraut. Der Wurzelballen wird feucht gehalten, der Wurzelhals aber trocken.

Geranien, die an einem dunklen Ort überwintert haben, sollten Ende Februar zurückgeschnitten und bei Bedarf umgetopft werden. Anschließend heller stellen, so dass sich kräftige neue Triebe bilden können. Erst ab März mehr gießen und düngen.

Ina Coelen

Geranien im März

Merkwürdig, dachte ich, es ist schon Ende März und Tante Alice hat die vertrockneten Hortensienblüten noch immer nicht abgeschnitten. Ich lugte durch die mannshohe Gartenhecke und wunderte mich über den verwildert wirkenden Garten, das ungepflegte Gestrüpp und das Laub auf dem Rasen.

»Alice hat nicht nur den grünen Daumen, sondern zwei grüne Hände«, pflegte meine Mutter über ihre jüngere Schwester zu sagen.

Nun, Zeiten ändern sich. Ganz früher war hier an der Inrather Straße eine Kleingartensiedlung gewesen. Nach dem Krieg, als meine Großeltern ausgebombt waren, sind sie mit ihren beiden Töchtern in ihr ehemaliges Gartenhaus gezogen. Es war aus Stein, nicht eines dieser Holzhäuschen, wie sie heute oft in Kleingartenanlagen stehen. Mein Großvater hat das Haus selbst ausgebaut und sogar einen Anbau errichtet, der früher Kinderzimmer für meine Mutter und ihre Schwester war.

Im Garten wurden Obst und Gemüse gezogen, es gab Himbeer-, Johannisbeer- und Stachelbeersträucher. Zu meinem Geburtstag im Mai wurde jedes Jahr Rhabarberkuchen gebacken. Im Sommer blühte ein Meer von Hortensien in allen erdenklichen Pink- und Lilatönen und die unterschiedlichsten Rosenarten. Als Kind hatte ich ein eigenes Beet für Radieschen und Möhren, später kamen noch Erdbeeren dazu, und ich kam mir vor wie im Paradies.

Ich liebte ganz besonders die abenteuerlichen Geschichten, die Tante Alice über den Garten erzählen konnte. So hätten sie im Krieg einen Schatz vergraben, Schmuck, Tafelsilber und alles was wertvoll war, damit es den feindlichen Soldaten nicht in die Hände fiel. Meine Oma hat den Rest ihres Lebens hier gewohnt und Tante Alice war als Witwe wieder zu ihr gezogen, um ihre Mutter bis zu deren Tod zu pflegen.

Rechts und links neben dem Gartentörchen standen zwei verwitterte Terrakottatöpfe mit kleinen Buchsbäumen, die mehr braune als grüne Blättchen hatten. Ich bohrte meinen rechten Zeigefinger in die trockene Erde des linken Topfes und wenig später hielt ich den Hausschlüssel in der Hand.

Manche Gewohnheiten ändern sich nie. Noch immer dasselbe Versteck, freute ich mich und wischte ein paar Erdkrümel von dem Schlüssel. Plötzlich kamen mir Bedenken, einfach so durch das Törchen zu greifen, den Riegel aufzuschieben, den Kiesweg zum Haus herüberzugehen und die Tür aufzuschließen, wie ich es als Kind und Jugendliche immer getan hatte.

Schließlich waren mehrere Jahre vergangen, seit ich Tante Alice das letzte Mal besucht hatte. Ich versuchte, mich an den letzten Aufenthalt in meiner Heimatstadt zu erinnern. Seit mindestens drei Jahren war ich nicht mehr in Krefeld gewesen. So lange lebte ich schon in England, wo ich eine kleine Pension mit Bed and Breakfast betrieb.

Tante Alice war jetzt Ende Siebzig, und wenn sie ihren Garten inzwischen derart vernachlässigte, war es gut möglich, dass sie auch in anderen Bereichen nachgelassen hatte. Vielleicht war sie eine hinfällige Greisin geworden oder litt sogar an Alzheimer. Das wollte ich mir bei meiner Tante gar nicht vorstellen, die an ihrem siebzigsten Geburtstag ihre Gäste mit einem Schulterstand auf dem Küchenstuhl verblüfft hatte.

Unschlüssig stand ich vor dem Gartentor, als plötzlich eine Frau aus dem Haus über den Kiesweg kam. Vermutlich waren wir im selben Alter, wie ich automatisch feststellte. Sie hatte wie ich schulterlange braune Haare und war auch etwa so groß wie ich. Blitzschnell ließ ich den Schlüssel in meiner Manteltasche verschwinden.

»Wer sind Sie? Was machen Sie da?« Sie blieb innen vor dem Gartentor stehen und musterte mich finster.

»Guten Tag«, sagte ich betont freundlich. »Ich bin die Nichte von Frau van den Boom, Tina aus England.«

»Aha.«

»Ich wollte meine Tante besuchen. Ich habe sie lange nicht gesehen.«

Die Frau kniff die Augen zusammen, sie schien intensiv zu überlegen. »Haben Sie einen Termin?«

»Bitte? Einen Termin bei meiner Tante? Ist sie Papst geworden, gewährt sie Audienzen, oder was?«

»Weiß Ihre Tante, dass Sie kommen?« Die Frau verschränkte die Arme vor der Brust und sah mich an, als habe sie es mit einem lästigen Vertreter zu tun.

»Ich wollte sie überraschen. Es hat sich zufällig ergeben, dass ich mit einer Freundin nach Krefeld gekommen bin, weil sie an der Gartenausstellung auf dem Sprödentalplatz teilnimmt.«

Wer war diese Frau, dass ich ihr erklären musste, warum ich in das Haus meiner Familie zu meiner eigenen Tante wollte?

Ich holte zum Gegenangriff aus: »Wie, sagten Sie, ist ihr Name, und wer sind Sie, wenn ich fragen darf?«

Ein Lächeln huschte über ihr Gesicht. »Ich bin eine Nachbarin und kümmere mich um ihre Tante. Man kann heutzutage gar nicht vorsichtig genug sein. Sie glauben ja nicht, wie oft hier Vertreter für Zeitschriftenabonnements oder für Staubsauger klingeln. Neuerdings kommt sogar ein Hausierer, der belgische Äpfel anbietet. Ausgerechnet.«

Sie schüttelte den Kopf und machte eine ausladende Handbewegung in Richtung der Obstbäume im Garten. »Erst vor ein paar Tagen klingelte jemand, der versuchte, Frau van den Boom einen Handyvertrag aufzuschwatzen. Am nächsten Tag wollte man ihr einreden, die Telefongesellschaft zu wechseln.« Dann trat sie einen Schritt näher an das Gartentor. »Die Spitze war allerdings das Angebot für einen Eintrag in einem dubiosen Adressbuch, mit der Garantie, dass ihre Webseite nun häufiger aufgerufen würde.« Die Frau sah mich empört an, dann fügte sie hinzu, »Ihre Tante hat gar keine Webseite, nicht mal eine Emailadresse.«

Ich nickte ergeben. »Würden Sie mich denn wohl bitte rein lassen?«

»Sie werden es nicht glauben, aber es sind immer mehr Betrüger unterwegs, die an der Haustür das schnelle Geschäft machen wollen. Vielleicht ist das bei Ihnen in England anders, aber Sie müssen mir Recht geben, dass gerade alte Leute da sehr leicht zum Opfer werden.« Sie sah auf ihre Armbanduhr. »Entschuldigen Sie, ich muss wieder rein, ich habe einen Topf auf dem Herd stehen.« Sie drehte sich um und ging Richtung Haus.

»Warten Sie!«

»Ihre Tante ist nicht zu Hause. Kommen Sie ein anderes Mal wieder«, rief sie und schloss die Haustür hinter sich.

Verwirrt stand ich vor dem Törchen. Was war das denn jetzt? Ich umklammerte den Hausschlüssel in meiner Manteltasche. Sollte ich einfach hinterher gehen? Aber wenn Tante Alice nicht da war, war ein Besuch natürlich sinnlos. Ich wandte mich ab und ging nachdenklich den schmalen Pfad am Garten vorbei. Wieso hatte diese Nachbarin ihren Topf auf dem Herd meiner Tante stehen?

Das Grundstück rechts neben dem Weg war mit einem grünen Zaun umsäumt. Vor über einem Jahrzehnt hatte man einen Neubauklotz mit Sozialwohnungen errichtet, wo früher nur Brombeersträucher wucherten. Ob die Frau dort wohnte?

Am Ende des Weges, abschließend mit dem Garten meiner Tante, musste ich drei Stufen erklimmen, um auf den Bürgersteig zu gelangen. Hier war vor Jahren eine

Umgehungsstraße gebaut worden. Der Berufsverkehr rauschte an mir vorbei, während ich versuchte, von meiner leicht erhöhten Position in den Garten zu spähen.

In der Nähe das Hauses blühte eine Forsythie und an wenigen Stellen leuchteten die kleinen gelben Blüten der Mini-Narzissen. Primelchen, die meine Tante sonst im Frühjahr zu hübschen Rondellen gepflanzt hatte, konnte ich nicht ausmachen. Auch die Kamelie, auf die Tante Alice immer so stolz gewesen war, schien noch keine Blüten zu tragen. Ich ging in die Hocke, um zwischen dem Kirschlorbeer hindurch zu lauern.

Von hier sah es so aus, als wäre zwischen den beiden Apfelbäumen ein Loch in den Rasen gegraben worden. Sollte so nahe neben den Obstbäumen ein weiterer Baum gepflanzt werden? Und wieso jetzt im Frühjahr? Tante Alice hatte mir beigebracht, dass im Herbst die beste Pflanzzeit für Bäume sei. Aber vielleicht täuschte ich mich auch. Die großen dunkelgrünen Blätter der Kirschlorbeerbüsche schränkten meine Sicht stark ein.

»Wat machen Se da?«

Ich fuhr zusammen, dann richtete ich mich wieder auf. Eine kleine alte Frau auf blauweiss gestreiften Badeschuhen kam auf mich zu. Sie trug eine blaue Strickjacke, die sie mit beiden Händen vorne festhielt und kniff die Augen hinter ihren Brillengläsern zusammen.

»Ach, du bis dat, Tina. Ich hab dich jar nich sofort erkannt.«

»Guten Tag«, sagte ich höflich und musterte mein Gegenüber eingehend. Trotzdem hatte ich nicht den blassesten Schimmer einer Ahnung, wer diese Frau sein könnte. Vielleicht noch eine Nachbarin? Aber wieso kannte sie meinen Namen?

»Schön, Sie zu sehen, Frau ähm . . .«, neugierig beugte ich meinen Kopf vor, um auch ja ihren Namen richtig zu verstehen. Die Alte wich zurück und zog die Stirn in Falten. Dann hielt sie mir ihre fünf Finger vors Gesicht und winkte hin und her, als wolle sie prüfen, ob ich sehen könne. »Ich bin dat, die Jertrud.«

Ich kannte keine Gertrud. Außer Gertrud Coesman, die war mit mir in die Grundschule gegangen. Das war knapp vierzig Jahre her und es war unwahrscheinlich, dass sie in dieser Zeit um fast achtzig Jahre gealtert war.

»Du bist ja janz daneben. Wie jeht et der Alice. Isse noch immer im Krankenhaus?«

»Tante Alice ist im Krankenhaus?«, entfuhr es mir. Wieso hatte diese andere Nachbarin, die sich angeblich um meine Tante kümmerte, nichts davon gesagt?

Frau Gertrud legte den Kopf schief und sah mich an, als wäre ich nicht ganz bei Trost.»Ja hömma, die is jetzt doch schon bald drei Monate im Städtischen. Dat hasse mir doch selbst erzählt.«

Jetzt war ich ganz sicher, dass Gertrud sie nicht alle auf der Latte hatte.

»Ja, ich erinnere mich«, log ich, »ich muss dann mal, ich habe einen Topf auf dem Herd.« Mit diesen Worten ließ ich sie stehen. Ich ging an ihr vorbei über die drei Stufen zurück auf den Pfad, der zur Inrather Straße führte.

»Wo jehste denn hin?«, schrie Gertrud hinter mir her, aber ich hatte die Straße schon erreicht und drehte mich nicht um. Ich stieg in den Leihwagen, den ich am Flughafen Düsseldorf gemietet hatte. Irgend etwas stimmte hier nicht. Ich hatte ein ganz seltsames Gefühl.

Zuerst rief ich die Auskunft an und ließ mir die Telefonnummer des Städtischen Krankenhauses geben. Dort versicherte man mir, dass Frau Alice van den Boom in den letzten Monaten nicht Patientin gewesen war. Damit hatte ich auch nicht gerechnet. Wie in solchen Situationen üblich, tendierte der Ladezustand des Akkus meines Mobiltelefons gegen Null. Also wollte ich mir weitere Anrufe sparen und grübelte, was zu tun sei. Das Einfachste war, hier im Wagen zu warten, bis meine Tante nach Hause käme. Wenn sie mit dem Taxi fuhr oder von einem anderen Wagen gebracht würde, müsste sie zwangsläufig an mir vorbeifahren. Ich wartete. Ich wartete gut eine Stunde, dann wurde es dämmerig. In den meisten Häusern an der Inrather Straße brannte inzwischen Licht.

Also stieg ich aus, um noch einmal zum Haus meiner Tante zu gehen. Ein junger Mann kam mir auf dem Pfad entgegen. Er hob den Kopf, »N'abend Tina«, sagte er ohne stehenzubleiben.

Wieso kannten mich hier alle? Im Haus von Tante Alice waren sämtliche Fenster dunkel. Gerade als ich durch das Törchen griff, um den Riegel von innen zurückzuschieben, ging im Wohnzimmer das Licht an. Wie konnte Tante Alice, von mir unbemerkt, nach Hause gekommen sein? An der Umgehungsstraße war Halteverbot, da würde niemand parken, um eine alte Dame abzusetzen.

Ich öffnete das Tor und trat auf den Kiesweg. Die Steine knirschten unter meinen Füßen. Langsam schlich ich mich ans Haus und schaute durch das Wohnzimmerfenster. Auf der Fensterbank standen mehrere rot blühende Topfpflanzen, die ich für Weihnachtssterne gehalten hatte. Jetzt erkannte ich, dass es Geranien waren.

Das war unmöglich. Üppig blühende Geranien im März, das brachte nicht einmal jemand mit drei grünen Daumen fertig. Die Blumen mussten künstlich sein. Und das war erst recht unmöglich, Tante Alice hatte nie künstliche Blumen gemocht. Sie würde sich im Leben keine Blumen aus Seide oder Plastik ins Haus holen, da war ich mir todsicher.

Gerade als ich mich zur Haustür schleichen wollte, hörte ich ein Geräusch aus dem Inneren des Hauses. Schnell huschte ich hinter den Forsythienstrauch und duckte mich.

Die Haustür wurde geöffnet und die hilfsbereite Nachbarin, die mir ihren Namen nicht genannt hatte, kam heraus. Sie trug einen dunkelgrünen Anorak und eine Schaufel in der Hand. Eiligen Schrittes bewegte sie sich in Richtung der Apfelbäume und begann zu graben. Genau an der Stelle, wo ich das vermeintliche Pflanzloch entdeckt hatte. Das kam mir sehr eigenartig vor.

Der Garten machte einen ausgesprochen ungepflegten Eindruck und diese übereifrige Helferin grub in der Dämmerung den Garten um. Hatte das mit dem Mondkalender zu tun oder war da ein Aberglaube im Spiel?

Die ganze Sache kam mir mehr als dubios vor. Am meisten aber wunderte ich mich, dass die Nachbarin im Haus meiner Tante ein und ausging, Tante Alice aber gar nicht da zu sein schien.

Ich wollte die Frau zur Rede stellen. Ich verließ mein Versteck, als mir plötzlich ein Gedanke durch den Kopf schoß. Suchte die Frau vielleicht den Schatz, von dem Tante Alice mir als Kind erzählt hatte? Die silbernen Kerzenleuchter und Wertgegenstände, die im Krieg im Garten verbuddelt worden waren?

Aber wo war meine Tante? Vorsichtig bewegte ich mich zur Haustür, nahm den Schlüssel aus der Tasche und sperrte auf. Zitternd vor Nervosität schloss ich die Tür hinter mir. Mein Herz schlug so heftig, dass ich kaum Luft bekam. Ich kroch auf allen Vieren unter dem Wohnzimmerfenster vorbei, um bloß nicht von draußen gesehen zu werden. Meine Knie taten schon nach den ersten Metern weh und ich hatte Mühe, nicht ständig auf den Saum meines Mantels zu treten.

Direkt hinter dem Wohnraum lag das Schlafzimmer. Ich traute mich nicht, aufzustehen und so drückte ich hockend behutsam die Klinke herunter. Es war abgeschlossen. Meine Finger tasteten weiter nach unten zum Schloss, in dem der Schlüssel steckte. Da von außen abgeschlossen war, war es höchst unwahrscheinlich, dass sich jemand in dem Zimmer befand.

Trotzdem folgte ich einer Eingebung und drehte den Schlüssel um. Fast geräuschlos öffnete ich die Tür und krabbelte hinein. Vorsorglich schloss ich die Tür hinter mir, richtete mich endlich wieder auf und rieb meine schmerzenden Knie. Das Zimmer war stockfinster, die Rolladen waren heruntergelassen. Da ich zu ängstlich war, Licht zu machen, holte ich mein Handy aus der Tasche, in dem sich eine winzige Lichtquelle befand.

Als ich den seitlichen Schalter betätigte, strahlte das Lämpchen direkt in die weit aufgerissenen Augen meiner Tante, die auf dem Bett lag.

»Tante Alice, ich bin's. Tina aus England«, flüsterte ich während ich mit dem Handy nun mein eigenes Gesicht beleuchtete. »Kannst du aufstehen?«

»Tina, endlich! Diese Verrückte hat mich mit 'ner Handschelle ans Bettgestell gefesselt, kannst du die aufbekommen?« Tante Alice rutschte näher ans Kopfende. »Guck mal, auf dem Frisiertisch liegen Haarnadeln, vielleicht kannst du damit das Schloss knacken.«

»Ich werde es versuchen, aber ich fürchte, so etwas klappt nur im Film. Hast du vielleicht eine Zange?«

»Das Werkzeug ist im Geräteschuppen, aber da kannst du jetzt nicht raus.«

In diesem Moment ging das Licht an meinem Handy aus, der Akku war leer. Mühsam tastete ich mich zum Nachttisch, warf ein Glas um und bekam dann endlich den Schalter der Nachttischlampe zu fassen. Eine matte 25-Watt-Birne beleuchtete die Szene.

»Wer ist die Frau und was macht die hier?«

»Ach, das ist eine ganz dumme Geschichte. Vor einigen Wochen klingelte sie und behauptete, eine Freundin von dir zu sein. Ich könnte mich ohrfeigen, dass ich sie hereinließ. Wir unterhielten uns sehr nett, ich erzählte ihr von früher und wir sahen uns Bilder in alten Fotoalben an. Klappt das mit der Haarnadel?«

»Ich tu mein Bestes, lenk nicht ab!«

»Viel zu spät habe ich gemerkt, dass sie dich gar nicht kannte. Als ich begriff, dass sie eine Betrügerin ist, wollte ich unauffällig die Polizei anrufen. Da hat sie mich überwältigt und hier eingesperrt. Sie gibt mir irgendein Mittelchen, vermutlich, um mich ruhigzustellen, aber meistens habe ich es heimlich wieder ausgespuckt. Nach ein paar Tagen musste ich eine Bankvollmacht ausstellen, und ich glaube, sie hebt munter meine Rente ab.«

»Und keiner deiner Bekannten und Nachbarn hat etwas gemerkt?«, fragte ich entrüstet und porkelte angestrengt im Schloss der Handschelle herum.

»Sie gibt sich für dich aus, und niemand in der Nachbarschaft scheint misstrauisch geworden zu sein. Furchtbar dumm, die Leute heutzutage.«

Endlich schnappte das Schloss auf. Meine Tante rieb ihr Handgelenk und setzte sich auf die Bettkante. »Sie hat keine Ahnung von Pflanzen und hat noch nicht einmal die Blumen gegossen. Ich hatte gehofft, spätestens wenn meine Topfpflanzen verkommen sind, muss jemand etwas merken.«

»Sie hat deine Töpfe gegen künstliche Blumen ausgetauscht. Wenn man nicht auf das Grundstück kommt, kann man das gar nicht sehen«, erklärte ich.

»Wie kommen wir jetzt hier raus?"« Tante Alice sah an sich herunter, sie trug einen altrosa Hausanzug. »Kann ich mit dem Fummel auf die Straße?«

»Für eine gefangene Greisin bist du todschick. Sollen wir versuchen, hier durchs Fenster zu klettern?«

»Nein, ich fürchte, bis zur Straße würden wir nicht kommen, ohne ihre Aufmerksamkeit zu erregen.« Meine Tante fuhr sich mit den Fingern durch die grauen Haare und zupfte ihre Locken zurecht. »Wenn wir die Rolladen am Schlafzimmerfenster hochziehen, fällt die ganze Nachbarschaft aus dem Bett.«

»Ja, wunderbar«, freute ich mich, »und irgend jemand wird dann wohl auf die Idee kommen und die Polizei rufen.«

»Unsinn, sie wird uns beide als Geiseln nehmen. Sie hat eine Pistole, allerdings könnte das auch eine Spielzeugwaffe sein, aber da bin ich mir nicht sicher«, widersprach meine Tante. »Wo ist sie überhaupt?«

»Sie gräbt im Garten ein Loch«, antwortete ich.

»Mein schöner Rasen! Hätte ich nur nichts erzählt«, jammerte Tante Alice.

»Du hast ihr die Geschichte mit dem Schatz erzählt?«, ich musste grinsen. »Dass ihr nach dem Krieg natürlich alles wieder ausgegraben habt, hast du verschwiegen?«

»Na, je länger sie hier blieb, um so größer die Chance, dass sie auf frischer Tat ertappt oder überführt wird, dachte ich.«

»Wir müssen hier raus«, bestimmte ich und öffnete die Tür einen Spalt. Geistesgegenwärtig löschte meine Tante das Licht. Wir duckten uns und krabbelten in Richtung Wohnzimmerfenster. Draußen war es dunkel. Wir hörten, wie ein Spaten in Erde stach und Erde auf Erde fiel.

»Wir müssen uns bewaffnen«, schlug meine Tante vor.

»Womit denn, Handfeger und Kehrblech?«

»Unsinn, im Schuppen stehen die Forke und ein Vorschlaghammer.«

»Nee, nicht mit mir, das ist mir zu gefährlich«, entschied ich und tapperte weiter durch das dunkle Zimmer.

»Es geht ja auch um Leben und Tod«, behauptete Tante Alice.

»Aber nur um Leben und Tod deines englischen Rasens«, konterte ich. Plötzlich stieß ich gegen das Tischchen, auf dem das Telefon stand. Ohne mich auf Diskussionen einzulassen, wählte ich die Nummer der Polizei, gab die Adresse durch und bat, man möge sich beeilen. Gleichzeitig hielt ich meiner Tante den Schlüssel hin und machte ihr Zeichen die Haustür von innen abzuschließen.

»So, jetzt soll die mal kommen«, triumphierte sie, knipste das Licht an und nahm die Flasche mit dem Aufgesetzten aus dem Schrank.

»Musst du denn gleich Licht machen«, flüsterte ich, »jetzt wird sie auf uns aufmerksam, und wer weiss, wie lange die Polizei braucht, bis sie hier ist.« Ich ließ mich ergeben in den geblümten Ohrensessel fallen, der in der Ecke stand.

Meine Tante goss zwei Schnapsgläschen voll, prostete mir zu und schüttete das Zeug runter, während ich noch die rötliche Flüssigkeit in meinem Glas studierte.

Dann fiel ihr Blick auf die Fensterbank. »Wie scheußlich!« entfuhr es ihr, als sie die drei künstlichen Geranien erblickte. Ich fand allerdings die Keramikübertöpfe viel scheußlicher.

Unvermittelt wurde die Haustür aufgeschlossen. Ich sank in meinem Sessel zusammen, Tante Alice glitt hinter die Wohnzimmertür. Es war natürlich nicht die Polizei, die ins Zimmer trat, sondern die vermeintliche Nachbarin.

»Du hier?«, rief sie und funkelte mich an. Sie machte einen Schritt auf mich zu. Ich glaubte, eine Waffe in ihrer Hand zu sehen. In diesem Moment krachte einer der Keramiktöpfe auf ihren Kopf. Mir wurde schwarz vor Augen.

Als ich aus meiner Ohnmacht erwachte, standen fünf Polizeibeamte im Zimmer. Eine Polizistin in Uniform hielt mir ein Glas Wasser hin.

Ich hörte die Stimme meiner Tante: »Zwanzig Minuten vom Polizeipräsidium bis hier, ihr wart wohl noch Pizza essen.« Dann goss sie versöhnlich für jeden einen Kräuterlikör ein.

Garten-Tipp von Ina Coelen

Walderdbeeren eignen sich ganz wunderbar als Bodendecker. Vor allem zwischen Rosenstöcken macht es sich gut, wenn die rosa und weiss blühenden Stauden am Boden kriechen und kein Unkraut durchlassen.

Sie sind pflegeleicht, wachsen besonders gut auf lehmigen Böden und tragen kleine aromatische Früchte. In Töpfen und Kästen pflanze ich Immergrün, Efeu und Erdbeeren zusammen, die alle auch im Winter ihre Blätter behalten.

Garten-Tipps von Gregor Kathstede

Zwei nicht ganz ernst gemeinte Garten-Tipps von
Krefelds Oberbürgermeister

*Kakteen blühen schneller und länger,
wenn man ihnen damit droht, Fotos des
politischen Gegners auf die Stacheln zu stecken.*

*Als Dünger für die Balkonkästen empfehle
ich liebevoll zerkleinerte Artikel aus der
nährstoffreichen Tageszeitung, wenn sie
besonders »freundlich« waren.*

Barbara Wendelken

Ewige Ruhe

Wir waren eine nette Runde. Frau Louven, Frau Mölders, Frau van Flinthoff und ich. Wir trafen uns täglich auf unserer Bank. Immer gab es etwas zu bereden. Manchmal saßen wir auch einfach nur da und ließen uns von der Sonne wärmen. Wenn Frau Mölders ihr Strickzeug mitbrachte - sie strickte mit Hingabe Pullover für ihre Enkelkinder - war es richtig gemütlich. Dann schaute keine von uns auf die Uhr.

Unsere Bank stand auf dem Kempener Friedhof. Unter zwei großen Koniferen. Wir waren alle seit Jahren verwitwet und die Gräber unserer Männer lagen in einer Reihe. Eine Grabstelle war noch frei, zwischen den Gräbern von Paul van Flinthoff und Willi Louven.

Frau Louven sagte mal, sie wünsche sich für das freie Grab eine tote Frau. »Ein Witwer wäre doch mal eine Abwechslung.«

Wir anderen waren dagegen. Wir fanden, dass eine weitere Witwe besser zu uns passen würde. Doch es sollte ja sowieso alles ganz anders kommen. Anfang Mai starb überraschend Hubert Kovalski. Das war der mit dem großen Gardinengeschäft in der Fußgängerzone, Sie wissen schon. Gott, hatte der Kränze. Da konnte man beinahe neidisch werden. Beeindruckend war der riesige Kranz der Witwe. Der Gärtner hatte nur eine Sorte Blumen gesteckt, weiße Lilien. Die allerdings in unvorstellbarer Zahl. Das Ganze musste ein Vermögen gekostet haben.

»Wirklich elegant«, flüsterte Frau Louven.

»Ansichtssache«, erwiderte ich. Mir erschienen die perfekt gewachsenen Lilien zu kalt, fast schon künstlich. Da gefielen mir die Blumen auf dem Kranz von seinem Vetter Hannes Kovalski weitaus besser. Goldgelbe Rosen, lila Freesien, orangerote Nelken, weiße Margeriten und Schleierkraut. Grünes war kaum zu sehen, nur außen ein paar Farnblätter.

»Auf Wiedersehen« stand in silberner Schrift auf der weißen Schleife. Na, ich weiß ja nicht. Auf Wiedersehen? Anrührend fand ich ein Herz aus Efeu mit rosafarbenen Rosen. Eine Schleife war nicht daran befestigt, aber ich glaubte zu wissen, von wem das Herz stammte.

Der Posaunenchor hat auch gespielt. Irgendwas Klassisches, ich kenne mich da nicht so aus. Zu unserer Überraschung hatte Kovalskis Witwe sich ausgerechnet für die freie Grabstelle in unserer Reihe entschieden.

Ehrlich gesagt, mochte ich sie von Anfang an nicht. Während der Beerdigung trug sie einen riesigen schwarzen Hut mit Schleier. Als der Sarg abgesenkt wurde, brach sie in die Knie und schluchzte: »Hubert, Hubert, wie soll es nur ohne dich weitergehen!«

Ein peinlicher Auftritt, wusste doch jeder in Kempen, dass Hubert Kovalski seit Jahren ein Verhältnis mit seiner Verkäuferin hatte. Die erschien selbstredend nicht zur Beerdigung. Ich habe sie erst am nächsten Morgen gesehen. Sie legte eine rote Rose auf die Kränze. Ganz still und bescheiden. Das ging mir richtig zu Herzen.

Wie nicht anders zu erwarten, ließ Frau Kovalski die ganze Welt an ihrer Trauer teilhaben. Jedes Mal, wenn sie eine von uns am Grab erblickte, warf sie sich auf die Knie und rief: »Hubert, du fehlst mir so!«

Glauben Sie mir, ich habe mich nach Ottos Tod nicht so aufgeführt. Meine Trauer war still und in sich gekehrt, aber sie kam von Herzen, was ich bei Kovalskis Witwe stark anzweifelte.

Kaum, dass Hubert Kovalskis Kränze ein wenig angewelkt waren, wurde alles abgeräumt. Gleich zwei Gärtner rückten an, um das Grab zu bepflanzen. Vorn setzten sie einen Halbkreis aus weißen Zwergrosen, davor irgendwas Kriechendes, das hellblau blühte. Ich weiß beim besten Willen nicht den Namen. Oben rechts und oben links pflanzten sie je einen kugelig geschnittenen Buchsbaum, Hochstamm natürlich. Die Buchsbäume standen jeweils in einem Kreis aus weißen Eisbegonien. Zwischen den Pflanzen wurde die Erde von schneeweißen Kieseln bedeckt. So als wäre normale Erde nicht gut genug für einen Hubert Kovalski.

Ich muss sagen, so etwas habe ich noch nie gesehen. Und es gefiel mir auch nicht. Es war eine kalte Pracht. Wochen später wurden die Umrandung und der Grabstein geliefert. Selbstverständlich hatte Frau Kovalski einen ganz seltenen Granit gewählt. Grau, fast hellblau, mit weißen Sprenkeln. Auf dem Stein landete mit weit geöffneten Schwingen ein schneeweißer Vogel, ich nehme an, es sollte ein Adler sein. Die Spannweite betrug einen Meter neunundreißig. Ich habe es heimlich nachgemessen. Nur damit Sie eine Vorstellung haben.

Als der Steinmetz seine Arbeit beendet hatte, erschien Frau Kovalski, um das Grab zu inspizieren. Sie trug immer noch Schwarz, allerdings gestattete sie sich bereits eine grauweiß karierte Bluse mit einem feinen roten Streifen darin. Und das nach vier Wochen. Ich kann nicht sagen, dass mir diese Bluse passend erschien. Frau Kovalski nickte zufrieden.

Und dann sprach sie mich einfach an. »Ich wollte etwas ganz Besonderes, wissen Sie. Etwas, das dem Wesen meines Mannes gerecht wird. Der Adler erinnert mich an seine ungeheure Stärke und seine geistige Beweglichkeit. Außerdem haben wir während unserer Hochzeitsreise in Garmisch-Partenkirchen einen Steinadler gesehen.«

Sie schniefte in ein Taschentuch. Ohne Tränen allerdings, das kann ich beschwören. Und dann warf sie einen abfälligen Blick auf Ottos Grab. Der Stein ist ganz schlicht, dunkelgrauer Marmor, ich gebe ja zu, dass er preiswert war. An den Blumen habe ich allerdings nicht gespart. Das tue ich nie. Ich kaufe alles, was bunt ist und prächtig blüht, Fuchsien, Geranien, Verbenen, Fleißige Lieschen und natürlich Petunien. Die hat mein Otto ganz besonders geliebt.

»Wissen Sie, ich bevorzuge schlichte Eleganz. Weniger ist häufig mehr. Nur zwei Farben, blau und weiß. Und klare Linien«, erklärte Frau Kovalski. »Ihr Grab wäre mir mit Verlaub zu bunt.«

Ich nickte wie unter Zwang. Jetzt, da ich Ottos Grab durch ihre Augen sah, erschien es mir plötzlich geschmacklos. Für einen winzigen Moment überlegte ich sogar, die Pflanzung völlig zu verändern. Etwa nur rote Geranien und blauen Lavendel zu setzen. Doch zum Glück verwarf ich diesen Gedanken wieder.

Mein Otto war begeisterter Freizeitgärtner. Zeit seines Lebens liebte er es bunt und fröhlich. Sein Grab hätte ihm gefallen, da war ich mir sicher. Ich beschloss, nichts daran zu ändern.

Eine Woche später sah ich zufällig die Verkäuferin wieder, Kovalskis Geliebte. Sie trug einen schwarzen Rock und einen schwarzen Pulli. In der Hand hielt sie einen Strauß Wicken, Sie wissen schon, rosa, lila, rot und weiß. Eine Vase hatte sie auch mitgebracht. Eine Weile schien sie zu überlegen, dann platzierte sie ihre Blumen direkt vor dem Stein.

»Ach Hubert«, hörte ich sie seufzen, »ich hoffe, du siehst dein Grab nicht. Es sieht genauso aus wie euer Vorgarten.«

Frau Mölders saß neben mir auf der Bank und strickte an einem hellblauen Babypullover. »Ich finde das Grab schick. Vielleicht sollte ich bei Dietmar auch alles ändern. Ein Sack Kiesel kostet um die zwölf Euro, ich hab mich schon erkundigt. Ob einer reicht?«

Ich schluckte. Frau Mölders erkundigte sich nach Kieselsteinen. Und ich hatte in Erwägung gezogen, meine bunte Blumenvielfalt durch Geranien und Lavendel zu ersetzen. Was war mit uns passiert?

Am nächsten Tag, ich war gerade damit beschäftigt, Ottos Grabstein mit Essigwasser zu reinigen, entdeckte Frau Kovalski die Wicken. Wutentbrannt warf sie Blumen samt Vase auf den Komposthaufen. Ich wagte gar nicht, sie darauf aufmerksam zu machen, dass die Vase in den Container für den Restmüll gehörte.

Es war übrigens der Tag, an dem sie sich zum ersten Mal auf unsere Bank setzte. Direkt neben die strickende Frau Mölders. Die beiden unterhielten sich bald schon sehr angeregt.

Es sollte noch schlimmer kommen. Ein paar Tage später fand ich Frau Mölders, Frau Louven, Frau van Flinthoff und Frau Kovalski auf der weißen Bank vor. Für mich war kein Platz mehr frei. Frau Kovalski hatte diesmal eine gelbe Bluse mit einem dezenten schwarzen Überkaro gewählt. Ich möchte das nur am Rande erwähnen.

Frau van Flinthoff und auch Frau Louven, das muss ich der Gerechtigkeit halber sagen, standen sofort auf. Sie begrüßten mich freundlich und Frau Louven flüsterte: »Sie hat sich einfach dazugesetzt. Ohne zu fragen.«

Als mein Blick über die Gräber schweifte – nicht dass ich etwas Bestimmtes gesucht hätte – blieb mir beinahe die Luft weg. Frau Mölders hatte es getan. Sie hatte die Bepflanzung auf dem Grab ihres Gatten erneuert. Mitten im Sommer und völlig ohne Grund.

Ich glaube, ich muss das hier nicht weiter beschreiben. Rosa Geranien und weiße Margeriten. Und dazwischen natürlich diese albernen Kieselsteine. Wenn sie gekonnt hätte, hätte sie wohl auch noch den Grabstein ausgewechselt. Aber das ließ ihre Rente vermutlich nicht zu.

»Ach du liebe Zeit«, keuchte ich.

»So schlecht sieht es gar nicht aus«, fand Frau Louven. »Ich habe auch schon daran gedacht, Willis Grab anders zu bepflanzen. Aber ich werde bis zum Herbst warten. Es bringt Unglück, blühende Blumen rauszureißen. Das hat mein Willi immer gesagt.«

In diesem Moment sah ich alles vor mir. Vier gleiche Gräber, vier Witwen auf der Bank. Für mich würde kein Platz mehr frei sein.

Vielleicht war das der Moment, in dem ich Frau Kovalskis Tod beschloss. Nicht dass Sie jetzt denken, ich wäre eine geübte Mörderin, hätte womöglich meinen Otto auf dem Gewissen, nein. Es war nur so ein Gedanke, den ich gleich wieder verwarf.

Die Kieselsteine samt der schlichten Bepflanzung machten auf dem Friedhof Mode. Nicht nur bei uns, sondern auch in den umliegenden Reihen wurde so manche Grabstelle neu angelegt. Der Steinmetz, der direkt in Friedhofsnähe lag, bot jetzt Fünfkilosäcke mit Kieselsteinen an.

Ich, wie schon gesagt, blieb bei normaler Erde. Einmal sagte ich zu Frau Mölders: »Ich weiß nicht. Ich stelle mir immer vor, dass mein Otto Kopfschmerzen kriegt, wenn ich ihm Steine aufs Grab legen würde.«

»Meinen Sie?« Frau Mölders hielt mit ihrer Strickarbeit inne. Sie war leicht zu verunsichern. Aber dann straffte sich ihre hagere Gestalt. »Das ist doch lächerlich! Ich glaube, aus ihren Worten spricht der pure Neid! Weil Sie es sich nicht leisten können, ihr Grab neu zu bepflanzen. War ihr Gatte nicht einfacher Hausmeister? Da kann die Rente ja nicht so üppig sein.« Sie stopfte ihr Strickzeug in ihre Tasche. Dabei merkte sie nicht einmal, dass eine der Nadeln auf den Boden fiel. »Frau Kovalski sagt, ihr Grab verdirbt den Gesamtanblick in unserer Reihe. Ich finde, sie hat Recht!«

Aufgebracht stolzierte sie davon. Sie verabschiedete sich nicht mal von ihrem toten Dietmar. Ich hob die Stricknadel auf und steckte sie in meine Handtasche. Wer weiß, wozu es gut ist, dachte ich noch. Dann ging ich heim. Das was jetzt kommt, würde ich am liebsten überhaupt nicht erzählen. Und ich werde auch nicht in alle Einzelheiten gehen. Nur so viel, ich hatte mal einen Krimi gelesen, in dem jemand durch eine Stricknadel zu Tode kam.

Ich holte das Buch aus dem Schrank und las es sorgfältig durch, vor allem die Stelle mit dem Mord. In meinem Gesundheitslexikon schaute ich mir an, wo genau das menschliche Herz liegt. Anschließend feilte ich die Nadel spitz und suchte in Ottos Werkstatt ein Paar Arbeitshandschuhe aus Leder, die ich zusammen mit der Stricknadel in meine Handtasche steckte. Den Krimi verbrannte ich vorsichtshalber im Ofen. Man weiß ja nie.

Es dauerte ein paar Tage, aber dann traf ich Frau Kovalski allein auf dem Friedhof an. Sie grüßte mich nicht mal, mein bunt bepflanztes Grab und ich waren ihr ja nicht fein genug. Sie kniete vor dem Steinadler. Scheinbar hatte sie einen Fleck entdeckt, an dem wie wild mit einem Taschentuch rieb.

Ich zog den Handschuh über, nahm Frau Mölders Stricknadel und rammte sie von hinten durch Frau Kovalskis Oberkörper. Zur Nachahmung möchte ich dies übrigens nicht empfehlen. Man braucht eine Menge Kraft.

Aber seit Ottos Tod muss ich im Frühjahr den Garten allein umgraben. Im letzten Herbst habe ich sogar eine Tanne gefällt. Kraft habe ich, das können Sie mir glauben.

Frau Kovalski sackte in sich zusammen. Ich wartete, bis sie kein Lebenszeichen mehr von sich gab, dann rannte ich zu der Gaststätte, die dem Friedhof gegenüber liegt, hämmerte an die Tür und schrie um Hilfe.

Später sagte ich dann aus, dass ich niemanden gesehen hätte, nur Frau Mölders von hinten, aber da sei ich mir nicht ganz sicher.

Nun ja, nach Frau Kovalskis Tod entdeckte man die Stricknadel, die ihr Herz durchbohrt hatte. Dreißig Zentimeter lang, Stärke dreieinhalb. Das passende Gegenstück fand sich in Frau Mölders Strickkorb. Jetzt sitzt sie in Untersuchungshaft. Um das Grab kümmern wir uns. Ihr Dietmar kann ja nichts dafür. Und ein verwildertes Grab passt nicht in unsere Reihe.

Hubert Kovalskis Grab wird jetzt von seiner Geliebten gepflegt. Eine nette Frau, muss ich sagen. Sie trägt immer noch schwarz. Die furchtbaren Kiesel hat sie entfernt. Und gestern hat sie mich gefragt, wo ich die schönen Petunien kaufen würde. Sie sitzt jetzt auf Frau Mölders Platz.

Erst gestern sagte Frau Louven: »Es bringt eben Unglück, blühende Blumen rauszureißen. Das hat schon mein Willi gewusst.«

Ich habe nicht widersprochen. Auf dem Friedhof ist wieder Ruhe eingekehrt. Wir sind eine richtig nette Runde. Frau Louven, Frau van Flinthoff, Frau Bloomen – die Geliebte – und ich. Wir treffen uns beinahe täglich auf unserer Bank. Immer gibt es etwas zu erzählen. Manchmal sitzen wir auch einfach nur da und lassen uns von der Sonne wärmen.

Wenn Frau Bloomen ihr Häkelzeug mitbringt – sie häkelt mit Hingabe Topflappen – ist es richtig gemütlich. Dann schaut keine von uns auf die Uhr.

Garten-Tipps von Barbara Wendelken

Die Christrose (Helleborus niger) eignet sich gut für halbschattige Plätze vor Gehölzen. Einmal gepflanzt möchte sie nicht mehr gestört werden. Sie samt sich leicht aus. Die Keimlinge blühen aber erst im dritten Jahr.

Vorsicht: Christrosen mögen keine sauren Böden. Deshalb nicht in die direkte Nähe von Nadelbäumen setzen.

Tipp: Für eine üppige Blütenpracht braucht die Christrose Kalk. Man kann Eierschalen mit einer alten Kaffeemühle mahlen und vorsichtig rund um die Pflanze in den Boden einarbeiten. Sie wird es im Frühjahr mit einer Vielzahl von Blüten danken.

Noch ein Insider-Tipp für Krimiautoren:

Die Christrose ist giftig für Mensch und Tier. Bereits drei Samenkapseln können zu schweren Vergiftungserscheinungen führen.

Preiswerte Blütenpracht für den Friedhof

Der Elfenspiegel (Nemesia) lässt sich sehr leicht kultivieren. Im März werden die Samen in einer Schale auf der Fensterbank ausgesät. Am besten in einer Mischung aus Blumenerde und Sand. Die Keimlinge sind sehr zart und dürfen nur mit einer Sprühflasche gewässert werden. Wenn sich das zweite echte Blattpaar gebildet hat (die Keimblätter zählen nicht mit), werden die Pflänzchen in kleine Töpfe mit Blumenerde pikiert. Jetzt ziehen sie ins ungeheizte Gewächshaus um. Ab Mitte Mai dürfen die Elfenspiegel an ihren endgültigen Standort gesetzt werden. Sie blühen den ganzen Sommer über. Ab Spätsommer kann man die Samenkapseln abnehmen und kühl und trocken bis zum nächsten Frühling aufbewahren.

Quitte, unvollendet

Es war ein wunderschöner Spätsommertag. Luise hatte zwei Flohmärkte besucht. Ganz gemächlich war sie von Stand zu Stand geschlendert und kam nun müde, aber voller Begeisterung über einen halbfertigen Gobelin, den sie erstanden hatte, nach Hause zurück. Es war ein außergewöhnlich großes Stück, für ein kleines Sofa oder einen Sessel gedacht.

Luise hatte zwei große Leidenschaften: ihren Garten und das Sticken. Muster entwerfen, mit Farben und Formen spielen, waren für sie nie enden wollende Vergnügen.

Sie breitete den Gobelin auf dem Terrassentisch aus. Es waren viele Blumen, Früchte und Vögel gestickt, aber es gab noch genug leere Stellen, um weitere Motive zu sticken.

Bevor sie sich der Handarbeit widmen würde, wollte sie noch ein Bäumchen versetzen, das an einer zu windigen Stelle stand. Es war nicht gerade die traditionelle Pflanzzeit, doch der Herbst nahte. Und sie hatte ein System, mit dem es ihr selbst mitten im Sommer gelungen war, kleine Bäume mit Erfolg umzupflanzen. Wichtig war, dass der Baum nicht merkte, dass er an eine andere Stelle gewandert war. Dazu brauchte er möglichst viel von der Erde, die ihn bisher umgeben hatte.

Nachdem sie das Pflanzloch ausgehoben hatte, es zur Hälfte mit ihrer besten Komposterde gefüllt und den Gartenschlauch hineingehängt hatte, grub Luise den kleinen Baum aus. Sie führte den Spaten rundherum um den Baum und immer tiefer, ziemlich weit vom Stamm entfernt. Sie schob den Spaten unter Erde und Wurzeln und hob das Bäumchen vorsichtig – damit die Erde an den Wurzeln blieb – auf die Schubkarre. So fuhr sie ihn zu dem Loch, das inzwischen voll Wasser war. Sie kippte die Schubkarre leicht an und ließ Bäumchen nebst Erde in das Wasserloch gleiten. Sie ruckelte noch ein wenig an dem Bäumchen, bis es gerade im Erdloch stand und schaufelte einen Teil der Erde, die sie vorher ausgegraben hatte, in das Loch zurück. Mit ihren Gummistiefeln trat sie alles fest, ließ den Schlauch aber noch in der Erde stecken. Sie wollte in den nächsten Tagen morgens und abends wieder Wasser in die Pflanzstelle laufen lassen.

Frisch geduscht setzte sie sich mit einem Eistee auf die Terrasse, um endlich den Gobelin in allen Einzelheiten zu betrachten. Vor dichtem Blattgrün gab es neben weißen und rosafarbenen Rosenblüten, zwei Rotkehlchen und tiefblauen Lupinen auch einige Früchte.

Luise überlegte, welche Garne sie hatte und welche sie noch besorgen müsste. Ihre Farben sollten natürlich zu denen passen, die ihre Vorgängerin benutzt hatte. Sie fühlte sich der Frau, die diese Arbeit begonnen hatte, verpflichtet.

Neugierig, ob die Stickerin auf der Rückseite ihren Namen eingezeichnet hatte, drehte sie den Gobelin um. Aber in der unteren Ecke, wo sie einen Hinweis erhofft hatte, war nur blanker Stramin. Es war nicht einfach, solche Stickereien zu datieren. Sie schätzte diese auf höchstens zehn Jahre, was den Gobelin weniger wertvoll, aber nicht weniger schön machte.

Als sie ihn wieder umdrehen wollte, entdeckte sie oben in der Mitte einen hellen Fleck, der nicht zu dem tiefgrünen Blatt an dieser Stelle passte. Sie schaute genauer hin. Unter den Stickereifäden war ein kleines Stück zusammengerolltes Papier versteckt. Es sah aus wie eines der Lose, die man auf Jahrmärkten kaufen kann.

Luises Herz schlug schneller. Hier am Niederrhein hatten Frauen in ihren Stickereien manchmal solche Papierstückchen verborgen. Der Brauch schien gegen Ende des 19. Jahrhunderts begonnen zu haben und war in den 1930er Jahren wieder ausgestorben; zumindest gab es aus der Zeit danach keine bekannten Funde. Meist stand der Name der Stickerin geschrieben, manchmal auch ein Datum oder ein Sinnspruch in sorgfältiger Handschrift und heute verblasster Tinte.

Luise hatte im Laufe der letzten fünfzehn, zwanzig Jahre drei dieser Röllchen in Stickereien gefunden. Keine große Menge, wenn sie bedachte, wie viele solcher fertigen oder unvollendeten Handarbeiten sie im Laufe der Jahre erworben hatte.

Ihren heutigen Fund hatte sie am Stand des alten Kerkendonks gemacht, der während der Woche Haushaltsauflösungen auf den Dörfern am Niederrhein übernahm und die für den Trödel geeigneten Teile an den Wochenenden auf den Flohmärkten der Region verscherbelte.

Von ihm stammte das alte Weinfass auf ihrer Terrasse, in dem die Hochstammrose *Sommerwind* blühte, und auch der Eckschrank aus Weichholz, der nun in ihrem Esszimmer stand. Größere Teile lieferte Kerkendonk gegen einen mäßigen Aufschlag frei Haus.

Er wusste inzwischen um ihre Vorliebe für Stickereien, möglichst alt, am liebsten mit Blumenmotiven und gerne unvollendet, und legte solche Funde für sie zurück. Vieles davon entpuppte sich als Maschinenstickerei oder entsprach nicht ihren Ansprüchen, aber einige ihrer Schätzchen hatte sie ihm zu verdanken.

Und nun dies. Eine Gobelinstickerei aus jüngster Zeit, in der ein Papierröllchen eingearbeitet war! Von einer sehr alten Frau, die den Brauch noch aus ihrer Jugend kannte? Oder von einer jüngeren, die davon gehört hatte, in ihrer Familie vielleicht, oder darüber gelesen hatte? Aber warum dann unvollendet? Eine Kuriosität, auf jeden Fall.

Luise nahm sich vor, noch heute Hanneke Kuerlis anzurufen, eine Textilhistorikerin aus Xanten, die ihre

Dissertation über das Thema schrieb. Luise war mit ihr bei einer Ausstellungseröffnung im Krefelder Textilmuseum ins Gespräch gekommen. Bestimmt wäre sie interessiert an diesem vielleicht letzten Aufflackern einer vergessen geglaubten Tradition.

Ganz vorsichtig, um das Papier nicht zu zerreißen, versuchte Luise es unter den Stichen hervorzuziehen. Sie zog mehrmals daran, aber die Stickfäden hielten es fest. Es gab nur eine Möglichkeit, an dieses Geheimnis zu kommen, nämlich die Fäden aufzuschneiden. Aber bevor sie das tun konnte, musste sie zuerst einmal in ihren Wollvorräten kramen, um ein gleiches Grün wie dieses hier zu finden. Nach einigem Suchen fand sie den richtigen Ton. Mit ihrer spitzen Stickschere schnitt sie die Fäden auf. Vorsichtig rollte sie den kleinen Zettel auf.

In zierlicher Handschrift war da geschrieben: »Du wirst einen Schatz finden.« Auf der Rückseite stand auch etwas, leider kein Name, hier war mit Bleistift ein zum Teil ausgefülltes Soduko gezeichnet. Luise interessierte sich nicht für dieses neuerdings beliebte japanische Zahlenspiel. Aber es war eine Bestätigung für ihre Vermutung, dass der Gobelin jüngeren Datums war.

Von dem Spruch war Luise entzückt. Einen Schatz finden. Das klang nach einem Märchen. Eine Romantikerin offensichtlich. Zu schade, dass sie anonym bleiben würde. Oder – ob der alte Kerkendonk ihr auf die Spur helfen könnte? Vielleicht wusste er noch, von welchem Dorf, aus welchem Haushalt die Stickerei stammte.

Nun, Schatz hin, Schatz her, zuerst wollte sie das von ihr zerschnittene Blatt neu sticken. Da es noch hell genug war, machte sie es sich mit ihrem Stickzeug auf der Terrasse gemütlich.

Das Blatt war neu gestickt und so gut gelungen, dass man keinen Unterschied zu den übrigen Blättern sah. Ihr Blick fiel auf ihre Rose. Sie kramte wieder in ihrem Wollkorb und suchte alle rosaroten Töne heraus. Nachdem sie das Muster auf Papier aufgezeichnet hatte, begann sie zu sticken. Die ersten Stiche waren gemacht und sie begann zu träumen. Von Rosen und Gärten, von Festen und elegant gekleideten Gästen.

Manchmal, wenn sie sich in der Gartenarbeit verlor oder bei einer Stickerei, tauchte sie in solche Tagträume. Zeit spielte keine Rolle mehr, sie verschmolz mit ihrem Tun. Es waren Augenblicke, Stunden des Glücks.

Es war fast dunkel. Luise machte noch ein paar kleine Stiche und die Rose war fertig. Sie räumte ihre Stickerei zusammen und ging ins Haus.

In den folgenden Woche fand Luise keine Zeit zum Handarbeiten, aber sie hatte sich überlegt, was sie als Nächstes sticken wollte. Am Samstag begann sie mit einer Quitte. Wieder war es ein warmer sonniger Tag und wieder saß sie auf ihrer Terrasse. Das Quittenbäumchen, das sie versetzt hatte, war gut angegangen. Alle Blätter sahen gesund aus, nicht eines hing müde herunter und sie hoffte, schon im nächsten Jahr ein paar Quitten ernten zu können.

Gelbe, rötliche, weiße und braune Fäden in vielen Schattierungen lagen bereit. Sie begann zu sticken. Im nächsten Jahr wollte sie die von ihrem Bäumchen geernteten Quitten zu einem delikaten Gelee verarbeiten.

In ihrem Tagtraum erfand sie ein köstliches Rezept. Sie entwarf ein Etikett, kaufte besonders hübsche Gläser und ging in eines der kleinen Geschäfte in der Nähe des Doms, um ihren Gelee anzubieten. Die zögernde Ladeninhaberin ließ sich überreden, die Gläser in Kommission zu nehmen. Nach zwei Tagen schellte das Telefon und die Ladenbesitzerin fragte nach Nachschub. Ihre Kunden seien entzückt von dem Quittengelee – aber warum klingelte das Telefon immer noch? Luise kehrte in die Wirklichkeit zurück. Es war die Türklingel.

Mit einem Seufzer stand sie auf. Die Quitte war beinahe fertig gestickt, die Unterbrechung höchst unwillkommen.

Vor der Tür stand ein Mann, um die vierzig mit kahl

geschorenem Kopf. Er trug Jeans und ein schmuddeliges graues T-Shirt. »Frau Theisen?«

Luise nickte.

»Ich komme von Herrn Kerkendonk. Darf ich mal reinkommen?«

Ehe Luise sich entscheiden konnte, war er an ihr vorbei in den Flur getreten. Nicht die feine Art.

»Worum geht es?«, fragte Luise. Ob Kerkendonk eine Stickerei für sie hatte? Aber die hatte er ihr noch nie einfach so ins Haus geschickt. Vielleicht ein bedeutsamer Fund. Oder gar ein Haushalt voller rarer, wertvoller . . .

»Kommen Sie doch ins Wohnzimmer. Bitte setzen Sie sich.«

»Okay.« Er ließ sich in einen Sessel fallen. Luise setzte sich aufs Sofa.

»Also . . . es ist wegen diesem Teil. Sie haben da am letzten Wochenende bei ihm so'n Stoff gekauft – 'ne Art Decke.«

»Eine Gobelinstickerei.«

»Was immer. Ich brauch's zurück.«

»Wie bitte?«

»Ich will's wieder haben. Bist du taub, Alte?«

»Ich . . . ich verstehe nicht. Warum möchte Herr Kerkendonk . . .«

»Der doch nicht! Ich. Gehörte einem Onkel von mir. Einer Tante, meine ich. Familienerbstück. War ein Irrtum, dass es mit den Möbeln und allem Zeugs verscheuert wurde, als sie ins Heim musste. Er will's zurück haben. Mein Onkel, meine ich. Wo ist es?«

Luises Blick glitt zur Terrassentür. Er war schnell von Begriff. Mit wenigen großen Schritten war er durch die Tür.

Luise folgte ihm. »Legen Sie es hin, um Himmels willen. Gehen Sie doch nicht so grob damit um!«

Er hatte den Gobelin gegen die Sonne gehoben, zerrte daran herum. »Mist! Aber es muss da sein. Also, was haben

Sie bezahlt? Ich geb' Ihnen den Zaster zurück. Bin ja kein Verbrecher.« Er lachte heiser.

Luise fand ihn zunehmend unheimlich. »Hören Sie«, sagte sie, um Gelassenheit bemüht, »ich habe die Stickerei gekauft. Sie können nicht einfach hier hereinplatzen und – «

»So! Kann ich nicht? Wer sagt, dass ich das nicht kann? Jetzt nehme ich es so mit, Alte.« Er begann, den Gobelin zusammenzufalten, zu knüllen, genauer gesagt.

Luise konnte es nicht mit ansehen. Sie vergaß ihre Angst und versuchte, ihm den Gobelin zu entwinden.

»Au! Ey – stich mich nicht, Alte!«

»Nicht ich – die Nadel . . . in der Quitte . . .«

Aber er hörte nicht zu. Er ließ den Stoff fallen, packte Luise mit einer Hand an der Bluse und schüttelte sie.

»Ich kann echt ungemütlich werden, verstehst du?« Der Ausdruck in seinen Augen wurde hart, sein Gesicht rötete sich. »Eigentlich bist du so was wie 'ne Zeugin, oder? Und die Frage ist doch: können wir Zeugen brauchen?«

Luise versuchte zu sprechen. Panik schnürte ihr den Hals zu – nein, es war sein Daumen auf ihrer Kehle. Er beugte sich über sie, fast lag sie auf dem Terrassentisch. Verzweifelt zerrte sie mit einer Hand an seinem Arm. Mit der linken suchte sie über den Tisch. Sie fand ihre Stickschere, ergriff sie und rammte ihm die Spitze mit aller Kraft, die sie noch aufbringen konnte, in den Hals. Der Schreck, der Schmerz – vielleicht würde sich sein Griff kurz lockern – lang genug für sie, um zu fliehen oder nach Hilfe zu rufen.

Sein Griff lockerte sich gleichzeitig mit seinem Röcheln, dem erstaunten Ausdruck in seinen Augen und dem Blutstrahl, der aus der aufgerissenen Halsschlagader schoss.

Luises Bluse verfärbte sich, lag ihr klamm am Körper. Der Mann fiel zu Boden. Um seinen Oberkörper breitete sich eine Blutlache aus.

Luise keuchte. Sie atmete ein paar Mal tief durch, der

Nebel vor ihren Augen wich. Sie ging ins Wohnzimmer und rief einen Krankenwagen.

Der Mann lebte noch, als man ihn aus ihrem Haus trug. Dass er auf dem Weg zum Krankenhaus gestorben war, erfuhr sie von dem jungen Kommissar, Brune war sein Name, der mit zwei Kollegen in ihr Haus gekommen war, um sie zu verhören und Spuren zu untersuchen.

Sie zeigte ihnen den Gobelin und das Papierröllchen, hinter dem der Mann vermutlich her gewesen war.

Kommissar Brune interessierte sich weniger für den Satz ‚Du wirst einen Schatz' finden als für das Soduko.

»Das wird es sein«, sagte er und zeigte es seinen Kollegen. »Verschlüsselt, aber das können unsere Experten sicher knacken.«

Luise war ganz Ohr. Verschlüsselt. Also ein Geheimnis? Aber mehr erfuhr sie an diesem Nachmittag nicht. Die Polizisten nahmen das Zettelchen mit und leider auch den Gobelin, trotz ihres Einwands, dass die Quitte nicht vollendet sei.

Brune versuchte noch, sie zu überreden, dem Besuch einer Polizeipsychologin zuzustimmen, sie habe doch ein Trauma erlitten, doch Luise lehnte ab. Natürlich hatte sie noch nie einen Menschen . . . Aber ihr war keine Schuld zuzuweisen, hatte ihr Brune versichert. Sie fühlte sich auch nicht schuldig, nur aufgewühlt, verwirrt, entsetzt. Kaum war die Tür hinter den Polizisten zugefallen, stellte Luise sich unter die heiße Dusche.

Gereinigt, erfrischt, entschlossen zog sie ihre Gartenjeans und eine Bluse an und schrubbte das Blut von der Terrasse, ehe sie in den Garten ging.

Der Rasen musste gemäht werden. Luise sah in den Himmel. Von Westen näherten sich Regenwolken, aber ihr blieb vermutlich noch Zeit zum Mähen. Sie sehnte sich mit einem Mal nach der Anstrengung. Ihr Rasenmäher war uralt, mit kleinen Rädern an den Seiten und zwei Schlangen ähnlichen Messern dazwischen. Kein Mensch hatte mehr so ein altmodisches Gerät. Aber ihr gefiel es, langsam über den Rasen zu gehen, dabei das Geräusch der Messer zu hören und den würzigen Geruch des geschnittenen Grases einzuatmen. Während sie hin und her ging und immer ruhiger wurde, kam ihr der Gobelin in den Sinn. Wann sie wohl daran weitersticken könnte?

Wenige Minuten, nachdem sie mit dem Rasen fertig war, begann der erste Schauer. Sie rannte ins Haus. Zu unruhig, um sich hinzusetzen und zu lesen und ohne Antrieb eine neue Stickerei anzufangen, sortierte sie die Stickwolle nach Farben.

Montagmorgen, kurz nach neun, rief Luise Kommissar Brune an. Sie wollte endlich wissen, was es mit dem Geheimnis auf sich hatte und wann sie mit der Rückgabe ihres Gobelins rechnen konnte. Kommissar Brune versprach, sobald wie möglich vorbeizukommen. Der Fall stand anscheinend kurz vor der Aufklärung.

Drei Tage später, am frühen Abend, als sie verwelkte Rosenblüten abschnitt, schellte es. Der Kommissar war gekommen, um ihr Bericht zu erstatten. »Und nicht nur das«, sagte er und schien sich zu freuen. »Setzen Sie sich lieber, Frau Theisen.«

Luise nahm auf ihrem Sofa Platz.

»Erinnern Sie sich an den Millionenraub beim Überfall eines Geldtransports vor zwei Jahren, in Duisburg?«

»Vage. Das Geld wurde nie gefunden, glaube ich?«

»Nicht bis gestern.« Der Kommissar grinste. »Die Kollegen hatten einen Verdächtigen, einen Wim Strepers, konnten ihm aber nichts beweisen. Kurz darauf wurde er bei einem Tankstellenüberfall erwischt – manche Leute können den Hals nicht voll kriegen – und er landete im Gefängnis. Vom Geld gab es keine Spur. Er hatte es gut versteckt. In einem Waldstück bei Vluyn. Die Koordinaten hatte er wohl im Kopf. Im Gefängnis hat er sie auf einem Zettel notiert, verborgen in dem Soduko. Er fürchtete, sie zu vergessen, wollte das Papier aber nicht in der Zelle haben. Er hat es seiner ältesten Schwester bei einem Besuch anvertraut und ihr aufgetragen, es sicher zu verstecken. Die alte Dame hat den Zettel zusammengerollt in ihrer Stickerei versteckt – eine merkwürdige Idee...«

»Gar nicht, es ist eine alte Tra – «

»Dann wurde bei ihr eine beginnende Altersdemenz festgestellt und vor zwei Monaten zog sie nach Weeze, in ein Altersheim. Ihre Tochter ließ die Wohnung auflösen.«

»Von Herrn Kerkendonk.«

»Richtig. Niemand aus der Familie hatte es für nötig befunden, Strepers darüber zu informieren. Als er vor drei Wochen rauskam, und davon erfuhr, muss er ausgerastet sein. Danach hat er seine Schwester täglich im St. Petrusheim besucht, bis sie sich in einem hellen Moment erinnerte, wo sie den Zettel versteckt hatte. Über Kerkendonk ist er dann an Ihre Adresse geraten und hat seinen Neffen zu Ihnen geschickt, um das Teil zurückzukaufen.«

»Nein, das ist ja wie im Krimi! Und wann, denken Sie, werde ich den Gobelin zurückerhalten?«

Er verzog sein Gesicht. »Gar nicht, fürchte ich, Frau Theisen. Er wird vermutlich zusammen mit dem Zettel im Polizeimuseum landen. Es war immerhin ein Raub, der großes Aufsehen erregt hat und ein Verbrechen, das erst spät aufgeklärt wurde.«

Luise nickte. Sie hatte die unvollendete Quitte vor Augen.

»Aber, Frau Theisen, und nun halten Sie sich fest: Sie werden die Belohnung erhalten, die damals ausgesetzt wurde. Fünfzigtausend Euro!«

»Oh!«, machte Luise. »Oh!«

Der Kommissar verabschiedete sich. Zu spät fiel Luise ein, dass sie ihn nicht nach dem Namen von Strepers Schwester gefragt hatte und nach dem Dorf, in dem sie gewohnt hatte. Sie würde es nachholen.

Und nach dem Prozess, in dem der Gobelin als Beweisstück vorgelegt werden sollte, würde sie Hanneke

Kuerlis ins Polizeimuseum führen, ihr den Gobelin zeigen und den Zettel, den sie darin entdeckt hatte. Vielleicht würde ihr Fund gar in einer Fußnote der Dissertation erwähnt werden.

Möglicherweise sogar die unvollendete Quitte.

Garten-Tipps von Ute Hammond

Ich habe mir ein »Gartenhäuschen« gebaut, in dem ich bei sommerlichen Regenschauern gerne sitze, lese, sticke oder Musik höre. Es sieht so aus: Ein runder Gartentisch, in dessen Mitte in dem dafür vorgesehenen Loch ein Sonnenschirm steckt, über den ich ein großes rundes, knallgelbes Plastiktischtuch gebreitet habe. So wurde der Sonnenschirm zum Regenschirm und das Daruntersitzen zum wahren Vergnügen.

Unverzichtbar für mich ist ein schon älteres Gartenbuch, dessen praktische Ratschläge mir schon oft weitergeholfen haben und das ich nur empfehlen kann: »Im Garten zu Hause« von Margot Schubert. Ein antiquarisch noch erhältliches Standardwerk, das in vielen Auflagen erschien und sogar ins Englische übersetzt wurde.

Ulrike Rudolph

Die Ente im Pudding

Mein Magen rebelliert immer noch, obwohl er sich inzwischen anfühlt wie eine umgekrempelte Socke und mein Kopf einem Steinbruch gleicht.

Die Presslufthämmer darin übertönen meine leisen Orientierungsversuche. Immer wenn ich zu ahnen beginne, was wirklich zu den verhängnisvollen Ereignissen geführt hat, schiebt sich der Schmerz dazwischen wie Geröll. Ich starre auf meine Finger. Die wenigstens sind sauber, keine dunklen Monde unter den Nägeln. »Trauerränder«, hat meine Mutter früher immer lachend gesagt, »die braucht ein gesundes Kind wie den Sand zwischen den Zehen.«

Ein Trost, aber nur ein kleiner. Der Tisch in diesem kahlen Raum ist ebenso ordentlich wie meine Hände sauber sind. Er fühlt sich kalt und fremd an, was mir eigenartig tröstlich vorkommt. Durch das hoch oben in der Wand angebrachte Fenster fällt ein schmaler Streifen Licht auf den Linoleumfußboden. Es erinnert mich an das Meer, an die Nordsee bei Regen, an kindliche Langeweile und eine lachende Mutter. Ich atme tief ein, wie ich es dort immer getan habe, um den Salzgehalt auf den Schleimhäuten zu fühlen, klebrig und doch angenehm pelzig, nehme hier jedoch nur einen Hauch von Desinfektionsmittel wahr, halte den Atem einen Augenblick an, als könne ich das, was gleich geschehen wird, hinauszögern. Beim nächsten Atemzug öffnet sich die Tür in der mir gegenüberliegenden Wand. Ein Typ wie ein Waffenschrank hält sie auf, so dass meine Mutter an ihm vorbei eintreten kann. Wir sehen uns in die Augen und sind - sprachlos.

Eigentlich habe ich meine Mutter niemals sprachlos erlebt. Sie ist ein liebenswerter Mensch mit viel Herz für ihre »Mitkreaturen«, womit sie sowohl Mit-Menschen als auch Mit-Tiere und sogar Mit-Pflanzen meint.

Sprach ich sie auf ihre Trauerränder an, pflegte sie zu antworten: »Das sind Spuren unserer Urmutter, aus ihr kommen nicht nur die Kräuter, die auch dich, meine liebe Bea, immer wieder heilen, sondern auch du selbst entstammst ihr. Und zu ihr kehren wir auch zurück«.

Trotz oder gerade wegen ihrer alles liebenden Grundhaltung ist sie oft mein ganz persönlicher Albtraum. Das fängt damit an, dass sie Johanna heißt, sich aber auch heute noch - mit über fünfzig - als »Janis wie Joplin« vorstellt, als müsste sich jeder heute noch an die wilden 60er Jahre des verstrichenen Jahrhunderts erinnern. Diese Gesinnung trägt sie vor sich her wie Jeanne d'Arc das Banner des Dauphin, nur bin ich nicht ihre Thronfolgerin.

Meine Mutter hebt sich aber auch optisch gerne von der Masse der »Mitläufer« ab, wie sie den weitaus überwiegenden Teil der Menschheit nennt, der sich nicht regelmäßig auf schamanische Reisen à la Carlos Castaneda begibt oder wenigstens hin und wieder sein Bewusstsein mit Meskalin oder Magic Mushrooms erweitert.

Und Mutter liebt Gewänder, unter denen sich bequem und unbemerkt mehrere Kleinkinder verbergen könnten, obwohl sie mit einssechzig eher klein und zierlich ist. Immer wenn ich ein Foto der Jesusfigur auf dem Corcovado in Rio de Janeiro sehe, muss ich an meine Mutter denken. Und ihre Kleidung riecht so natürlich, als lebten die Schafe in ihren Socken weiter. Als Kind habe ich manchmal das Ohr auf ihre Füße gelegt, und gelauscht, ob ich ein »Määh« höre. Ihre Sandalen duften so, als wachse der Hanf darunter wenigstens noch ein kleines bisschen weiter und der Lavendelbeutel, der zwischen ihren Brüsten baumelt, lockt immer noch die Honigbienen und mitunter andere, männliche Schleckermäuler an.

Das gefällt ihr recht gut, denn seit mein Vater uns verlassen musste, weil er mir das Schreiben mit der linken Hand abgewöhnt hat, obwohl Mutter mit ihm ausdiskutiert hatte, wie schädlich das für meine Entwicklung sein würde, seit damals lebten wir allein in einer winzigen Dreizimmerwohnung in Köln-Nippes, nur gelegentlich und sehr vorübergehend besucht von einem »Dieter«, »Manfred«, »Miguel« – oder wie sie hießen. Onkel musste ich sie niemals nennen.

»Die bürgerliche Ehe ist nur etwas für Spießer. Ich bin ein freier Geist und du solltest das auch werden«, sagte sie mir öfter, als ich es hören wollte, obwohl so oft dann auch wieder nicht, weil sie ja immer wieder auf spirituellen Paddeltouren in Oberbayern oder Hexenkräuterkursen in Moldavien war, während irgendeine Freundin mich versorgte.

Recht machen konnte ich es ihr nie, obwohl sie doch immer so offen tat und alles ausdiskutierte. Wie oft haben wir – als ich noch klein war – darüber geredet, dass ich meine naturbelassenen Espandrillen gerne verkehrt herum anzog, ebenso wie meine Latzhose und die ungebleichten T-Shirts. Ich tat das absichtlich, auch wenn mich der Latz im Rücken in eine unnatürlich nach hinten gebogene Haltung zerrte, während mir das T-Shirt vorne die Luft abschnitt, und auch die Schuhe zog ich nur zum Spaß falsch herum an und nicht, wie Mutter immer behauptete, weil ich als »aberzogene Linkshänderin« die Seiten zwangsläufig verwechseln musste. Das habe ich meistens ganz gut im Griff. Aber richtig akzeptiert hat Mutter nie, dass ich nicht so war wie sie.

Daher war es für uns beide eine Erleichterung, als ich nach der Schule auszog, auch wenn selbst das nicht völlig harmonisch verlief. Mutter wollte mir zum Abi eine Reise schmackhaft machen, auf der ich herausfinden sollte, was für mich und mein Leben wirklich wichtig war. Sie dachte dabei unter Garantie an Selbsterfahrung, Literatur und

Kunst. Aber ich wusste ja bereits, dass ich etwas Seriöses wollte, keine Weltreise und schon gar nicht in einen Ashram in Indien. Ich wollte Jura studieren, und das tue ich auch, seit sechs Semestern. Ist zwar nicht gerade spannend, aber immerhin besser, als orientierungslos durchs Leben zu taumeln und auf jeden vorbeifahrenden Zug zu springen, der nur irgendeine neue persönliche Bereicherung verspricht.

Ich bin also vor drei Jahren in das Studentenwohnheim in der Biggestraße gezogen, weil das billig ist. Schließlich hat Mutter wenig Geld, weil sie als gelernte Heilpraktikerin mit ihren zahlreichen Wachstumsprojekten doch eine sehr sporadische Klientel bedient, die überwiegend aus ihren engsten Freunden besteht. Über die Motive aller Beteiligten habe ich mir schon oft Gedanken gemacht: Lassen sie sich von Mutter mit Kräutertropfen, -tinkturen und -tees versorgen, weil sie Mitleid mit ihr haben? Oder glauben sie wirklich an die Heilkraft ihrer Mischungen?

Ich selbst bin da eher skeptisch, nachdem ich als Erwachsene kurz vor dem Abitur ermessen konnte, was die Bachblütentinktur »Notfalltropfen« anrichten konnte: Der hohe Alkoholgehalt allein, unabhängig von den enthaltenen Blütenextrakten, nahm sicherlich einen Großteil jeglicher Angst, konnte Kindern allerdings wohl auch den Weg zur Sucht ebnen. Mir hatte Mutter diese Tropfen schon als Kleinkind regelmäßig gegen jede Art von seelischem Unwohlsein pur verabreicht, ohne sich Gedanken über mögliche Spätfolgen zu machen.

Zum Glück bin ich ein ziemlich gefestigter Mensch. Und engstirnig bin ich auf keinen Fall, ich bin auch im Bezug auf meine Mutter bereit, mich bekehren zu lassen. Dass ihre Thujatinktur nicht nur übel riecht, sondern auch meine Fußwarzen nach nur zwei Monaten Bepinseln zum Verschwinden gebracht hat, was der Schulmedizin in jahrelangem Bemühen nicht gelungen ist, das hat mich schon beeindruckt und zum Nachdenken gebracht. Tat ich

Mutter vielleicht doch Unrecht? War sie kein verdrehter Alt-Hippie, sondern besaß fundierte Kenntnisse?

Diese Frage stellte ich mir auch vor ein paar Tagen, als sich meine Schützlinge Telse und Torsten vor dem Computer über ihre Eltern unterhielten. Ich betreute die beiden seit jetzt fast drei Jahren und liebte sie wie kleine Geschwister. Damals hatte die fünfjährige Telse auf der Driving Range einen Querschläger ihres Vaters an den Kopf bekommen und sich geweigert, jemals wieder einen Golfplatz zu betreten, nachdem sie aus dem Krankenhaus entlassen worden war. Ihr nur ein Jahr älterer Bruder hatte sich sofort auf ihre Seite geschlagen. Als man mich eine Woche später als Babysitterin engagierte, konnte ich noch immer die tiefblau verfärbte Beule an Telses rechter Schläfe erkennen, die an den Rändern ins Grünliche changierte. Das Bild hat sich mir eingeprägt und es erscheint immer dann vor meinem geistigen Auge, wenn wieder ein Golfwochenende bevorsteht wie gerade neulich.

Vor drei Jahren erklärte mir das Ehepaar von Bloom, dass man neben der Arbeit viel Zeit auf dem Golfplatz verbrachte, verbringen musste, weil die Berufe dies erforderten. Herr von Bloom stammte aus einer alten Hamburger Reedereidynastie und war als Unternehmensberater nach Köln gekommen. Seine Gattin arbeitete als Immobilienmaklerin, zwar angestellt, aber auch sie musste viel akquirieren. Und auf dem Golfplatz lösten sich nicht nur Nackenverspannungen und morsche Schulter-, Hüft- und Kniegelenke, sondern auch verhärmte Gemüter und verschlossene Geldbeutel der potenziellen Klientel.

In den vergangenen drei Jahren waren mir Telse und Torsten sehr ans Herz gewachsen, erlitten sie doch ein ganz ähnliches Schicksal wie ich selbst es erfahren hatte, auch wenn die Umstände so ganz andere waren. Ich verbrachte oft mehrere Tage in der Jugendstilvilla in der Mathias-Schleiden-Straße in der Nähe der Flora. Ein eigenes Zimmer hatte ich dort, sodass ich eigentlich dort hätte leben können, doch das bot man mir nicht an, obwohl ich gerne ständig bei den Kindern gewesen wäre. Den von Blooms fehlte auch nach etlichen Jahren in Köln einfach die rheinische Fröhlichkeit und Leichtigkeit, sie waren und blieben hanseatisch-kühl mir gegenüber. Mir machte das nichts aus, denn sie waren ja selten da. Selbst die Kindergeburtstage verbrachten Telse und Torsten mitunter alleine mit mir. Mir steht kein Urteil darüber zu, aber bedenklich erschien das sogar meiner Mutter.

Zu seinem letzten Geburtstag hat Torsten einen PC bekommen mit einem Harry-Potter-Spiel. Seitdem habe ich noch mehr Zeit für mein Studium, eigentlich mehr, als ich brauche. Viel lieber spiele ich mit den Kids im Garten, lese ihnen aus sämtlichen Bänden ihrer Lieblingslektüre Harry Potter vor oder spiele auch schon mal am PC mit.

Vor ein paar Tagen also habe ich von der Tür aus zugehört, wie sich die beiden unterhielten. Sie saßen eng beisammen vor dem Bildschirm und Torsten hämmerte aufgeregt auf den Pfeiltasten herum, während auf dem Monitor ein Quidditch-Spiel seine gesamte Aufmerksamkeit absorbierte wie ein schwarzes Loch.

»Hast du meine Ohrschützer gesehen, die rosanen?«, fragte Telse.

»Ist doch viel zu heiß für Ohrschützer, du Triene, wir haben Mai«, antwortete Torsten.

Ich fragte mich, was Telse wohl mit den Ohrschützern wollte, die in ihrer Kommode, zweite Schublade von unten, ganz links lagen.

»Ich brauch sie ja nicht gegen die Kälte.«

»Wozu dann?« Torsten vollführte ein riskantes Flugmanöver und wich dem Quaffel nur mit Mühe aus. Er stöhnte.

»Alraunen, meinst du, die gibt es hier?«, fragte Telse weiter.

»Du meinst diese Schrumpelmännchen, die in der Erde wachsen?«

Telse nickte. »Das sind doch Wurzeln, die kreischen, wenn man sie aus der Erde zieht.«

»Oh Mist«, schrie Torsten und starrte auf den Bildschirm, wo ein Besen mit einer flatternden Gestalt zu Boden trudelte, »jetzt ist Harry abgeschmiert! – Was willst du denn mit einer Alraune? Ist Jerry versteinert?«

Ich folgte dem Blick beider Kinder in die Ecke, in der der Käfig mit Telses Meerschweinchen stand. Jerry stand am Gitter und bettelte pfeifend um Aufmerksamkeit.

»Nein, aber heute in der Schule haben wir eine Geschichte gelesen.«

»Ja und? Was hat das mit Alraunen zu tun?«, fragte Torsten.

Telse errötete leicht. »Ja, also die Frau Meierding hat gesagt, wir sollen ‚nicht so am Text kleben', glaub ich, hat sie gesagt, also nicht alles wörtlich nehmen – oder so. Oft meinen die, die das schreiben, was ganz anderes.«

Ich verhielt mich mucksmäuschenstill und war gespannt, worauf dieses Gespräch hinauslief.

»Meinst du so was wie: Alraune bedeutet Meerschweinchen?« Torsten sah die Schwester zweifelnd an.

»Ach Quatsch, du Blödi. Ver-stei-ner-ung meine ich. Wie in dieser Weihnachtsgeschichte, du weißt schon, mit diesem bösen Kerl, Scrooge oder wie der hieß. Der war auch versteinert, sein Herz jedenfalls, das hat Bea uns doch vorgelesen. Das meine ich.«

Torsten sah Telse verständnislos an. »Aber der Scrooge war doch gar nicht in echt versteinert, so wie die Katze vom Hausmeister in Harry Potter.«

Ich sah Telse nicken, während sie geduldig antwortete, sie machte einen entschlossenen Eindruck. »Misses Norris heißt die Katze und sie war genauso versteinert wie die Hermine, also in echt. Und dagegen hilft Alraune als Gegengift, erinnerst du dich?«

Torsten nickte und richtete sich auf. Sein Mund stand einen kleinen Spalt offen, als die Schwester weitersprach.

»Und wenn die Versteinerung jetzt so anders gemeint ist, wie bei Scrooge? Wenn nur ein versteinertes Herz gemeint ist?« Telse machte eine Pause und starrte auf ihre Zehen, die sich in den rosafarbenen Socken vorsichtig spreizten.

»Du meinst – wie bei Papi und Mami?« Ich musste mich vorbeugen, um Torstens ansonsten kräftige Stimme verstehen zu können.

»Ja«, Telse schluchzte auf, „»ich halt das nicht mehr aus.«

Ich muss mich wohl gerührt haben, jedenfalls sprangen beide Kinder auf und kamen auf mich zu gerannt. Ich konnte mich noch gerade vor den Türrahmen stellen, um sie beide sicher in die Arme zu schließen.

»Was ist denn hier los?«, rief ich munter in dem Bemühen, die Stimmung zu retten. Ein untauglicher Versuch, wie sich sofort herausstellte.

»Bea, du musst uns helfen. Wir brauchen Alraune. Unbedingt«, forderte Telse und löste sich aus meiner Umarmung. Auch Torsten war zurückgetreten und sah mich erwartungsvoll an.

»Und verratet ihr mir auch, wozu?«

Das bevorstehende Wochenende im Golfhotel Tillmann's Bunker bei Schloss Moyland versprach genauso langweilig zu werden wie die vielen anderen Wochenenden zuvor, die die Kinder mit mir in abgelegenen Gegenden in zwar luxuriösen, aber völlig kinderunfreundlichen Hotels verbringen mussten. Das Ehepaar von Bloom würde wie üblich direkt nach dem Tee, den die Kinder ihnen ans Bett bringen durften, und einem gemeinsamen Frühstück auf den Golfplatz und abends in die Bar verschwinden, während wir uns mehr schlecht als recht amüsieren würden. Die Kinder litten sehr darunter, dass ihre Eltern nie Zeit für sie hatten, und ich hatte dieses heikle Thema schon mehr als einmal vorsichtig zur Sprache gebracht, um Herrn und Frau von Bloom zur inneren Umkehr zu bewegen.

»Wir müssen schließlich das Geld für den hohen Lebensstandard dieser Familie und für Ihren Job aufbringen, dafür müssen eben alle Opfer bringen«, war die übliche Antwort.

Nun zogen Torsten und Telse mich auf den Teppich und ich erfuhr von der letzten großen Enttäuschung. Schulfreunde würden am Sonntag einen Tagesausflug in den Familienpark Kernwasser Wunderland Kalkar unternehmen und die Eltern von Bloom hatten ihr Okay zu einem Ausflug dorthin gegeben. Mich hatten Telse und Torsten damit überraschen wollen. Aber an diesem Morgen hatten ihnen ihre Eltern eröffnet, dass aus dem Ausflug nun doch nichts werden würde, weil am Sonntag die Turnierabschlussfeier sei und die Kinder dabei zu sein hätten.

»Das ist so ungerecht! Sie hatten es uns doch versprochen!«

»Immer ist alles wichtiger als wir!«

»Die haben uns gar nicht lieb!«

Die Stimmen der beiden überschlugen sich und es liefen Tränen. Schon oft hatte ich Enttäuschungen miterlebt und ausbügeln müssen, aber so aufgebracht wie jetzt hatte ich die beiden noch nicht erlebt. Ich schlug einen Zoobesuch vor, das half immer, aber diesmal waren Telse und Torsten nicht abzulenken.

Abends fuhr ich zu meiner Mutter.

»Bea, Liebes, tritt ein.« Sie breitete die Arme aus wie der Jesus von Rio de Janeiro und entschwebte – ohne mich umarmt zu haben – in Richtung Küche, einen Duft von Kernseife und mir unbekannten Kräutern hinter sich herziehend. Von etwa zehn quer durch den Raum gespannten Leinen hingen etliche traurig wirkende Kräuterbündchen herab. Diese für mich neue Installation erinnerte mich an ein Spiel aus Kinderzeiten: Bei Freundinnen gab es Fädenziehen. Ich hatte das Spiel geliebt, weil es nur Gewinner gab. Aber an den Fäden in Mutters Küche hingen keine Geschenke, sondern Heilkräuter. Der Duft war betäubend, was mich gleich auf mein Anliegen brachte.

»Du hast Glück, Bea. Im Schloss Moyland gibt es einen Kräutergarten, den ich schon oft alleine oder auf Fachexkursionen besucht habe. Er ist nicht nur hübsch, das sind ja fast alle diese Gärten, nein, er ist wunderbar geordnet. Im Kräutergarten von Schloss Moyland findest du beschriftete Beete und du musst dich nur um das der Hildegard von Bingen kümmern.«

Ich lauschte aufmerksam. Mutter war in ihrem Element.

»Alraune darfst du natürlich nicht nehmen, die ist wirklich gefährlich. Nicht, weil sie schreit, obwohl auch das noch im Anholter Kräuterbuch von 1470 steht. Merke dir: Die Alraune ist giftig und absolut tabu. Sie steht sicher in dem Giftbeet, aber das wirst du gar nicht brauchen. Für eure Zwecke würde ich eher zu ‚Agrimonia empatoria' raten. Das kennen wir aus der Bachblütentherapie als Odermennig, aber für eure Zwecke müsst ihr es natürlich viel stärker dosieren. Im Hexenhandbuch wird es auch ‚Umkehrkraut' genannt. Das ist ein völlig ungefährliches Heilkraut, das schon die große Hildegard zu schätzen wusste.« Sie entschwebte und kam mit einem Wälzer zurück, der schon mindestens fünf Bürgerkriege hinter sich haben musste, und blätterte darin.

»Ach, Mutter, lass nur, dein Wort reicht mir . . .«, sagte ich zaghaft.

Sie hielt inne und sah mich an: »Ich wollte dir nur rasch zitieren, welche Erfahrungen Hildegard mit Agrimonia gemacht hat, damit du siehst, dass dies das Mittel eurer Wahl ist.«

»Ach, ich glaube dir auch so. Aber kann es uns wirklich

helfen? Und auch so schnell, dass wir vielleicht doch noch am Sonntag diesen Ausflug machen können?«

Mutter lächelte ihr strahlendes Lächeln und breitete die Arme aus. »Liebste Bea, du möchtest den Kindern zeigen, dass wenigstens du sie ernst nimmst und ihnen helfen willst. Das tust du hiermit. Und oft hilft schon die erste Tasse Tee, habe ich mir sagen lassen. Andererseits, wenn es nicht funktioniert, was habt ihr zu verlieren? Dies sind Heilkräuter, die können keinen Schaden anrichten.«

Sie hat Recht, dachte ich, Hauptsache, die Kinder erfahren, dass sich einer um sie sorgt.

Mutter gab mir Fotos der Pflanze mit und Tipps für die Zubereitung, ermahnte mich grundsätzlich zur Vorsicht, und auch, mich nicht erwischen zu lassen. »Die sind dort echt pingelig. Als ich mich bückte, um meinen Schuh zuzubinden, stand schon eine Aufseherin neben mir.«

Am folgenden Freitag fuhren wir gleich nach der Schule in Richtung Niederrhein. Kurz hinter Düsseldorf fing die Landschaft an, sich in langgestreckten Kleinsterhebungen auszubreiten wie eine unordentlich gearbeitete Pizza. Gegen sechzehn Uhr erreichten wir das Hotel. Frau von Bloom ließ uns unser Zimmer zeigen: ein großes Doppelzimmer mit einem separaten Beistellbett für mich. Die Kinder waren aufgeregt, sie drängten darauf, in den Kräutergarten von Schloss Moyland zu kommen.

Es war ein milder, sonniger Nachmittag, sodass wir den kurzen Weg vom Hotel zum Schloss zu Fuß zurücklegten. Ich nutzte die Gelegenheit, mich mit den örtlichen Gegebenheiten vertraut zu machen, für den Fall, dass es mir nicht gelingen sollte, Agrimonia schon jetzt zu ernten. In dem kleinen Souvenir- und Kräuterladen links vom Besucherzentrum versuchte ich mein Glück zuerst, aber dort kannte man kein Umkehrkraut. Also folgte ich den Kids Richtung Schloss. Wir erwarben unsere Eintrittskarten und folgten dem Weg durch die tiefer gelegenen Rasenflächen mit verstreuten Skulpturen auf das Haupttor des Geländes zu, bogen vor dem Schloss nach links ab, überquerten hinter dem Gastronomieflügel die Brücke über den Schlossgraben und sahen rechts vor uns in Rasenflächen eingebettet die so genannte »Kräuterey«. Ein kräftiger Hauch von Basilikum umschmeichelte unsere Nasen.

»Pesto«, strahlte mich Torsten an, und tatsächlich, dieser Duft wurde von der Restaurantterrasse zu uns herübergeweht. Wir umrundeten eine mächtige Buche. Es klang, als würden sämtliche Sänger des Kinderliedes darin Hochzeit feiern. In einiger Entfernung links vom Kräutergarten schmückte etwas den makellosen Rasen, das aussah wie ein Riesenkrokodil aus Holz.

»Wollt ihr euch das nicht mal aus der Nähe ansehen, während ich in die Kräuterey gehe?«

Den Kräutergarten hatte ich mir größer vorgestellt. Er erstreckte sich über etwa ein Viertel eines Fußballfeldes und lag quer zwischen dem Schloss und der angrenzenden Bundesstraße. Die Kräuterey war von einem Zaun und einer Nussbaumhecke umgeben, die mir bis zum Bauchnabel reichte. Es war gar nicht so einfach, zwischen den vielen Besuchern meinen Weg zu dem richtigen Beet der Hildegard von Bingen zu finden. Kleinkinder wuselten mir um die Beine und wurden von ihren Eltern ermahnt, keine Kräuter in den Mund zu stecken. Meine beiden turnten in der Ferne fröhlich auf dem Krokodil herum und schienen für den Moment ihren Kummer vergessen zu haben.

Der Kräutergarten bestand aus viermal vier Beeten. Der Mittelgang umschloss ein kleines rautenförmiges Beet. Aus einem Flugzeug würde es aussehen wie ein Nappo, das inmitten von acht Streichholzschachteln lag. Ich arbeitete mich systematisch von links nach rechts vor. Im zweiten Beet von links in der zweiten Reihe wurde ich schließlich fündig. Dies sei das Hildegard-von-Bingen-Beet, hatte mir ein Schild am Anfang der Reihe versichert. Um auch bei der Pflanze keinen Fehler zu begehen, zog ich das Foto, das Mutter mir gegeben hatte, aus der Tasche und verglich es verstohlen mit dem Original. Eindeutig: kleine leuchtendgelbe Blüten an langen Stängeln, Blätter, die denen der Brennessel ähneln, nur ohne Pelz – dies war unser Umkehrkraut.

Unauffällig blickte ich um mich und wartete auf einen günstigen Moment, doch tatsächlich waren so viele Leute unterwegs, dass sich mir keine Gelegenheit bot, zwei Pflanzen aus dem staudenartigen Busch zu entfernen. Auf den Bänken an den beiden Längsseiten des Kräutergartens saßen Familien und Paare und hatten freie Sicht auf mich. Von überall her konnte man sehen, was ich tat, selbst aus größerer Entfernung.

Ich richtete mich auf und folgte unserem Anmarschweg mit den Augen bis zu dem putzigen Zuckerbäckerschloss aus rotem Backstein, überall waren Spaziergänger unterwegs. Rechts und links von der Kräuterey dehnten sich makellose Rasenflächen in Golfplatzqualität, nur gelegentlich unterbrochen von Weghecken, Skulpturen oder einzelnen Bäumen, die meiner Mutter bestimmt eine jahrhundertelange Geschichte erzählt hätten. Ich hatte dafür weder ein offenes Ohr noch hatte ich einen offenen Blick für die Kunstwerke im Garten, erst recht nicht für das berühmte Joseph-Beuys-Archiv und die Sonderausstellungen im Schloss selbst.

Im Geiste machte ich mir Notizen zur Position unserer Pflanze. Ich zählte die Schritte bis zum Ende des Beetes – genau zwanzig. Sie stand direkt hinter der kleinen Buchsbaumhecke. Ich konnte sie nicht verfehlen.

Da ich bei meiner Rückkehr des Nachts nicht den Haupteingang würde nehmen können, weil dort hohe Mauern das Grundstück umgaben, eruierte ich anschließend die Möglichkeit, von der Rückseite des Kräutergartens her vorzudringen. Hinter einem schmalen Waldstreifen sah man Autos vorbeihuschen. Zur Straße hin gab es keinen Zaun und keine Mauern, was meinen Plan besiegelte. Lediglich ein kleiner, nicht allzu breiter Graben sicherte das Schlossgrundstück gegen Eindringlinge, aber der würde mir keine Probleme bereiten.

Zufrieden und beschwingt machten wir uns auf den Weg zurück zum Hotel. Die Kinder schienen unser Vorhaben schon vergessen zu haben. Ich war froh darüber.

Herr und Frau von Bloom verabschiedeten sich kurz nach dem gemeinsamen Abendessen in die Bar und ich brachte die beiden Kleinen bald nach acht Uhr ins Bett. Natürlich war ihnen der Plan wieder eingefallen, aber sie schliefen zufrieden ein, nachdem ich ihnen erzählt hatte, dass wir schon am nächsten Morgen etwas gegen die Versteinerung ihrer Eltern unternehmen würden.

Gegen elf Uhr nahm ich meine Taschenlampe, den Rucksack und die Schere und stahl mich aus dem Zimmer. Auf dem Flur hatte ich Glück und begegnete keiner Menschenseele. Die Hintertür war unverschlossen und ich schlüpfte hinaus in die Dunkelheit. Ich folgte der Bundesstraße bis zum Kreisel, an dessen phallusartigem Kunstmittelpunkt vermutlich selbst meine Mutter keine Freude gehabt hätte, umrundete ihn und marschierte Richtung Kleve weiter durch das knöchelhohe Gras. Meine Schuhe und Hosenbeine waren taugetränkt, und so machte ich mir nicht die Mühe, die Schuhe auszuziehen, um den Schlossgraben zu durchqueren. Der Mond schwamm am Himmel wie ein sich auflösender Kloß in der Brühe. Im milchigen Licht erkannte ich die Stelle, an der ich den Graben durchqueren wollte. Nur wenige Autos fuhren um diese Zeit die Straße entlang und so war es ein Leichtes, einen passenden Augenblick für mein Abtauchen zu wählen.

Leider war der Graben um etliches tiefer als ich erwartet hatte, sodass ich bis zur Brust in Wasser und Schlamm versank und Mühe hatte, mich zur anderen Seite durchzukämpfen. Mehrmals hätte ich einen Schuh fast an den saugenden Untergrund verloren. Ich fühlte mich wie ein Guerillero in lateinamerikanischen Sümpfen. In der Ferne schrie ein Raubvogel. Bei dem Versuch, mich mit Hilfe eines Astes aus dem Schlick zu ziehen und gleichzeitig die Kontrolle über meine Schuhe zu behalten, fiel meine Taschenlampe in den Graben, weil ich von dem aufsteigenden, faulig-feuchten Geruch einen Augenblick lang wie betäubt war. Das Mondlicht musste reichen, schließlich hatte ich meine geistigen Notizen.

Entschlossen stapfte ich weiter und folgte dabei meiner Nase. Der vom Schloss kommende Wind wehte eine Wolke ätherischer Düfte zu mir herüber. Diesmal dominierte das echte Basilikum, außerdem erkannte ich Lavendel und Thymian, der Rest ging unter und verlor sich in dem Schleier, der sich wie ein Nebelwesen mit dem Windhauch auflöste.

Aufmerksam lauschte ich, ob eventuell auch nachts Aufseher unterwegs waren. Ein sonderbares rhythmisches Schmatzgeräusch irritierte mich. Sobald ich stehen blieb, verstummte es, zu sehen war jedoch niemand. Meine Nerven surrten wie Hochspannungsdrähte. Ich hielt den Atem an und schlich weiter, bis ich bemerkte, dass meine eigenen Füße in den Schuhen dieses Geräusch verursachten. Ich atmete auf, rief mich zur Ordnung und setzte meinen Weg so flink fort, wie es bei meiner gebückten Haltung möglich war.

Weit und breit kein Aufseher und auch im Schloss schien alles ruhig, kein Lichtschein drang heraus. Ich huschte zum Tor des Kräutergartens, das jetzt verschlossen war, streckte mich und schwang meine feuchten Beine, eins nach dem anderen, hinüber, hielt kurz inne, um mich zu orientieren. Die Sicht war miserabel. War es das zweite oder das dritte Beet gewesen? Das zweite, ich erinnerte mich genau. Ich fand mein Ziel auf Anhieb, machte zwanzig Schritte und stand neben der Agrimonia.

Vorsichtig, um keinen größeren Schaden an der Pflanze anzurichten, setzte ich den linken Fuß in das Beet. Breitbeinig schwebte ich über dem Büschchen und schnitt sicherheitshalber drei Pflanzenstängel ab, die ich rasch in meinem Rucksack verstaute.

Bei dem Versuch, sportlich wieder aus dem Beet herauszukommen, rutschte mein nasser rechter Fuß leider so unglücklich im Schuh zur Seite, dass ich mit dem Po zwischen meine Füße sackte und mitten in der Pflanze landete. Auch mit der größten Mühe war an diesem Kraut nicht mehr viel aufzurichten. So schnell es meine feuchte Kleidung erlaubte, machte ich mich auf den Rückweg. Ich hörte mich an wie eine Ente im Pudding, und so fühlte ich mich auch.

Der Rückzug gestaltete sich komplikationslos, ich fand eine flache Grabenstelle, gelangte fröstelnd und glücklicherweise unbemerkt ins Hotel. Die beiden Süßen schliefen wie die Engel. Ich zerschnitt die Hälfte der Pflanzenstängel, ließ sie in unsere Edelstahl-Reiseteekanne rieseln, hängte noch zwei Beutel Pfefferminztee dazu, warf den kleinen Wasserkocher im Badezimmer an und huschte unter die Dusche. Anschließend goss ich etwa ein Viertel des kochenden Wassers in die Teekanne. So konnten die Kräuter bis zum Morgen ihre volle Wirkung entfalten.

Die nassen Schuhe stopfte ich mitsamt der Kleidung in einen Plastikkbeutel und entsorgte den in meine Reisetasche. Zufrieden kroch ich ins Bett und kuschelte mich ein. Ich dachte noch daran, wie ich am kommenden Morgen nur noch die Teekanne mit kochendem Wasser aufzufüllen brauchte. Dann konnten Telse und Torsten ihre Eltern noch im Bett mit dem Tee »überraschen«, wie sie es seit einer Golfwoche in Schottland immer taten, wenn wir gemeinsam unterwegs waren.

Am Morgen weckten mich die beiden um halb neun. »Hast du, hast du, hast . . . ?« sang Telse und titschte neben meinem Bett wie ein Flummi auf und ab. Ich lachte ein »Ja«, als Torsten aus dem Bad kam.

»Wasser läuft!«, meldete er und nahm Habachtstellung an.

»Perfekt, rührt euch!«, antwortete ich.

Kurze Zeit später schickte ich die beiden mit der Teekanne, zwei Bechern und Süßstoff ins Zimmer ihrer Eltern. Es war ein sonniger Morgen, Vogelgezwitscher drang durch das gekippte Fenster und der frische Pfefferminzduft wehte hinter den Kindern her wie das blaue Band des Frühlings. Ein harmonischer Tag, dachte ich noch, da würden sich Herr und Frau von Bloom bestimmt von ihren süßen Kindern und dem Umkehrkraut umstimmen lassen.

Ich lächelte sogar noch in Erinnerung an die Anspannung der letzten Nacht und dachte gerade: Was hätte mir denn schlimmstenfalls bei Entdeckung gedroht? Ich hatte ein paar Pflanzen gestohlen, um auf Kinder einzugehen, das war ein Spiel und mir drohte höchstens eine Strafe für Kräuterdiebstahl und Hausfriedensbruch.

Und ich erinnere mich genau, wie zufrieden und zuversichtlich ich mich noch einmal in die Kissen sinken ließ, als Torsten und Telse bleich wie Schichtkäse zu mir gerannt kamen.

»Komm, Bea, komm schnell zu Papi und Mami! Du musst ihnen helfen! Sie sind ganz krank!«

»Ihr bleibt hier«, ordnete ich an und rannte im Schlafanzug nach nebenan. Herr von Bloom lag neben dem Bett und krümmte sich. Ein krampfhaftes Röcheln drang aus seinen zusammengebissenen Zähnen. Frau von Bloom lehnte an der Rückwand des Bettes und presste mit beiden Händen ihre Brust zusammen. »Ei-nen Arzt – schnell», stieß sie hervor und sackte zusammen.

Ich rannte zum Telefon und drückte wahllos Knöpfe, bis ich die Rezeption dran hatte, dann ging alles sehr schnell: Arzt, Polizei, Spurensicherung.

Der Geruch von Desinfektionsmittel treibt mir die Tränen in die Augen. Zwischen Mutter und mir dehnt sich der Tisch wie ein zugefrorener See. Das Schweigen nimmt mir die Luft und die Presslufthämmer hämmern weiter.

»Mein Gott, Mutter!«, stoße ich schließlich hervor, um dem allem ein Ende zu machen. »Ich habe dir vertraut! Warum hast du mir die falsche Pflanze genannt? Ich verstehe das nicht!«

Mutter starrt mich an, als wäre ich eine Erscheinung, und reißt die Arme auseinander wie Jesus: »Mein Liebstes, Bea, was denkst du bloß? Das Hildegard-von-Bingen-Beet mit den Heilkräutern ist links, Bea, links! Die Spurensicherung hat deinen Poabdruck aber im Giftbeet gefunden, und das ist rechts!«

Schlagartig ist es totenstill in meinem Kopf. Hinter mir öffnet sich eine Tür.

»Ihre Zeit ist um«, höre ich eine Stimme neben mir. Ich sehne mich nach Papa.

Garten-Tipp von Ulrike Rudolph

Wenn ich im Spätsommer oder Herbst mal in den Süden komme, sehe ich mir gerne die regionalen Oleanderbüsche genauer an. Oft finden sich Pflanzen mit für unsere Breiten ungewöhnlichen Farben, etwa Weiß mit rosa Rändern oder aprikotfarben bis hin zu Blassorange. Diese Farben reizen mich sehr. Also verbringe ich noch mehr Zeit damit, in der Nähe dieser Büsche zu flanieren, um in einem unbeobachteten Augenblick die Samenhülsen abzuknipsen. Sie lassen sich problemlos im Rucksack oder in der Handtasche transportieren und sind unverwüstlich.

Im kommenden Februar – sie halten sich aber nahezu unbegrenzt – säe ich die Samen in kleine Töpfchen aus und päppele sie in einem Minigewächshaus auf. Nach etwa vier bis sechs Wochen können die Pflänzchen pikiert werden.

Wenn sie etwas kräftiger und vor allen Dingen größer, aber immer noch biegsam sind (das ist meist im Spätsommer oder im folgenden Frühjahr der Fall), pflanze ich jeweils drei mit ausreichendem Abstand (etwa 5 - 10 Zentimeter) in Kübel und beginne, sie um einen Mittelstab herum zu flechten.

Nach ein paar Jahren hat man ein wunderschönes Flechtstämmchen. Allerdings muss man die Seitentriebe sorgfältig abtrennen und die Wunden versorgen. Dafür gibt es spezielle Wundpflege im Pflanzenladen.

Martina K. Schneiders

Trudis Entscheidung

Vom Rhein erfrischte eine leichte Brise die erhitzte Augustluft. Der Strom lag in dieser Biegung in seiner ganzen Pracht da. Rolf Winkler liebte diese Stelle, das Knie des Stroms. Mit ein bisschen Fantasie konnte er sich von diesem Platz aus ans Meer träumen, zu Trudi.

Trudi, seine späte Liebe. Noch war sie in Griechenland. Sie müsse sich klar werden über ihre Zukunft, hatte sie gesagt und die sechs Wochen der Schulferien seien eine gute Zeitspanne, um mit ihrem bisherigen Leben abzuschließen und sich für ein neues zu entscheiden.

Rolf Winkler war sicher, sie würde sich für ein Leben mit ihm entscheiden. Auch wenn ihre Postkarte eher dürftig war: »Wunderschöne Grüße aus einem wunderschönen Land. Hier lässt es sich leben. Bis zum Wiedersehen. Vielleicht am Flughafen? Sei lieb gedrückt.«

Ein bisschen kurz, keine Anrede, kaum ein persönliches Wort. Sie wollte wahrscheinlich nicht zu viel schreiben, weil sie damit beschäftigt war, sich klar zu werden, was werden soll. Immerhin, sie hat geschrieben, dass sie ihn lieb drücke. Das ist doch schon was. In einer Woche würde er sie dann tatsächlich in die Arme nehmen und nie wieder loslassen.

Am Terminal C im Düsseldorfer Flughafen warteten viele Menschen auf die Maschine aus Kos, doch Trudis Mann oder ihre Tochter konnte er nirgends erblicken. Rolf Winkler hatte einen Strauß ihrer Lieblingsblumen aus seinem Garten zusammengestellt: Levkojen, Sonnenhut, Bartnelken, kurz, alle Blumen, die ihr seinen Garten so liebenswert machten. Was hatte sie noch gesagt, als sie das erste Mal bei ihm war? »Ich liebe Bauerngärten. Sie sind so fröhlich, so positiv und so ganz anders als diese merkwürdigen Exoten, die mein Mann hegt und pflegt.«

Plötzlich winkte ihm eine junge Frau zu: Sonja, Trudis Tochter – dann könnte ihr Mann auch hier sein. Ihm wurde mulmig.

Doch viel Zeit darüber nachzudenken hatte er nicht, da stand Sonja schon vor ihm. »Tag, Herr Winkler. Wollen Sie auch meine Mutter abholen?«

»Guten Tag, Frau Rollfert. Ja, ich dachte mir, sie würde sich vielleicht freuen, aber jetzt, wo Sie und sicher auch Ihr Herr Vater hier sind, gehe ich wohl besser wieder. Würden Sie Ihre Mutter bitte von mir grüßen?«

»Bleiben Sie doch, Herr Winkler. Mein Vater ist nicht hier. Es würde mich wundern, wenn er überhaupt mitbekommen hat, dass die sechs Wochen schon rum sind.« Sie plapperte unbefangen weiter: »Sie müssen meine Mutter ja mächtig durcheinander gebracht haben. Sie ist so mit sich und der neuen Situation beschäftigt, dass sie nicht mal geschrieben, geschweige denn angerufen hat. Hoffen wir, dass sie jetzt wieder mit sich im Reinen ist."

»War sie das nicht?«

»Wissen Sie, fünfundzwanzig Jahre Ehe kann sie nicht so einfach hinter sich lassen. Aber mein Vater macht es ihr leicht.«

»Oh, ich dachte, eher das Gegenteil.«

»Nein«, sie lachte, »leicht im Sinne von, dass er immer mehr zum Ekel mutiert. Mein Vater interessiert sich nicht mehr für seine Mitmenschen, nur noch für sein Hobby.«

»Das tut mir leid.«

Sie lachte schon wieder: »Sie Heuchler. Sehen Sie, die ersten Passagiere kommen schon aus dem Zoll.«

Fünfundvierzig Minuten später standen sie immer noch in der Wartehalle. Die letzten Passagiere verließen mit Freunden und Verwandten den Terminal, aber von Trudi keine Spur. Sonja kramte einen Zettel aus ihrem Umhängebeutel. »Das verstehe ich nicht. Sie hatte es mir aufgeschrieben: Flug AB 6389 am 6. August, Ankunft 14.20 Uhr. Das ist doch der Flug.«

»Selbstverständlich ist er das. Ob sie ihn verpasst hat?«

»Dann hätte sie sich doch gemeldet.« Sonja holte ihr Mobiltelefon heraus, schaute auf das Display, nein, ihr war im Lärm der Ankunftshalle keine Nachricht entgangen.

»Vielleicht gab es Probleme. Griechenland, wissen Sie...«, meinte Rolf Winkler und schlug vor, bei der Fluggesellschaft nachzufragen.

Die Dame am Schalter konnte keine Buchung auf den Namen Gertrud Rollfert feststellen, auch nicht für einen früheren noch einen späteren Flug. Keine Buchung auf Trudi Rollfert? Das konnte doch nicht wahr sein?

Sonja versuchte Rolf Winkler am Handgelenk hinter sich herzuziehen. »Kommen Sie, wir fahren zu meinem Vater. Vielleicht weiß der etwas.«

Er machte sich los. »In diesem Fall ist meine Anwesenheit sicher nicht erwünscht. Bitte rufen Sie mich an, wenn Sie etwas erfahren.« Dabei knetete er die Stängel des Blumenstraußes. »Trudi, ich meine, Ihrer Mutter, wird doch nichts passiert sein?«

»Das wollen wir nicht hoffen. Ich ruf' Sie an.«

Am nächsten Morgen saßen Sonja Rollfert und Rolf Winkler auf dem Polizeipräsidium am Jürgensplatz und meldeten Trudi Rollfert als vermisst.

»Frau Gertrud Rollfert, dreiundfünfzig Jahre alt, ein Meter und sechzig Zentimeter, schlank, circa zweiundfünfzig Kilogramm schwer, Schuhgröße sechsunddreißig, kurze graue Haare, grau-blaue Augen. Zuletzt bekleidet?« Der Polizist, der die Vermisstenanzeige aufnahm, schaute fragend.

Beide zuckten mit den Schultern, woher sollten sie das wissen?

»Warum melden Sie Frau Rollfert eigentlich als vermisst

und nicht ihr Ehemann?«, wollte er von Rolf Winkler wissen.

Sonja kam ihm zuvor: »Er ist ein Freund und Kollege meiner Mutter. Mein Vater macht sich keine Sorgen. Er meinte, sie habe ihm gegenüber angedeutet, dass ihr hier alles über den Kopf gewachsen sei und sie darüber nachdenke, sich einen Jugendtraum zu erfüllen. Völlig absurd.«

Der Polizist grinste vielsagend: »Nun, könnte es nicht vielleicht wirklich sein, dass ihre Mutter sich abgesetzt hat?«

Rolf Winkler schaltete sich erregt ein: »Frau Rollfert hat mir eine Karte geschrieben, auf der sie vom Wiedersehen spricht. Nie im Leben wollte sie für immer fort bleiben.«

»Ach, Ihnen hat sie geschrieben?« Sonja Rollfert schien überrascht.

Rolf Winkler beschwichtigte: »Ja, nur eine Karte, wenige Worte, aber immerhin. Es war ein kleines Zeichen des aneinander Denkens.«

Sonja wandte sich wieder an den Polizisten: »Was mein Vater erzählt, ist Unsinn. Meine Mutter würde unser Haus nie einfach so verlassen, es ist ihr Elternhaus! Sie liebt dieses Haus. Sie liebt nur das nicht, was mein Vater daraus gemacht hat.«

Etwas später saßen die beiden einem Kommissar gegenüber, der sich genau erklären ließ, wann die beiden Trudi Rollfert zum letzten Mal gesehen hatten, was genau sie gesagt hatte und warum sie nach Griechenland gefahren sei.

»Meine Mutter wollte nachdenken. Sie war schon einmal auf dieser kleinen Insel. Eine Woche mit meinem Vater. Das ist aber schon lange her. Sie hat sich damals in diesen Ort verliebt und hat immer gesagt, eines Tages will sie mal die kompletten Sommerferien dort verbringen. Das war ihr Traum. Aber es waren nur die Schulferien, nicht der Rest ihres Lebens, davon war nie die Rede. Ihr muss irgend etwas zugestoßen sein. Vielleicht liegt sie im Krankenhaus, ein Unfall oder so. Das muss doch festzustellen sein.« Die letzten Worte schrie Sonja fast. Die Ruhe des Kommissars machte sie ganz krank. Er sollte endlich irgend etwas unternehmen.

Und tatsächlich, endlich geschah etwas. Kommissar Gunders wandte sich seinem jungen Kollegen zu und beauftragte ihn, bei der Fluggesellschaft und dem Reiseveranstalter nachzuhören, ob Trudi Rollfert vor sechs Wochen in Griechenland angekommen sei. »Und Sie Herr Winkler, teilen Sie die Auffassung von Frau Rollfert?«

»Herr Kommissar, ich bin ganz sicher, dass sie zurückkommen wollte. Wir hatten Pläne geschmiedet. Ich will in meinem Garten einen Kompostplatz einrichten, wir wollten gemeinsam neue Beete gestalten, und wir haben sogar schon ein Hügelbeet angelegt. Sie wollte ganz sicher zurückkommen, Herr Kommissar.«

Er wurde von dem jungen Kollegen des Kommissars unterbrochen: »Herr Gunders, die Reisegesellschaft hat die Buchung bestätigt, aber Frau Rollfert hat die Reise nie angetreten.«

Als Gunders und Schubert bei Werner Rollfert in der Erich-Klausener-Straße klingelten, saß dieser gerade an dem großen Tisch in der Essecke seines Wohnzimmers und betrachtete liebevoll einen Stapel Fotos.

Seine *Nepenthes rajah* waren wirklich ungewöhnlich prächtige Exemplare: Kannen mit fast fünf Liter Gesamtvolumen und zwei Liter Verdauungssekret. Prächtige Gewächse. Solche Züchtungen gelangen kaum mal in botanischen Gärten, aber er hatte es geschafft.

Es läutete schon wieder. Er hörte die schrille Stimme der Nachbarin: »Der muss da sein. Der ist nicht weggegangen.« Schritte entfernten sich. Die Alte hatte sie also nicht überzeugt. Das war gut. Er konnte weiter ungestört über seinen Unterlagen brüten. Doch sie gab offenbar nicht auf, ihr Diskant kreischte in seinen Ohren: »Ich weiß das. Ich wohn' ja direkt daneben. Da müssen Sie mehrmals klingeln, sonst macht der nicht auf.«

Es läutete tatsächlich noch mal. Wie er es hasste, in den Vorbereitungen für seinen großen Vortrag gestört zu werden.

»Sie wünschen?«

Gunders und Schubert hielten ihre Ausweise hoch und baten darum, hereinkommen zu dürfen.

»Ach, hat meine Tochter sie rebellisch gemacht. Dass sie so weit gehen würde, hätte ich nicht gedacht.« Er drehte ihnen den Rücken zu und ging zurück ins Wohnzimmer. Die Beamten folgten ihm und hatten Mühe, ihre Augen an die Dunkelheit zu gewöhnen.

»Herr Rollfert, ihre Frau ist in Griechenland niemals angekommen.«

Er drehte sich langsam um, überlegte offenbar einen Moment und sagte dann: »Sie wird ein anderes Ziel gewählt haben. Sie ist in ihrer Planung immer sehr korrekt. Dann war Griechenland eben ein Ablenkungsmanöver.«

»Machen Sie sich eigentlich keine Sorgen um ihre Frau, Herr Rollfert?« Kommissar Gunders staunte über das Desinteresse von Rollfert.

»Wissen Sie, Herr Kommissar, meine Frau und ich, wir leben jeder unser eigenes Leben. Ich lebe für meine Pflanzen, sie sind mein Ein und Alles«, dabei wies er auf ein großes beleuchtetes Terrarium, das auf der Fensterbank stand. »Eine Leidenschaft, die meine Frau leider nicht teilt. Meine Frau lebt für ihr Vergnügen, Reisen oder auch, neuerdings, als ein Beweis, dass sie noch attraktiv ist, eine kleine Liebschaft hier und da. Aktuell ist es ein Kollege, Herr Winkler, um genau zu sein, ein Bio-Gärtner. Netter neuer Spielgefährte für meine Frau, aber, wie sie mir vor dem Urlaub gestand, nervt er sie bereits. Er ist wohl rasend eifersüchtig. Er wird also bald abgelegt sein.«

Betont beiläufig fragte Kommissar Gunders: »Ihre Frau

hat mehrere Liebschaften?« Dabei beugte er sich mit dem Kollegen Schubert über das Terrarium.

»Nun, so genau bin ich da nicht informiert, aber ich denke mir, dass der eine oder andere Verehrer vorhanden ist. Meine Frau wirkt auf reifere Herren nicht ganz unattraktiv. Aber das ist alles nichts Ernstes.« Rollfert stand nun neben ihnen.

»Venusfalle?«, fragte Schubert.

»Sie kennen sich aus?«

»Das wäre zu viel gesagt, aber sie sehen interessant aus.«

»Nicht wahr? Diese hier beispielsweise ist eine *Dionaea muscipula*. Sie ernährt sich von lebenden Insekten.«

»Und die dahinten?« Schubert zeigte auf eine Pflanze, mit lilafarbigen, fedrigen Tentakeln.

»Das ist eine *Drosera capensis*, ein subtropischer Sonnentau. Ein sehr apartes Gewächs. Meine Lieblinge sind aber die *Nepenthes*, die Kannenpflanzen. Schauen Sie hier ...«

»Darf ich die Fachsimpelei der Herren vielleicht unterbrechen?« Gunders schaute seinen jungen Kollegen missbilligend an.

»Oh, 'tschuldigung, Chef.«

»Also, Herr Rollfert, haben Sie in den vergangenen sechs Wochen irgendein Lebenszeichen von Ihrer Frau erhalten?«

»Nein, warum auch. Und nun entschuldigen Sie mich. Die pralle Mittagssonne, ich muss das Gewächshaus schattieren. Die Anlage ist defekt.« Er ließ die beiden Beamten stehen.

»Danke, wir finden hinaus.«

Auf dem Polizeipräsidium wartete bereits Rolf Winkler, der Gunders aufgeregt überfiel: »Herr Kommissar, die Reisegesellschaft muss sich irren. Sie müssen in Griechenland recherchieren. Es kann gar nicht sein, dass Trudi, ich meine Frau Rollfert, nicht in Griechenland angekommen ist. Schauen Sie, ich habe eine Karte von ihr bekommen, vor vierzehn Tagen lag sie im Briefkasten. Sie muss also in Griechenland gewesen sein.« Er gab Gunders eine abgegriffene Ansichtskarte, fleckig und mit unleserlich verschmiertem Poststempel und einem Adressaufkleber.

Gunders las. »Ein bisschen knapp, finden Sie nicht.«

»Ja, es hat mich auch gewundert. Aber Frau Rollfert wollte mich wohl nicht dazu animieren, in das nächste Flugzeug zu steigen, um sie zu besuchen.«

»Finden Sie diesen Adressaufkleber nicht merkwürdig? Maschinengeschrieben?«

Winkler schüttelte den Kopf. »Nein, warum? Das ist doch praktisch.«

»Sie sind auch sicher, dass das die Schrift von Frau Rollfert ist?«

»Ganz sicher!«

»Wir werden die Karte trotzdem untersuchen lassen. Danke, Herr Winkler. Wir melden uns, sobald es was Neues gibt.«

Gunders schob Winkler sanft aus dem Raum und wandte sich an Schubert: »Wie kann der eine Karte von ihr erhalten, wenn sie auf keiner Passagierliste auftaucht? Ist sie unter falschem Namen geflogen? Hat sie eine Freundin gebeten, die Karte einzuwerfen, und sie selbst ist woanders hin gefahren? Und dann – diese hässlichen Pflanzen...«

»Ne, Chef, das dürfen Sie so nicht sagen.«

»Apropos, Schubert, was sollte das überhaupt? Diese Nummer mit Rollfert, dieses Fachgespräch über Dionysos oder wie die Dinger heißen?«

»Die Dinger«, eiferte sich Schubert, »sind fleischfressende Pflanzen.«

»Und was fressen die so?«

»Meistens Insekten, es soll aber auch Leute geben, die füttern die mit Milch.«

Gunders grinste spöttisch. »Und woher wissen Sie das, Herr Kollege?«

»Ich habe mich mal dafür interessiert, wollte sogar Mitglied werden bei der Gesellschaft für Fleischfressende Pflanzen.«

Gunders schaute ungläubig. »So was gibt es?«

»Ja, die sitzen hier in Düsseldorf und der Rollfert ist Mitglied, der hatte da so eine Urkunde im Wohnzimmer hängen.«

»Na Schubert, dann hören wir uns dort mal um. Vielleicht erfahren wir ein bisschen mehr über die Lebensgewohnheiten unserer Vermissten und ihres Angetrauten.«

Am nächsten Tag begann die Schule wieder und Gunders und Schubert machten sich erst mal auf den Weg, die Kollegen von Gertrud Rollfert zu befragen. Das Ergebnis war nicht ermutigend, keiner konnte sich ihr Verschwinden erklären. Gabi Meyer, eine befreundete Kollegin, war sicher, dass ihr etwas zugestoßen sei. Sie erklärte geheimnisvoll, Frau Rollfert habe große Zukunftspläne gehabt. Wie diese Pläne aussahen, darüber wollte sie aber nicht sprechen. »Kommen Sie nach Schulschluss zu mir nach Hause, dann kann ich Ihnen mehr erzählen«, hatte sie gesagt.

Pünktlich um sechzehn Uhr läuteten Gunders und Schubert an ihrer Türe. Frau Meyer bat sie herein, bot Kaffee an und druckste herum. »Nicht, dass Sie meinen, ich wolle mich wichtig machen, aber es gibt da was, das sollten Sie wissen.«

Nachdem sowohl Gunders wie Schubert ihr versichert hatten, dass alles, was sie sagen würde, streng vertraulich behandelt würde, war sie beruhigt. »Trudi, Frau Rollfert, hat eine, wie soll ich es sagen? Sie hat eine Männerbekanntschaft. Deshalb wollte sie nach Griechenland.«

»Das ist uns bereits bekannt.«

»Woher wissen Sie das? Niemand wusste, dass sie sich dort treffen wollten.«

Nun war es an Gunders und Schubert verblüfft zu sein: »Treffen wollten?«

»Aber sicher, in Georgios Heimat.«
»Georgios?«
»Georgios Vlassidios – oh Gott. Sie wussten es doch nicht? Jetzt wird sie meinetwegen Schwierigkeiten bekommen.«
»Frau Meyer, wir dachten, Sie sprechen von Herrn Winkler.«
»Nein, um Gottes Willen. Das wird sie mir nie verzeihen, wie peinlich. Ich könnte mich ohrfeigen.«
Gunders versuchte sie zu beruhigen. »Frau Meyer, es ist in Ordnung, wir werden nichts verraten, wenn wir sie finden. Nun erzählen sie mal in Ruhe. Und sagen Sie uns, was es mit Herrn Winkler und mit Georgios auf sich hat.«
Sie war in ihrem Ohrensessel versunken und hielt sich die Hand vor dem Mund, so als ob sie sich verbieten wollte, ein Wort mehr als nötig zu sagen.
»Frau Meyer, bitte.«
»Also gut. Trudi ist in eine völlig absurde Liebesgeschichte geschliddert. Das konnte nur passieren, weil ihr Mann sich so gar nicht um sie kümmert. Dieses Scheusal, er bietet ihr rein gar nichts. Dass sie da schwach wird, wenn ein attraktiver Mann sie ganz offensichtlich umschwärmt, wen wundert es?«
»Und dieser Georgios und Herr Winkler haben Frau Rollfert umschwärmt?«
»Ach, der Rolf«, sie lächelte, »der ist ein netter Kerl – und vielleicht hätte sie ihn auch erhört, wenn er nur nicht so entsetzlich klammern würde. Nein«, es fiel ihr sichtlich schwer darüber zu reden, »Trudi hat ein Verhältnis mit einem Referendar unserer Schule. Er ist Grieche und die beiden wollten gemeinsam Urlaub in seiner Heimat machen.«

Georgios Vlassidios war zum Schulbeginn nicht wieder aus Griechenland zurückgekommen. Seine griechische Familie hatte ihn per Fax in der Schule krank gemeldet.

Er habe einen Unfall gehabt und liege im Krankenhaus. Das einzige, was Gunders und Schubert von Düsseldorf aus herausbekamen, war, dass er vor sechs Wochen nach Griechenland geflogen war, alleine.

Vielleicht wusste Gabi Meyer doch mehr. Gunders und Schubert suchten sie noch einmal auf. »Wusste Herr Winkler von der Affäre zwischen Frau Rollfert und Herrn Vlassidios?«

»Ich bin mit nicht sicher. Ich denke, er hat es vermutet. Er ist absolut vernarrt in Trudi. Als sie andeutete, dass sie sich von ihrem Mann trennen werde, da sah er seine große Stunde gekommen. Er hat sie zum Tee eingeladen, ins Theater und ins Kino. Und zuerst hat Trudi sich auch tatsächlich einladen lassen und sie haben sogar gemeinsam in seinem Garten gebuddelt. Trudi hat einmal gesagt, er sei ein angenehmer Gesellschafter, aber er sei eben nicht mehr als ein guter Freund und sie hoffe inständig, dass er das auch akzeptiere. Ich glaube, ich sagte es bereits, er klammert sehr und er ist eifersüchtig. Das gefällt Trudi gar nicht. Und das hat sie ihm auch gesagt.«

»Hat sie wegen Herrn Winklers Eifersucht das Ablenkungsmanöver mit dem einsamen Häuschen auf der Insel inszeniert?«

»Nein, das sehen Sie völlig falsch.« Gabi Meyer widersprach heftig. »Nein, sie hat dieses Häuschen tatsächlich gemietet. Ich war dabei. Sie hat das halbe Reisebüro damit beschäftigt, weil sie exakt das Häuschen haben wollte, das sie vor fünfzehn Jahren schon mal hatte, als sie mit ihrem Mann dort war. Dieses Häuschen und seine Lage seien inspirierend für ihre Beziehung gewesen, hat sie einmal erzählt. Sie wollte diesen Zauber noch einmal spüren, um sich darüber klar zu werden, wie es weiter gehen soll.«

Langsam wurde Gunders ungeduldig, dieses Gerede von Zauber und sich klar werden. Wollte sie sich nun von ihrem Mann trennen und mit Georgios Vlassidios zusammenziehen oder nicht? Georgios habe sich bestimmt Hoffnungen gemacht, meinte Gabi Meyer, doch sicher wisse sie nur eins, Trudi habe sich nach den Sommerferien von ihrem Mann trennen wollen.

Als Gunders und Schubert ins Präsidium zurückkamen, hatten sie schon wieder Besuch. Dieses Mal saß Sonja Rollfert auf der Wartebank: »Ich habe einen Brief bekommen von einem Georgios Vlassidios, der behauptet, er sei der Geliebte meiner Mutter.«

Kommissar Gunders nahm den Luftpostbrief entgegen, während Sonja Rollfert aufgeregt weitersprach: »Es handelt sich offenbar um einen Abschiedsbrief. Er schreibt, meine Mutter habe ihn verlassen, aber er könne ohne sie nicht leben. Was soll das? Können Sie mir das erklären?«

Gunders bat sie in seinem Zimmer Platz zu nehmen. »So viel wir wissen, liegt der junge Mann im Krankenhaus in seiner griechischen Heimat. Ihre Mutter wollte sich mit ihm in Griechenland treffen.«

»Aber meine Mutter ist doch in das alte Häuschen gefahren.« Sonja Rollferts Stimme überschlug sich fast. Was war in den vergangenen Monaten geschehen, von dem sie keine Ahnung hatte? »Meine Mutter wollte nachdenken. Über ihre Situation mit meinem Vater, vielleicht auch über Herrn Winkler, mit dem sie sich getroffen hat.«

»Was halten Sie von ihm?«, fragte Gunders.

»Ich weiß nicht. Vielleicht steigert er sich da in etwas hinein. Meine Mutter hat momentan vielleicht gar nicht vor, etwas neues Festes einzugehen. Obwohl, von ihrem Geliebten wusste ich ja auch nichts.« Sie sank in sich zusammen. Nur mühsam folgte sie den Ausführungen von Gunders.

»Nun, es ist möglich, dass sich Ihre Mutter von dem jungem Mann getrennt hat. Sie hat ihn wohl nicht getroffen in Griechenland, jedenfalls nicht zum vereinbarten Termin. Ihre Mutter taucht in keiner Passagierliste von Düsseldorf nach Griechenland auf. Vielleicht ist sie woanders hin gereist, das überprüfen wir gerade. Jedenfalls hat sie Herrn Winkler praktisch aufgefordert, sie am Flughafen abzuholen.«

»Wie?« Sonja Rollfert setzte sich wieder aufrecht. »Ach, die Karte. Kann ich sie mal sehen? Immerhin sie ist bis jetzt das letzte Lebenszeichen von ihr.«

Schubert holte die Ansichtskarte aus der Akte und gab sie Sonja. Sie wurde kreidebleich: »Das kann doch nicht wahr sein!«

Gunders und Schubert schauten verständnislos auf das grellbunte Stück Fotokarton, das eine kleine Landkarte umrahmt von ein paar briefmarkengroßen Bildchen zeigte.

»Diese Karte«, begann Sonja Rollfert stockend, »gehört mir.«

»Das ist die Karte, die Herr Winkler von Ihrer Mutter bekommen haben will. Sehen Sie, auf dem Aufkleber steht seine Adresse.«

Sonja Rollfert schüttelte heftig den Kopf und zeigte auf einen gebogenen braunen Fleck am unteren Rand der Karte und auf ein winziges Loch an einer Ecke. »Der Fleck ist von meiner Teetasse, die ich irrtümlich auf die Karte gestellt habe, damals, als ich sie von Mama bekommen habe. Ich habe die Karte mit einer Stecknadel in die Raufasertapete über meinen Schreibtisch gepinnt. Dort hing sie bis vor etwa vier Monaten. Damals fragte meine Mutter, ob sie die Karte haben könnte. Sie wolle dort ihre Sommerferien verbringen. Sie wusste nicht mehr genau, wie der kleine Ort hieß, und wie Sie sehen, hat sie einen Kringel darum gemacht. Damit ist sie ins Reisebüro gegangen.«

Werner Rollfert öffnete trotz mehrmaligem Klingeln nicht. Doch Gunders und Schubert wussten sich zu helfen. »Jetzt testen wir, ob die Nachbarin wirklich alles weiß.«

Als ob sie gelauscht hätte, öffnete sich ihr Fenster. »Der

ist nicht da. Heute ist doch sein großer Tag.«

»Welcher große Tag?«

»Na, heute wird er seinen Vortrag bei der Gesellschaft halten, im Rosati. Irgendwas über die Ernährung seiner Pflanzen.«

»Sagen Sie mal, Frau . . . ?«

»Schröder heiß' ich.«

»Sagen Sie mal, Frau Schröder, was wissen Sie über Herrn Rollfert?«

»Ein unangenehmer Knopf. Sitzt in der dunklen Bude und brütet über Nährlösungen für seine Pflanzen. Und seine Frau, die darf mit versauern. Die gehen nicht mal spazieren. Obwohl, vor zwei Wochen, da war ich platt, da kommt der doch von einem Rheinspaziergang zurück. Sagt er wenigstens. Das hat der mit seiner Frau nie gemacht, da konnte die betteln wie sie wollte.«

Nur mit Mühe konnten die beiden den Redeschwall der alten Dame unterbrechen. »Wann haben Sie Frau Rollfert denn zum letzten Mal gesehen?«

»Das muss vor den Ferien gewesen sein. Wissen Sie, die ist ganz allein nach Griechenland gefahren. Ganz allein! Das hätte ich mich nie getraut. Aber wer mit so einem verheiratet ist, der traut sich mit der Zeit einiges, nur um mal raus zu kommen. Sie kam von der Schule und hat mir voller Vorfreude von ihrer Reise erzählt. Das muss freitags gewesen sein, sonntagsfrüh sollte der Flug sein. Aber dann muss sie wohl doch schon samstags geflogen sein, denn, wissen Sie, Sie ist eine sehr nette Person. Sie fährt samstags immer ganz früh in die Altstadt zu Hinkel, um Brot und diese französischen Hörnchen zu kaufen. Und sie bringt mir immer Brot und Brötchen mit. Das macht sie schon seit Jahren jeden Samstag. An dem Samstag aber nicht. Ist denn irgendwas passiert?«

Rollfert wollte gerade mit seinem Vortrag beginnen, als die Beamten das Rosati betraten. Als er sie wahrnahm, schob er abrupt seine Unterlagen zusammen, kramte in seiner Aktentasche. »Ich bin untröstlich.« Er holte einen Stapel Papiere raus, blätterte ihn durch. »Ich habe wichtige Aufnahmen und Schaubilder für meinen Vortrag vergessen.« Er zog Reißverschlüsse auf und wieder zu. »Bitte haben Sie dafür Verständnis, dass ich unter diesen Umständen . . . also, ich muss ich darauf bestehen, den Vortrag später zu halten.«

Noch ehe die verblüfften Anwesenden protestieren konnten, griff er seinen Sakko und erklärte, er müsse ganz dringend nach Hause und dort weitersuchen. Sichtlich um Fassung ringend verließ er den Raum.

Gunders gab Schubert knapp die Anweisung, sich bei den Vereinsmitgliedern umzuhören und dann zu Rollfert nachzukommen. Er selbst heftete sich an dessen Fersen.

»Und, was haben Sie herausgefunden?«, wollte Gunders wissen, als Schubert in der Erich-Klausener-Straße eintraf.

»Er hat angeblich Kannenpflanzen, die riesig sind. Gesehen hat die aber noch niemand aus der Gesellschaft. Nur diese kleinen Teile, die wir auch in seinem Terrarium gesehen haben, die kennen alle. Aber er soll noch andere Terrarien im Keller haben mit künstlicher Beleuchtung und allem Schnick und Schnack. Es hieß, er tüftele seit Jahren an einer optimalen Nährlösung für seine Urwaldbewohner herum. Er hätte vor kurzem erwähnt, dass ihm der große Durchbruch gelungen sei. Seit einigen Monaten habe er ein riesiges Kannenwachstum beobachtet.«

»Und was heißt das genau? Ich meine, was soll das mit den Kannen? Haben Pflanzen Kannen?« Allmählich gingen Gunders diese Exoten auf den Nerv.

»Also, Sie müssen sich das so vorstellen, diese Schlingpflanzen bilden Fallen, die etwa so aussehen wie Omas Kaffeekanne. In der Natur können die Dinger gigantisch werden, bis zu fünf Liter große Kannen.«

Gunders schaute seinen Kollegen angewidert an. »Und was frisst dieses Monstrum?«

»Na, sie frisst nicht direkt, aber wenn zum Beispiel eine Ratte ein bisschen zu tief in die Kanne schaut, dann rutscht sie ab, ersäuft und wird verdaut.«

Gunders schüttelte den Kopf. »Tolles Hobby.«

Doch Schubert fuhr fort: »Na, die so groß zu kriegen, gelingt ja höchstens mal in einem botanischen Garten und angeblich Rollfert.«

»Dann sollten wir uns seine Prachtmonster doch mal anschauen.«

»Haben Sie einen Durchsuchungsbefehl?« Rollfert war alles andere entzückt. »Sie sollten sich lieber darum kümmern, wo meine Frau geblieben ist, anstatt mir meine wissenschaftliche Arbeit klauen zu wollen.« Seine Stimme klang erregt.

»Herr Rollfert, es liegt uns fern, ihre Ergebnisse zu konfiszieren. Wir haben bei unseren Ermittlungen erfahren, dass die Pflanzen ein Grund sind, weshalb ihre Frau sich von Ihnen trennen will. Da verstehen Sie doch, das wir uns diesen Grund gerne einmal anschauen wollen.«

Rollfert deutete auf das Terrarium auf der Wohnzimmerfensterbank.

»Herr Rollfert, wir würden gerne ihre großen, spektakulären Pflanzen sehen. Nepenthes«, ergänzte Schubert.

»Sie kennen sich ja doch aus?«, bemerkte Rollfert misstrauisch.

»Mein Interesse ist, wie schon gesagt, sehr laienhaft«, versuchte Schubert ihn zum Reden zu bringen. »Mir ist einmal eine Nepenthes eingegangen.« Schubert musste improvisieren. »Sie wollte einfach keine Kannen bilden.«

»Ein Anfängerfehler. Welche Erde haben Sie benutzt?« Noch war Rollfert verstimmt.

Schubert wusste, jetzt durfte er sich keine Blöße geben. »Ähm, normale Kakteenerde?«

»Typischer Anfängerfehler.« Rollfert kam in Fahrt. »Viel zu fett. Wenn sie genug Nahrung aus der Erde bekommen, dann bilden sie keine Kannen. Nein, nein, das muss ganz anders gemacht werden.« Er kramte in einem Stehordner mit Broschüren, als wolle er Schubert etwas zeigen. »Der Boden muss ganz ausgehungert sein. Am besten nehmen sie ganz ausgelaugten Boden.«

»Ach.« Schubert schaute möglichst interessiert.

»Ja, nehmen Sie Sand und mischen Sie ein bisschen weißen Torf unter, nicht viel, nur so viel, dass die Wurzeln Halt finden. Hier«, er wedelte mit einem Werbeblatt eines Herstellers, »falls sie nicht selber mischen wollen, dieses Substrat wäre für den Start nicht schlecht.«

Während Schubert Rollfert beschäftigte, schaute Gunders sich unauffällig um. »Und dann kommen Kannen?«, fragte er.

»Aber selbstverständlich!«

»Das glaube ich nicht.«

Rollfert schaute Gunders empört an. Da wagte es jemand, seine Kompetenz in Frage zu stellen. Die Stimmung drohte zu kippen. Schubert versuchte abzuschwächen. Er nahm Rollfert beiseite, als wolle er ein Fachgespräch ohne diesen Banausen Gunders führen. »Sagen Sie, das ist aber doch ungeheuer kompliziert. Von irgendwas muss die Pflanze doch leben?«

»Das ist aber doch der Trick. Die Pflanze braucht Nahrung und deshalb bildet sie Kannen, ihr Fallensystem.«

Schubert tat nachdenklich. »Und wenn sie viele Fliegen gefangen hat, dann hört sie auf zu wachsen?«

»Normalerweise«, nun bekam Rollfert einen gönnerhaften Ton, »aber wer es geschickt macht, der schafft Kannen mit drei, vier oder fünf Litern Gesamtvolumen.«

»Nicht möglich!« Schubert schauspielerte gut, das musste Gunders ihm lassen. Es ganz wirkte echt, als er Rollfert ehrfürchtig fragte, wer denn so etwas jemals geschafft hätte.

»Ich, ich habe es geschafft!« Rollfert wippte auf seinen Zehenspitzen. Doch Schubert winkte freundlich lächelnd ab. »Ach was, fünf Liter? Das hat noch nie jemand geschafft, Sie wollen mir einen Bären aufbinden.«

Rollfert wurde ganz aufgeregt. »Kommen Sie. Kommen Sie!«

Er öffnete eine Tür, die in den Keller führte. Es roch süßlich modrig. Der riesige Raum war mit Pflanzenlampen erleuchtet, in einer Ecke stand ein Tisch mit allerlei Gerätschaften, Töpfen, Kanistern und Erdsäcken, daneben stand eine Gefriertruhe und ein kleines Schränkchen, in dem sich offenbar Chemikalien befanden.

Das alles nahm nur wenig Platz ein; den meisten Platz beanspruchte ein deckenhohes, begehbares Terrarium. In ihm hingen Schlingpflanzen mit gewaltigen, grünlich-lila schillernden Kannen.

Rollferts stellte sich davor breitete seine Arme aus und sagte triumphierend: »Glauben Sie mir jetzt?«

Schubert trat nah an die Scheibe heran. »Wie haben Sie das gemacht?«

»Es ist eine Frage des Fütterns.«

»Und womit haben Sie ihre *Nepenthes rajah* gefüttert?«

»Damit!« Gunders, der den beiden gefolgt war, hielt zwei Gefrierbeutel hoch, in dem einen war deutlich eine schmale Frauenhand zu erkennen, in dem anderen ein zierlicher Fuß, vermutlich Schuhgröße sechsunddreißig.

Pflanz-Tipp von Martina K. Schneiders

Glücksmomente in Hülle und Fülle.

Silvester-Glücksklee ist kein Wegwerfprodukt. Gute Überlebenschancen hat die kleine Knollenpflanze, wenn sie in einen deutlich größeren Topf gepflanzt wird und mäßig feucht, frostfrei und hell aufbewahrt wird. Dazu genügt ein helles Kellerfenster oder die warme Hauswand auf dem Balkon. Sobald es frostfrei ist, bekommt der Glücksbringer eine Düngergabe und zieht ins Sommerquartier. Der Klee bedankt sich den ganzen Sommer über mit zauberhaften rosafarbenen Blüten an langen Stielen. Doch damit ist sein Leben noch lange nicht vorbei. Wer den Topf vor den ersten Frösten reinholt, gut durchfeuchtet und dann in einer Kellerecke vergisst, um ihn im Frühjahr wieder hochzuholen und durchzufeuchten, der hat jahrelang etwas von seinem Glücksbringer. Nur zu Silvester wird er sich nicht mehr blicken lassen, da hält er Winterruhe.

Dünge-Tipps von Klaus Dönecke

Nach der Rasur sammle ich meine geschnittenen Bartstoppeln und verwende sie im Kleinen – wie man Hornspäne im Großen verwendet – nämlich zum Düngen von Balkonkästen und Blumentöpfen.

Wie schon unsere Großmütter verwende ich Kaffeesatz, um die Erde in den Blumenkästen am Balkon aufzulockern und die dort eingesetzten Regenwürmer und andere Kleinlebewesen zu füttern.

Klaus Dönecke ist Polizeihauptkommissar im Polizeipräsidium Düsseldorf

Garten-Tipp von Hildegard Beauvy
Offene Gartenpforte, Niederrhein

Tod den Schleimern!

TATORT: Gartenbeet, mit weißen Stiefmütterchen bepflanzt.

TATZEIT: Dämmerung eines lauen Sommerabends.

TODESART: Tod durch Ersticken.

VORTEIL: kein Blutvergießen, keine Spuren, keine Geräusche, schnelle Erledigung.

TODESDAUER: langsam und qualvoll.
Die Schleimer haben ausreichend Zeit, über ihr gemeines Verbrechen (Hausfriedensbruch, räuberischer Diebstahl) nachzudenken und zu bereuen

TATWAFFE: Plastiktüten.

VORTEIL: keine direkte Berührung mit den Schleimern.

TATHERGANG:

1) in eine kleine, handgroße Plastiktüte (aus der Buchhandlung, Apotheke etc.) greifen und sie wie einen Handschuh benutzen;

2) einen oder gleichzeitig mehrere Schleimer packen;

3) Tüte über die Schleimer stülpen und in eine große Plastiktüte geben;

4) für jede weitere Beseitigung von Schleimern eine neue kleine Plastiktüte verwenden;

5) abschließend große Plastiktüte unbedingt luftdicht verknoten und entsorgen.

PLÄDOYER FÜR DIE SCHLEIMER: Den Schleimern wird es in diesem Garten leicht gemacht, sich der wehrlosen Stiefmütterchen sadistisch zu bemächtigen und sie schonungslos zu vertilgen.

1) In der Dämmerung leuchten die unschuldigen, weißen Gesichter der Stiefmütterchen weithin sicht-

bar und stellen mit ihrem süßen Duft eine unwiderstehliche Versuchung für Schleimer dar (Stiefmütterchen sind selbst Schuld!).

2) Der Anschleimweg zu den Stiefmütterchen führt über glatte Steine. Die Schleimer können lautlos und relativ schnell an ihre ahnungslosen Opfer gelangen (Begünstigung des Verbrechens!).

3) Schleimer kennen, genetisch bedingt, keine andere Art der Nahrungssuche (sie können nichts dafür!).

PLÄDOYER FÜR DIE GÄRTNERIN: Für die Beseitigung der Schleimer gibt es keine Alternative.

1) Schleimer sind ein unästhetisches, parasitäres und lichtscheues Gesindel, daher muss

2) unbedingt verhindert werden, dass sich Schleimer weiterhin so unanständig (und) zahlreich vermehren (die Gärtnerin würde gerne auf diese Aktion verzichten!).

3) Schleimer können, wenn sie schon ihr Unwesen treiben müssen, in die nahe Wiese ausweichen, denn

4) die Gärtnerin pflanzt die von ihr geliebten Stiefmütterchen mit hohem Kostenaufwand und unter Einsatz von viel Zeit und Mühe ausschließlich zu ihrer und der Gartenbesucher Freude. Sie wird empfindlich in ihrem Gartengenuss beeinträchtigt und fällt angesichts des nächtlichen, brutalen Kahlfraßes regelmäßig in tiefe Depressionen.

5) Der kulturelle Wert (sowohl für die Gärtnerin wie auch für Gartenbesucher) eines Gartens mit einem Beet voll anmutiger, lieblicher Stiefmütterchen ist ethisch höher einzuschätzen als der rein biologische Erhalt von radikalen, asozialen Schleimern.

ABSCHLIESSENDES URTEIL:

Keine Gnade für Schleimer!

Gesine Schulz

Das Geheimnis der Guelder-Rose

Marlis senkte die Tulpenzwiebel in die Erde, die letzte von vier Dutzend, schob die angehäufelte Erde mit beiden Händen in das Loch und drückte sie an. Sie richtete sich auf und streckte den Rücken. Ein herrlicher Herbsttag. Die Sonne stand schräg und sandte ihre Strahlen bis tief unter die Sträucher. Jeder Ziegel auf der Rückseite des zweistöckigen Hauses leuchtete in dem milden Rosarot alten Backsteins. Die weißgestrichenen Fensterrahmen, der Himmel in reinem Delfter Blau, an dem ein paar Federwolken gen Holland zogen . . . und die Luft . . . Marlis schloss die Augen und atmete tief ein. Der Geruch nach frischer Erde, trocknendem Gras und ein Hauch von Abendkühle.

Sie liebte den Herbst. Anfang der Woche hatte sie begonnen, den Garten aufzuräumen. Zweige abgeschnitten und gehäckselt, Kompost auf den Beeten und unter den Sträuchern verteilt. Alles Tätigkeiten, die mit angenehmen Gerüchen verbunden waren.

Sie genoss die Stille, die nur hin und wieder vom zufriedenen Gackern ihrer beiden Hühner unterbrochen wurde und vom Motorengeräusch einiger Autos, die auf der Landstraße in Richtung Issum fuhren.

Mit bloßen Fingern streifte Marlis Erdkrumen von der Forke. Sie gähnte und blickte hoch zu den Fenstern der ersten Etage, die in der Sonne blitzten. Ende des Monats würde Herr Hüllbusch ausziehen. Wollte heiraten, zum ersten Mal, mit über fünfzig. Seine Verlobte, eine Kollegin aus der Sparkasse, besaß ein Einfamilienhaus in Kerken. Abbezahlt, wie er gerne betonte.

Na, sie hoffte, der nächste Mieter würde sich als ein ebenso angenehmer Nachbar erweisen. Die nächsten Mieter, korrigierte sie sich, denn ihr eigener Umzug von der oberen Etage in die Parterrewohnung stand bevor und ein Nachmieter für ihre Wohnung war auch noch nicht gefunden.

Gleich in ihrem ersten Gespräch mit Herrn Vandeproel hatte sie sich erboten, die Suche nach neuen Mietern zu übernehmen. Schließlich würde sie mit den Leuten in einer Hausgemeinschaft leben müssen und ihm würde es Mühe und Zeit sparen.

Thomas Vandeproel hatte ihr einen Blick zugeworfen, der seine Abneigung gegen sie kaum verbarg, und den Kopf geschüttelt.

»Darum kümmere ich mich lieber selber, Frau Huyser. In der Erbengemeinschaft bin ich für das Haus verantwortlich und ich habe meine eigenen Vorstellungen, welchen Typ Mieter ich gerne hätte.«

Ganz offensichtlich entsprach sie diesem Typ nicht. Anfang Fünfzig, alleinstehend, ruhig, die Miete immer pünktlich überwiesen. Okay – vor acht Monaten hatte sie ihre Stelle im Reisebüro verloren, als es pleite ging, und damit ihr gesichertes Gehalt, aber das wusste er nicht.

Nein, als Mieterin konnte er eigentlich nichts gegen sie einzuwenden haben. Was ihn störte, schwarz ärgerte und manchmal zur Weißglut brachte, war, dass sie nun keine Mieterin mehr war.

Nicht, seit ihr Vandeproels Großonkel, der alte Herr Klockenbring, in seinem Testament das Wohnrecht auf Lebenszeit vermacht hatte. Noch dazu in der Parterrewohnung mit dem großen Wintergarten. Und dieser große Bauerngarten gehörte dazu. Marlis lächelte. Sie hatte nichts von seiner Absicht geahnt. Der Brief des Anwalts aus Xanten, den sie wenige Tage nach Herrn Klockenbrings Beerdigung im Briefkasten fand, hatte sie überrascht wie zuvor nichts in ihrem Leben.

Überrascht und erleichtert. Denn nun brauchte sie nicht mehr zu befürchten, hier wegziehen und den Garten im Stich lassen zu müssen, falls ihr im Sommer gegründetes Miniatur-Reiseunternehmen nicht überleben würde. Es war eine gute Idee zur rechten Zeit am richtigen Ort: Guelder-Rose – Gartenreisen am Niederrhein.

Herr Klockenbring hatte sie ermutigt. »Eine ausgezeichnete Idee, Marlis. Lassen Sie sich nicht von diesem Sachbearbeiter beim Arbeitsamt entmutigen. Der Enthusiasmus macht's, glauben Sie mir. Und es ist ja nicht so, als müssten Sie Tausende in Ihre Geschäftsidee investieren.«

Es würde noch Monate dauern, bis die ersten substantiellen Summen auf ihrem neu eröffneten Geschäftskonto bei der Volksbank Gelderland in Issum eintrudeln würden. Nicht vor Januar, genauer gesagt, wenn die ersten beiden Reisegruppen, die für die Osterzeit fest gebucht hatten, bezahlen würden.

Reisegrüppchen wäre eine zutreffendere Bezeichnung, daher waren die Anzahlungen nicht besonders hoch gewesen.

Als erste hatten sich zwei Paare aus der Nähe von Schwerin angemeldet, Gartenenthusiasten, die einmal im Jahr gemeinsam eine Gartenreise unternahmen. Im Anschluss acht Leute eines Gartenclubs aus England, aus Devon, denen sie eine Woche lang private und öffentliche Frühlingsgärten am Niederrhein zeigen würde.

Die Mecklenburger hatte sie einer Reisebüro-Kollegin aus Schwerin zu verdanken, die englische Buchung dem German National Tourist Office in London. Das hatte sich vor nicht allzu langer Zeit – spät, aber immerhin – wohl vom Strom der Gartentouristen inspirieren lassen, der jedes Jahr vom Festland auf die Britischen Inseln floss. Über Anzeigen in britischen Gartenzeitschriften und auf seiner Homepage wurde für Reisen in die Zentren deutscher Gartenkultur geworben und dies nicht ohne Erfolg.

Zu Beginn der Kampagne hatte man den Eindruck gewinnen können, sehenswerte Gärten und Parks gebe es hauptsächlich östlich der Elbe und südlich des Mains, vor allem in Bayern.

Von den niederrheinischen Gartenschätzen war einzig Schloss Dyck (»Schlosspark with over 200 species of trees, up to 200 years old and 125 foot tall«) erwähnt worden, wodurch der Eindruck erweckt wurde, dass der Niederrhein nur als Abstecher auf dem Weg in würdigere Gartenregionen dienen konnte.

Nicht mal einen Link hatte man gesetzt.

Kaum hatte sie diese Diskriminierung entdeckt, schrieb Marlis eine höfliche, aber heftige E-Mail nach London, gespickt mit Namen und Webseiten der sehenswertesten Gärten, Schlossparks und Klostergärten des Niederrheins.

Alte Gartenkultur ... schon Friedrich der Große ... gleich zwei niederrheinische Flughäfen mit kurzen Direktflügen ins Königreich und nach Irland ... Straße der Gartenkunst ... in Benrath und auf Schloss Dyck zwei Museen, die sich der Gartenkunst widmeten ... die Offene Gartenpforte ... Kleingartenvereine – kein Stichwort ließ sie aus.

Die Epistel endete mit einem Hinweis auf österreichische und deutsche Veranstalter von Gartenreisen, die selbstverständlich (!) den Niederrhein in ihren Programmen führten, und – last but not least – ihre eigene kleine, aber exklusive, ganz auf den Niederrhein und die benachbarte holländische Provinz Gelderland spezialisierte Gartenreise-Firma Guelder-Rose.

Ob sie die Einzige gewesen war, die das – aus deutschen Steuergeldern bezahlte? – Tourist Office auf seine merkwürdige Fehlsichtigkeit aufmerksam gemacht und dagegen protestiert hatte?

Jedenfalls gab es in kürzester Zeit auf der Homepage des Tourist Office einen Hinweis auf Guelder-Rose Garden Tours mit Link auf ihre Webseite. Und ihr wirklich ansprechendes Logo war auch zu sehen. Auf einem hellgrünen

Oval ein Zweig mit den schäumenden weißen Blüten des *Viburnum opulus*, auch Schneeball genannt.

Auf Englisch hieß der Strauch Guelder-Rose, in Holland wurde er Geldersche Roos genannt, Rose de Gueldre bei den Franzosen und auf deutsch, angeblich, Gelderische Rose, aber sie hatte sich für Guelder-Rose entschieden.

Die Mail der Marketing Managerin des Tourist Office, die versprach, dass der Niederrhein in der Neuauflage der Broschüre (oh, es gab auch eine Broschüre!) berücksichtigt werden würde, war eine zusätzliche Befriedigung.

In ihren Wachträumen sah Marlis sich individuelle Reisen für Gartenenthusiasten aus Deutschland, England, Schottland, Irland, Österreich und der Schweiz (von Aberdeen bis Zürich ...) zusammenstellen.

Sie sah auf ihre Armbanduhr. Noch reichlich Zeit für einen gemächlichen Rundgang durch den Garten, ehe sie sich umziehen musste. Gegen sechs wollten sich die Nachbarsfrauen auf dem Hof der Uhlenbroeks treffen, um für die Hochzeit von Herrn Hüllbusch zu kränzen. Als sie noch in Geldern in ihrer Mansardenwohnung mit Balkon gewohnt hatte, war ihr der Brauch nur vom Hörensagen bekannt gewesen. Seit sie hier auf dem Land lebte, war sie zu einer geübten Wicklerin der weißen Krepp-Rosen geworden, die vor einer Hochzeit zu hunderten gewickelt wurden, an langen Abenden, bei Klatsch, Kuchen, oft auch Korn.

Mit den Blüten wurde die Haustür der Braut umkränzt, je nach der örtlichen Gegebenheit wurde auch der Weg zur Haustür geschmückt, mit Papier-Rosen und Bändern. Diesmal würde die Haustür des Bräutigams geschmückt werden, ausnahmsweise, und warum nicht – im Zeichen der Gleichberechtigung. Der Grund lag aber in seiner Beliebtheit und der Tatsache, dass hier geheiratet wurde, nicht etwa in Kerken, dem Wohnort seiner Zukünftigen.

Marlis' Blick glitt über die niedrigen Buchsbaumhecken, die die Beete einfassten. In den vier Jahren, die Marlis hier wohnte und seit sie die Betreuung des Gartens übernommen hatte, hatten sie sich in Bilderbuch-Hecken verwandelt. Zu Beginn hatte sie sich gescheut, kräftig zuzuschneiden. Nicht nur beim Buxus, auch bei anderen Sträuchern und Büschen. Inzwischen war sie radikaler geworden und auch kühner in ihren Plänen. Anfangs hatte sie lediglich die vorhandenen Pflanzen gepflegt und Unkraut entfernt. Bald war sie sowohl von Lücken in den Beeten herausgefordert worden, die von ein- und zweijährigen Pflanzen hinterlassen worden waren, als auch von Ringelblumen, Fingerhut, Akelei und anderen sich selbst aussäenden Blumen, die sich fröhlich quer durch den Garten vermehrt hatten.

Heute ließ sie manche dieser munteren Wanderer dort, wo sie auftauchten, angetan von überraschenden Kombinationen mit Nachbarpflanzen, andere versetzte sie.

Marlis bückte sich zu einem rötlichen Salbei, zwickte ein Blatt ab, hielt es sich vor die Nase und sog das Aroma ein. Sie hatte begonnen, ihn über Stecklinge zu vermehren. Ihr schwebte da etwas vor, als Wegbegrenzung im hinteren Gartenteil, vor den Beerensträuchern, die den ehemaligen Gemüsegarten abgrenzten, der irgendwann auch wieder einer werden sollte.

Buschiger Purpursalbei, gepflanzt im Wechsel mit Blumen-Sedum (*Sedum spectabile* »Brillant«), mindestens zehn Exemplare jeder Sorte auf beiden Seiten des Weges, wie eine kleine Allee! Marlis hatte etwas Ähnliches im letzten Herbst gesehen, in einem Garten im Bergischen Land, allerdings mit dem gemeinen Salbei. Dessen silbergrüne Blätter hatten einen ruhigen Hintergrund für die tief rosafarbenen Sedum-Blüten abgegeben.

Ihr Vorhaben, mit Purpursalbei eine Variation jener Pflanzung anzulegen, mochte gewagt sein, aber sie war vom Erfolg ihrer Idee überzeugt. Sie spielte sogar mit dem Gedanken, noch ein paar rote Akzente hineinzusetzen: mit dem Hohen Herbstsedum (*Sedum telephium* »Munstead

Dark Red«). Doch, der herbstliche Garten konnte eine solche Mischung von Rottönen verkraften, und im Winter würden die Salbei-Reihen allein den Weg in den Gemüsegarten weisen.

Zur Zeit war das Gelände grasbewachsen und uneben – weit entfernt von ihrer ursprünglichen Idee einer Wildblumenwiese. Marlis musste lächeln, als sie an die Naivität dachte, mit der sie das Projekt Wildblumenwiese angegangen war. Ein Paradies für Schmetterlinge, eine Augenweide mit dem feldsteinummauerten Brunnen am anderen Ende, kurz: eine hervorragende Übergangslösung, bis sie in ein, zwei Jahren Zeit haben würde, hier einen neuen Gemüsegarten anzulegen.

Tja, eins wusste sie nun: Wildblumenwiesen verlangten eine Kombination aus Sich-kümmern und Vernachlässigen, die ihr nicht gegeben war. Nicht tragisch. Auf der Wiese würden Kinder tollen können, die ihre Eltern an den Tagen der Offenen Gartenpforte begleiten würden.

Als das Komitee im September bei ihr aufgetaucht war, zur Ortsbesichtigung, ehe über ihren Antrag, den Garten in die Offene Gartenpforte aufzunehmen, entschieden wurde, hatte Marlis etwas beschämt auf das Gelände hingewiesen, das allerdings von den Beerensträuchern abgeschirmt wurde, die im Sommer kaum einen Blick auf die vernachlässigte Fläche zuließen.

Die vier Damen und der einzelne Herr hatten es sich nicht nehmen lassen, durch das Holztörchen zu treten und sich umzusehen.

»Ein hervorragender Abstellplatz für Kinder«, war das überraschende Urteil gewesen. »Eventuell noch eine Wippe, ein Sandkasten...?«

Marlis hatte genickt. Alles, um in den Rang der besichtigenswerten Privatgärten erhoben zu werden!

Eine Dame hatte an den Bohlen gerüttelt, mit denen der Brunnen abgedeckt war. »Den müssten Sie besser absichern. Eine Steinplatte vielleicht?«

Marlis hatte heftig genickt. Eine dicke Steinplatte. So schwer, dass Kinder sie nicht verschieben konnten. Das Ganze am besten auch noch zur Wiese hin umpflanzt von ein paar Sträuchern. So würde der Brunnen unsichtbar werden, die Sträucher optisch mit der Wildhecke verschmelzen.

»Eine gute Idee«, hatte das Komitee befunden und Marlis in der folgenden Woche zur Aufnahme in die Offene Gartenpforte gratuliert.

Die Höhe des Preises für eine solide Steinplatte, inklusive Transport und Aufbringung, war erheblich, hatte Marlis nach einigen Telefonanrufen festgestellt. Diese Sorge drang jedoch kaum durch die Wolke der Glückseligkeit, die sie umgab. Eine gesicherte Wohnung, ihr Garten, die Guelder-Rose, und nun auch noch ein Mitglied der Offenen Gartenpforte ...

Ein lautes »Hallo? Hallo, Frau Huyser!« riss sie aus ihren Gedanken.

Herr Vandeproel! Was der hier schon wieder wollte? Bei seinem Besuch letzte Woche hatte er versucht, sie zu bewegen, gegen eine Abfindung auszuziehen. Als sie ablehnte, hatte er erheblichen Druck auf sie ausgeübt. Ein erschreckendes Bild von den Mietern gemalt, an die er die beiden Wohnungen vermieten würde, sollte sie ihre widerspenstige Haltung nicht aufgeben.

Marlis hatte sich bemüht, ihre Beunruhigung in Grenzen zu halten. Sicher war sein Bellen schlimmer als sein Beißen.

Verständlich, dass er auf die Idee gekommen war, das Haus zu verkaufen, um aus seiner Finanzmisere herauszukommen. Herr Hüllbusch hatte Andeutungen gemacht, nachdem sie ihm von Vandeproels Ansinnen erzählt hatte. Recht deutliche Andeutungen für einen Bankbeamten über den Kontostand eines Kunden. Über den nicht vorhandenen Kontostand ... das völlig überzogene Konto ... mehrere überfällige Kredite.

Der Druck, mit dem seine Gläubiger ihn bedrängten, hatte Vandeproel auf die Idee gebracht, das Haus zu verkaufen. Die andere Erbin hatte nichts dagegen, solange Marlis einverstanden war. Was sie natürlich nicht war.

Ob er schon neue Mieter gefunden hatte? Fiese Typen, wie er sie ihr angedroht hatte? Er würde erfahren müssen, dass sie einen niederrheinischen Dickschädel besaß. Sie war bereit zu kämpfen.

Vandeproel hatte ein altes Fahrrad gegen den Zaun gelehnt. Er war nicht über die Landstraße gekommen, sondern den nicht asphaltierten Weg, der durch das Wäldchen führte und in die nächsten Dörfer. Das Fahrrad war ein klappriges Modell.

Marlis öffnete die Gartenpforte. Nur keine Schwäche zeigen.

»Herr Vandeproel, gut, dass sie kommen!«

»Was? Wieso? Ach, haben Sie es sich überlegt?«

»Ich muss Ihnen etwas zeigen. Ich denke, als Vermieter, beziehungsweise einer der Hausbesitzer, sind Sie zuständig.« Einen Versuch war es wert. Der Einfall war ihr gerade gekommen.

Er folgte ihr durch den Garten. Sie schlug nicht den Weg zum Haus ein, sondern winkte ihm, ihr in den ehemaligen Gemüsegarten zu folgen.

»Wissen Sie, ich wurde darauf aufmerksam gemacht, von ... äh ... offizieller Seite, dass der Brunnen eine öffentliche Gefahr darstellt. Die Abdeckung ist nicht ausreichend. Sehen Sie? Ganz leicht zu bewegen, diese Balken.«

Das erste Brett fiel mit Schwung auf die Wiese, nachdem Marlis es mit beiden Händen gepackt und über den Mauerrand geschoben hatte. Für das nächste, länger und breiter, brauchte sie all ihre Kraft, um es zu bewegen. Sie verwandelte ihr Schnaufen in ein kräftiges Husten und hoffte, Vandeproel würde ihr vor Anstrengung rotes Gesicht darauf zurückführen. Nie hätten Kinder es bewegen können. Allerdings wäre für Kinder nicht erst diese über die Hälfte abgedeckte Brunnenöffnung gefährlich gewesen. Und das nächste Stück Holz sah tatsächlich morsch aus, jetzt, wo es auch von der Seite zu sehen war.

Marlis bückte sich nach einem Steinchen und warf es über den Rand. Es dauerte eine Weile, bis es in der dunklen Tiefe auf Wasser traf. »Sehen Sie? Nicht ungefährlich. Ich würde sagen, es fällt unter die Reparatur- und Instandhaltungsarbeiten, für die die Erbengemeinschaft zuständig ist.«

Vandeproel sah Marlis an, als sei sie von einem anderen Stern.

Sie fuhr fort: »Ich habe bereits Erkundigungen eingeholt. Wenn es Ihnen recht ist, erteile ich den Auftrag für eine Steinplatte. Oder wollen Sie das übernehmen?«

Er wischte mit einer Hand durch die kühle Herbstluft. »Ich habe einen Kaufinteressenten. Ein Super-Angebot. Glücksfall. Ich habe nicht viel Zeit.« Schweißperlen traten auf seine Stirn. »Der Mann will bald Bescheid haben. Ich bin bereit, Ihre Abfindung zu erhöhen. Was sagen Sie?«

Marlis schüttelte den Kopf. »Herr Vandeproel, es tut mir leid, dass Sie in solchen finanziellen Schwierigkeiten stecken, aber Sie können nicht im Ernst erwarten, dass ich – «

»Doch«, brüllte er. »Ich erwarte! Solch ein Angebot kriege ich nicht so bald wieder! Er will eine Disco – «

»Unsinn. Das Haus ist doch nicht geeignet für ei-«

»Hier! Hinter dem Haus. Eine Halle. Keine Nachbarn, die sich über den Lärm beschweren können. Super-Angebot.«

Marlis griff sich an den Hals. »Hier? In meinem Garten? Nie im Leben. Nur über – «

In Vandeproels Augen blitzte es auf. »Nur über Ihre Leiche, wollten Sie sagen? Ihr letztes Wort? Und wenn ich die Abfindung um noch einen Tausender erhöhe?«

Marlis schüttelte den Kopf.

»Zweitausend?«

»Nein! Herr Vandeproel, Sie verschwenden Ihre Zeit.

Und ich muss jetzt gehen, ich habe noch einen Termin.«

Er machte einen Schritt auf sie zu, seinen Mund zu einem unangenehmen Grinsen verzogen. Marlis trat zurück, spürte gegen ihre Pobacken den Druck der Brunnenmauer. Vandeproel und sie starrten einander an.

Aus seiner Brust stieg ein Grollen auf, er hob seine angewinkelten Arme, seine Handflächen kamen ihr auf Schulterhöhe entgegen, blitzschnell und zugleich wie in Zeitlupe. Instinktiv beugte Marlis sich zur Seite, ihr Gewicht auf das rechte Bein verlagernd, griff ihn um die Mitte, als sie ihr Gleichgewicht zu verlieren drohte, taumelte um ihn herum, so dass er nun mit dem Rücken zum Brunnen stand, sein Gesicht vor Wut verzerrt.

Voller Angst ließ Marlis ihn los, stolperte nach hinten, sah ihn schwanken, in die Luft greifen – und mit einem sich zu Unglauben wandelnden Gesichtsausdruck rückwärts in den Brunnen fallen. Sein Kopf schlug auf dem vorderen der beiden verbliebenen Bretter auf, ehe Vandeproel aus ihrem Gesichtsfeld verschwand.

Mit einem erstickten Laut trat Marlis an den Brunnenrand und sah in die Tiefe. Zu sehen war nichts.

Sie lauschte. Der Hauch eines Echos schien sich an den Brunnenwänden zu verlieren.

»Ha- hal-« Sie räusperte sich. »Hallo?«, flüsterte Marlis. Etwas lauter, mit zitternder Stimme: »Herr Vandeproel...? Können Sie mich hören?«

Nichts.

»Oh-gottoh-gottoh-gott«, murmelte Marlis und machte kehrt.

Minuten später war sie mit der Stabtaschenlampe zurück. In die Tiefe gerichtet traf der Strahl auf eine undurchsichtige Wasseroberfläche, die sich kaum mehr bewegte. Mit zusammengekniffenen Augen hielt sie nach Luftblasen Ausschau. Nach einigen Minuten fiebrigen Nachdenkens eilte Marlis durch das Gartentor auf den Weg. Sie sah sich um. Alles ruhig.

Sie schob Vandeproels Fahrrad in den Schuppen, in dem sich noch aus Herrn Klockenbrings Zeiten alles mögliche Gerümpel befand, das auf den Schrottplatz gehörte. Das Vorhängeschloss schnappte zu. Morgen würde sie das Rad ins Auto packen und irgendwo in einem Weiher versenken. Oder besser, an einem Bahnhof in einem Fahrradständer abstellen. In Geldern vielleicht. Unter den vielen Rädern, die dort parkten, würde es niemandem auffallen. Vielleicht würde es sogar jemand stehlen.

Nach einer unruhigen Nacht – dass sie überhaupt geschlafen hatte, schien ihr ein Wunder – bestellte Marlis als erstes die Steinplatte für den Brunnen. Nicht die preiswerteste, sondern diejenige, die am schnellsten geliefert werden konnte. Sie hatte keine Ahnung, ob oder wann mit einer gewissen Geruchsentwicklung zu rechnen war. Je eher die Platte drauf war, um so besser.

Die Lieferung erfolgte schon drei Tage später. Nervös beobachtete Marlis, wie die drei Arbeiter die Platte auf den Brunnen hievten.

»So, fertig«, sagte einer von ihnen und tätschelte den Stein. Die schwere Platte lag auf der Brunnenöffnung und schloss mit dem Mauerrand ab. »Da fällt niemand mehr rein!« Er lachte. Seine beiden Kollegen stimmten ein.

»Ha ha«, machte Marlis und lief rot an. Vor Schreck verteilte sie zu großzügige Trinkgelder.

In den folgenden Tagen umpflanzte sie den Brunnen mit Efeu. Mit jungen Pflanzen des großblättrigen irländischen Efeus aus dem Gartencenter und einigen älteren meterlangen Gewächsen des gemeinen kleinblättrigen Efeus, die sie im nahegelegenen Wäldchen ausgegraben und vorsichtig von der Rinde der Bäume gezogen hatte, an denen sie in die Höhe kletterten. Manche dieser Ausläufer reichten bis weit auf die Brunnenplatte. Marlis beschwerte sie mit flachen Steinen und begoss auch die Ausläufer täglich, um sie zu ermutigen, sich möglichst bald auf dem

Stein festzuklammern. Wie die Rosen Dornröschens Schloss würde das Efeu den Brunnen umranken und unter seinem Grün verschwinden lassen.

Zusätzlich zu dem seit langem geplanten Kauf eines kompakten Schneeball-Strauches, der im schmalen Vorgarten als lebendes Wahrzeichen ihres Reiseunternehmens wachsen und gedeihen sollte, erwarb Marlis vier fast ausgewachsene Exemplare, bereits an die drei Meter hoch. Sie sollten den Brunnen abschirmen, bewachen. Das Laub hatte bereits seine herbstliche Färbung angenommen, ein leuchtendes Weinrot. Die hängenden Beerendolden würden den Vögeln bis in den Winter als Nahrung dienen.

Das Ausheben von vier Pflanzlöchern ging fast über ihre Kräfte, so geschwächt fühlte sie sich von den Aufregungen und Ereignissen der letzten Zeit. Sie hatte aber nicht gewagt, jemanden um Hilfe beim Graben zu bitten.

Thomas Vandeproels Verschwinden wurde erst zwei Wochen später zum öffentlichen Thema, als in der Zeitung eine Suchmeldung der Polizei veröffentlicht wurde.

Herrn Hüllbuschs Hochzeit war vorbei, das Paar in den Flitterwochen und die Nachbarsfrauen waren am späten Nachmittag bei Marlis zum Abkränzen eingetroffen – dem Abnehmen der Krepp-Rosen und Flatterbänder, die den kurzen Weg durch den Vorgarten und die Haustür geschmückt hatten.

Was das Abkränzen so gemütlich machte, war, dass man sich Zeit lassen konnte. Anders als vor der Hochzeit gab es keinen Termindruck, aber immer reichlich Themen, über die man sich unterhalten konnte. Meist waren dies Vorkommnisse bei der zurückliegenden Feier, Kommentare über Braut, Bräutigam und deren Anverwandte. Diesmal wurde außerdem intensiv über die möglichen Gründe von Herrn Vandeproels Verschwinden spekuliert. Sein Schuldenberg war kein Geheimnis. Eine Nachbarin war mit einem der Gläubiger bekannt, eine andere machte düstere

Andeutungen über die Auswirkungen einer solchen Spielleidenschaft. Keine von ihnen hatte Vandeproel näher gekannt. Marlis, deren Hausbesitzer er gewesen war, wurde bedrängt, ihre Meinung äußern.

Sie zuckte mit den Schultern und spürte, wie ihr Gesicht rot anlief. »Er hat wohl ... äh ... das Gleichgewicht verloren ... und ist dann ... äh ... untergetaucht.«

Diese Umschreibung der Lage traf auf allgemeine Zustimmung und löste eine Diskussion darüber aus, wo der Flüchtige untergetaucht sein und sich jetzt befinden könne. Die Vorschläge reichten von einer Hütte im Wald über die Wohnung eines anderen Spielsüchtigen bis zur Kabine eines holländischen Frachters.

Auf den Gedanken, der Gesuchte könnte nicht mehr am Leben sein, kam zum Glück niemand.

Marlis fühlte sich erleichtert.

Garten-Tipp von Gesine Schulz

Mein Garten liegt im Südwesten Irlands, so nah am Meer, dass nach schweren Stürmen oft Seetang in der Fuchsienhecke hängt oder als glitschiger Haufen vor der Haustür liegt. Sogar ein Fisch wurde mal von einer riesigen Welle über die Hecke in den Garten geschleudert. Er landete mitten im Agapanthus-Beet und wurde später von der Pub-Katze verspeist.

Wird mir der Tang nicht frei Haus geliefert, sammle ich ihn bei meinen Strandspaziergängen auf, wenn ich nach Treibholz und Nixentränen suche. Er ist eine wichtige Zutat für meinen Kompost, den er mit Mineralien und Spurenelementen anreichert.

Manchmal benutze ich den rohen Seetang auch als Mulch. Hellgrün, tannengrün, weinrot oder rosafarben liegt er dann unter den Pflanzen, unterdrückt Unkraut und nährt Blumen und Sträucher. Seetang macht Pflanzen widerstandsfähiger und lässt sie schöner blühen.

Wer nicht in Meeresnähe wohnt und sich auch scheut, aus den Ferien an der See mit einer Reisetasche voller Tang nach Hause zu fahren, um seine Balkonblumen zu beglücken, muss nicht verzweifeln: Es gibt pulverisierten Seetang-Extrakt zu kaufen. Auch Flüssigdünger ist erhältlich.

Nixentränen sind zur Düngung übrigens ungeeignet und nicht etwa, weil sie zu salzhaltig wären, sondern weil sie aus Glas sind – kleine, von Sand und Wasser abgeschliffene Glasstückchen, die es in vielen Farben gibt. Zu Lesungen aus meinem Buch »Eine Tüte grüner Wind« bringe ich gerne ein Glas voller Nixentränen mit. Als kleine Glücksbringer sind sie sehr begehrt.

Sabine Bohnet

Paradies in Gefahr

Hannelore saß in der Dunkelheit des Gartenhäuschens und lauschte. Es war kurz nach sieben Uhr am Abend und sie musste sich noch ein wenig gedulden. Die Dämmerung hüllte die Kleingartenanlage langsam ein und eine ganz besondere Stille lag über den Lauben. Hannelore hatte diesen Abend seit Wochen geplant. Sie spürte Erregung und ihr Herz klopfte schneller bei dem Gedanken, dass sie in wenigen Minuten ihr Werk vollenden würde. Sie zog die Handschuhe an und nahm die Waffe aus ihrer Handtasche.

Als sie vor einem knappen Jahr entdeckte, dass ihr Mann Walter eine Geliebte hatte, nahm sie das zur Kenntnis wie die unzähligen Male zuvor. Sie waren seit über dreißig Jahren verheiratet, er würde auch dieses Mal schnell das Interesse an dem jungen Ding verlieren. So war es immer gewesen und so würde es wieder sein. Nach ein paar Wochen waren die Affären beendet und Walter kümmerte sich wieder nur um sie.

Diesmal jedoch wartete sie vergeblich darauf, dass er sich zu ihr auf das Sofa setzte, den Arm um sie legte und mit den Worten »Hannelore, du bist doch die Beste« an sich drückte.

Im Gegenteil, er lief vor dem Sofa auf und ab, atmete schwer, schenkte sich einen Kognak ein, lief wieder auf und ab und auf einmal brachen die Worte aus ihm heraus: »Ich will die Scheidung.«

Sie starrte ihn wortlos an, spürte den Schmerz, die Enge im Hals, ihr Herz begann zu rasen und ihre Gedanken drehten sich im Kreise. Walters Erklärungen drangen aus weiter Ferne zu ihr vor. Er wolle das Leben genießen, noch einmal jung sein. Natürlich würde er sie versorgen, ihr eine Wohnung kaufen und Unterhalt zahlen. Er wolle keine Staatsaffäre daraus machen, sie seien doch erwachsene Menschen, die das sachlich regeln könnten.

Seine Sätze rauschten durch ihren Kopf und jagten ihre Gedanken. Stumm sah sie ihn an. Nach einem Kuss auf ihre Stirn und einem etwas schiefen Lächeln ging Walter zur Sitzung des Kleingartenvereins. Wie jeden Donnerstag. Er tat, als wäre alles wie immer.

Für sie jedoch war nichts mehr wie immer. Die nächsten Wochen waren furchtbar. Tagelang suchte sie nach Gründen, warum er plötzlich, aufgrund einer lächerlichen Affäre, die Scheidung wollte.

Sie hatte alle seine Seitensprünge ohne Klagen ertragen, ihm nie Vorwürfe gemacht – sie liebte ihn doch. Manche Männer brauchten eben etwas mehr Freiheit. Ihr Walter war doch immer wieder zu ihr zurückgekommen. Diesmal war es anders. Seit diesem Abend ging Walter immer häufiger ohne sie aus. An den Wochenenden verschwand er ohne Erklärung.

Sie begann ihn heimlich zu beobachten. Sah ihn mit einer sehr jungen Frau an der Rheinpromenade spazieren gehen. Sie folgte den beiden bis zu dem kleinen Landgasthof am Stadtrand von Emmerich. Dort feierten sie und Walter seit Jahren ihren Hochzeitstag. Sauerkrauttorte als Vorspeise und Altbier-Gulasch als Hauptgang, wie damals bei ihrer Hochzeit.

Sie sah, wie Walter und die junge Frau sich küssten und verliebte Blicke tauschten. Walter wirkte wie verwandelt. Sie beobachtete fast jedes Treffen. Sie saß stundenlang in ihrem Auto vor einem kleinen Hotel in Kleve oder vor der Wohnung der jungen Frau und weinte.

Wie konnte er ihr das antun? Ging Hand in Hand mit dieser Frau durch die Stadt, machte aus dieser Beziehung überhaupt kein Geheimnis. Was, wenn Bekannte oder

Freunde ihn und seine junge Freundin trafen? Hannelore wollte keine mitleidigen Blicke und kein Getuschel hinter vorgehaltener Hand. Das hatte sie nicht verdient. Sie musste Walter zur Vernunft bringen.

An einem Abend Ende März beobachtete sie, wie die beiden auf dem Parkplatz vor der Kleingartenanlage aus dem Auto stiegen und in der Laube verschwanden. Tausend Dornen bohrten sich in ihr Herz. Der Schmerz traf sie wie ein tiefer Spatenstich.

Das war ihre Laube, ihr gemeinsames kleines Paradies. Hier war sie mit Walter glücklich gewesen. Alle Alltagsprobleme, auch seine Affären, hatten vor der Gartentür halt gemacht. Jetzt hatte er dieses Paradies zerstört.

In diesem Augenblick kam die Wut, Wut auf Walter, der sie und ihr gemeinsames Leben wie Unkraut auf den Kompost warf. Wut auf Walter, dem sie und der Garten egal geworden waren. Über Jahre hinweg hatten sie gemeinsam die Parzelle in ein Schmuckstück verwandelt. Sie hatten jedes Wochenende hier verbracht, aus einer öden Fläche eine blühende Oase geschaffen.

Vor ein paar Jahren hatte ein Fernsehteam von »Heim und Garten« in der Kleingartenanlage gefilmt. Ihre Rosen waren mehrmals in Großaufnahme zu sehen gewesen. Zuerst ihre beiden Rosensträucher »Princess of Wales«, voller Knospen und üppiger rosafarbener Blüten, die sie rechts und links der Gartenpforte gepflanzt hatte, und dann, in einem langen Kameraschwenk, ihre Rosenhecke. Sie beide waren sogar selbst kurz im Bild zu sehen gewesen. Unzählige Besucher waren nach der Sendung in der Anlage aufgetaucht und hatten die Rosen bewundert. Einen Sommer lang waren ihr Paradies und sie berühmt gewesen.

Sie liebte dieses Stückchen Erde. Walter hatte immer gelacht, wenn sie von ihrem Paradies sprach. »Hannelörchen, ich werde dir eines Tages noch einen Apfelbaum pflanzen – damit auch dieses Detail stimmt.« Und dabei hatte er ihr über die Wange gestreichelt. Das hier war und blieb ihr Paradies! Sie lächelte. Ja, sie hatte alles gut vorbereitet. Dies würde wieder ihr Garten Eden sein, mehr als jemals zuvor.

Mit Mühe hatte sie ihn am vergangenen Samstag überreden können, ihr im Garten zu helfen. Mit Murren und deutlich zur Schau getragener schlechter Laune hatte Walter den Kompost umgesetzt und ein großes, tiefes Loch gegraben. Danach war er wortlos verschwunden.

Alles war still. Noch viel zu kühl, um abends draußen zu sitzen. Sie spähte vorsichtig aus dem Fenster. In den nahegelegenen Lauben war es dunkel. Alle Farben waren gewichen und dunkle Schatten beherrschten die Gärten. Ein Vogelschrei ließ Hannelore erschaudern. Sie lehnte sich an die Wand und schloss für einen Augenblick die Augen.

Scheidung, nein! Sie wollte ihren Walter. Und den Garten. Dieses Jahr würde das Spalierobst – sie hatte an der Seitenwand der Laube »Alexander Lucas« gepflanzt – zum ersten Mal Ernte bringen. Sie durfte nicht vergessen, in den nächsten Tagen noch einige Triebe anzubinden. Sie selbst machte sich nichts aus Birnen, im Gegensatz zu Walter. Er hatte vor Jahren darauf bestanden, im hinteren Teil des Gartens zwei Birnbäume zu pflanzen.

Heute Abend, als Walter unter der Dusche stand, hatte sein Handy gepiepst. Nach kurzem Zögern zog Hannelore es aus seiner Jackentasche und las die SMS: »Warte heute Abend um acht Uhr in unserem kleinen Paradies auf Dich! Dein Tanja-Mäuschen.« Sie hatte die SMS gelöscht und das Handy eingesteckt.

Heute war es soweit. Sie atmete tief durch. Das Auto hatte sie weit entfernt abgestellt und war zu Fuß am Feld entlang gegangen. Die Kleingartenanlage grenzte an das Naturschutzgebiet Hetter und ihre Parzelle lag direkt am Feldrand. Niemand hatte ihr Kommen bemerkt. Für Ende April war es ein sehr kalter Abend, so waren ihr nicht einmal abendliche Spaziergänger begegnet. Die in ein Handtuch gewickelte Armeepistole von Walters Vater lag schon seit Tagen griffbereit unter ihrem Fahrersitz im Auto. Walter hatte die Waffe vor kurzem reinigen lassen und sie auf einem Schießstand ausprobiert. Er wollte die Pistole verkaufen, hatte es dann aber vergessen.

Hannelore lauschte. Noch war alles ruhig. Das Apfelbäumchen, ein »Rheinischer Krummstiel«, hatte sie vor ein paar Tagen gekauft und hinter der Laube abgestellt. Morgen würde sie ganz früh in die Anlage fahren und es einpflanzen. Heute konnte sie das unmöglich noch tun. Das Licht würde nur Gartenfreunde, die im Vereinsheim zusammenhockten, anlocken.

Sie musste das Loch noch um einiges vergrößern. Die Wurzeln des Bäumchens sollten ausreichend Platz haben. Fürst Pückler hatte angeblich, so stand es zumindest in einigen Büchern, manchem frisch gepflanzten Baum, in den von ihm angelegten Parks, ein totes Pferd ins Pflanzloch gelegt, um sein Gedeihen zu fördern. Das Wachstum der Bäume hatte alle erstaunt und die Parkanlagen von Fürst Pückler waren zu seiner Zeit sehr berühmt gewesen.

Ob das mit einer menschlichen Leiche auch funktionierte? Hannelore lächelte. Man würde sehen. Immerhin glaubten viele Gärtner ja auch, dass ein toter Fisch unter Tomatenpflanzen deren Wachstum förderte. Vielleicht sollte sie ja morgen noch Fisch kaufen und das Gemüsebeet gleich im Anschluss vorbereiten.

Die Tomatensetzlinge, die sie zu Hause auf der Fensterbank vorzog, zeigten bereits erste Triebe. Die würde sie zusammen mit Basilikum anpflanzen. Tomaten entwickelten neben Basilikum einfach mehr Aroma, das Basilikum wuchs dadurch viel üppiger – und der Fisch würde sein übriges tun. Morgen würde sie wirklich jede Menge zu tun haben. Sie hob den Kopf. Schritte näherten sich der Laube.

Die Tür des Gartenhäuschens öffnete sich und das Licht ging an. Tanja-Mäuschen hatte nicht mehr die Zeit, zu begreifen, was geschah.

Die Kugel traf sie mitten ins Herz.

Garten-Tipp von Sabine Bohnet

Kräuterstamm

Einen stabilen, wetterfesten Stab tief in die Erde stecken. Alternativ in einen grossen Kübel. Küchenkräuter in unterschiedlich große Tontöpfe pflanzen. Die Töpfe übereinander durch das Loch im Boden der Töpfe am Stab entlang »aufreihen«.

Durch verschiedene Kräuter entsteht ein hübscher Kräuterstamm, der an jeder Stelle im Garten oder auf dem Balkon aufgestellt werden kann.

Gitta Edelmann

Der Garten der Gifte

Als ich im vergangenen Januar von Bonn nach Düsseldorf zog, war ich nicht gerade glücklich. Meine Beziehung mit Magnus war in die Brüche gegangen und ich war heilfroh, als es mit dem neuen Job bei der Spedition klappte und ich in Düsseldorf neu anfangen konnte.

Ich fand sogar eine wunderschöne Wohnung, die von meinem Sekretärinnengehalt bezahlbar war: zwei geräumige Zimmer mit hohen Decken und großen Fenstern, Küche und Bad in einer alten Villa, nur wenige Minuten entfernt von Schloss Benrath.

Ich verliebte mich sofort in dieses rosarote Schlösschen mit seinem wundervollen Park. Denn mindestens ebenso sehr wie Magnus vermisste ich den großen Garten, der sein Haus am Venusberg umgab, die friedlichen, sonnigen Wochenenden zwischen seinen prämierten Rosen und dem Kräuterbeet.

Auch die Villa Schmitz hatte einen Garten. Er war von einer alten Mauer umgeben und wirkte jetzt im Winter kahl und verwunschen. Allerdings gehörte er zu der Wohnung im Erdgeschoss. Meine Wohnung im ersten Stock hatte nicht einmal einen Balkon.

Daher fragte ich schon bei der Besichtigung die Besitzerin, ob es nicht möglich sei, den Garten mit zu benutzen.

»Ach Gottchen, nee«, sagte die alte Frau Schmitz, die mir im Vertrauen verraten hatte, dass sie eigentlich ein Fräulein war. »Der Herr Küppersbusch hat den Garten schon seit zwanzig Jahren im Mietvertrag und pflegt ihn so schön, da will ich ihm nicht reinreden. Die Pflanzen sind sein Ein und Alles. Sie müssten schon selbst mit ihm sprechen. Ich glaube, ihre Vormieterin hatte da auch mal . . . äh . . . So, und nun zeig ich Ihnen noch den Keller«, wechselte sie abrupt das Thema.

Herr Küppersbusch war ein gediegen wirkender, kahlköpfiger Herr Mitte fünfzig, der mich von oben bis unten musterte, als Frau Schmitz mich ihm vorstellte. Ich setzte mein freundlichstes Lächeln auf, aber mein Anliegen fand keine Gnade vor seinen Augen.

»Ich bin Botaniker«, sagte er, »und arbeite oft im Gartenhaus. Da brauche ich Ruhe.«

Ich wollte gerade erwidern, dass ich ja leise sein würde, als er seinen Kopf schief legte und mit seltsam abschätzendem Blick hinzufügte: »Aber im Sommer lade ich oft Gäste ein, vielleicht darf ich Sie ja auf die Gästeliste setzen?«

Auf die Gästeliste setzen. Was für ein Stuss! Ich lächelte und nickte und hakte den Garten innerlich ab.

So wurde der weitläufige Schlosspark mein Garten. Mindestens dreimal die Woche joggte ich nach dem Büro am Spiegelweiher entlang, rechts rüber zum Rheinkopf und am Rhein entlang. Oft ging ich auch zwischen den noch kahlen Bäumen spazieren. Es war kalt und ab und zu schneite es. Ich freute mich, als ich im Februar die ersten zarten Knospen an den Sträuchern entdeckte. Und das erste Schneeglöckchen erschien mir wie eine Verheißung hellerer und wärmerer Zeiten.

Auch im Garten der Villa, unter meinem Schlafzimmerfenster, blühten die Schneeglöckchen. Ich wurde neugierig auf das, was der Botaniker in seinem Garten gepflanzt hatte. Ich träumte von Blütenpracht und sommerwarmen Düften. Vielleicht würde ja sein Herz im Laufe der Zeit tauen und er würde mir doch erlauben, ab und zu im Garten zu sitzen? Vielleicht nach der Einladung, die er erwähnt hatte, wenn er mich besser kennengelernt hatte?

Um Herrn Küppersbusch bei Gelegenheit mit fachlich

fundierten Komplimenten überraschen zu können, kaufte ich mir im Museumsladen des Schlosses ein Pflanzenbestimmungsbuch. Außer Schneeglöckchen waren Tulpen, Narzissen und Rosen so ziemlich die einzigen Blumen, die ich benennen konnte. Ich liebte Gärten, genoss ihren Anblick, aber den Wunsch darin zu arbeiten oder Pflanzennamen auswendig zu lernen, hatte ich bisher nie verspürt.

Doch Tulpen, Narzissen oder Rosen wuchsen nicht bei Herrn Küppersbusch.

An einem Tag im März fand ich die Tür vom Keller zum Garten unverschlossen. Herr Küppersbusch war nicht zu Hause. Trotzdem traute ich mich nicht hinaus, sondern versuchte, mit dem Buch in der Hand, die ersten Frühlingsboten von Ferne zu bestimmen.

Hohler Lerchensporn – *Corydalis cava*. Hübsch sah der aus mit seiner Traube aus rötlichen Blüten. Der deutsche Name, so las ich, kommt von der unterirdischen, hohlen Knolle. Die Pflanze enthält Alkaloide und ist giftig. Naja, ich hatte nicht vor, Salat daraus zu machen. Nach einigem Blättern identifizierte ich den Seidelbast. Kleine Insekten tanzten um die Blüten. Das Fruchtfleisch ist giftarm, die Samen aber giftreich, informierte mich mein schlaues Buch.

Im Mai ergossen sich im hinteren Teil des Gartens die dichten gelben Blütentrauben des Goldregens (*Laburnum anagyroides*) über das Gartenhaus. »Geh da nicht dran, der ist giftig!«, fielen mir unwillkürlich Omas Worte ein.

Maiglöckchen waren ebenfalls giftig und als ich die Einbeere (*Paris quadrifolia*) entdeckte, ein Liliengewächs, wunderte ich mich schon gar nicht mehr.

Herrn Küppersbusch sah ich selten. Er war ein ruhiger Nachbar, nur manchmal hörte ich die Klänge eines Klavierkonzerts aus seiner Wohnung.

Ab und zu sah ich ihn im Garten. Dann versteckte ich mich hinter dem Vorhang meines Fensters und beobachtete, wie er seine Pflanzen goss, düngte oder hie und da etwas abpflückte. Er ging jetzt häufig ins Gartenhaus und schloss jedes Mal, wenn er es wieder verließ, die Tür gewissenhaft ab. Glaubte er etwa, ich würde ihm nachschnüffeln?

Ich war nur ein einziges Mal kurz im Garten gewesen, als er an einem Samstagvormittag mit seiner Einkaufstasche aus dem Haus gegangen war. Wirklich nur ganz kurz, um mir die Arnika-Blüten genauer anzusehen (alle Pflanzenteile sind giftig). Als ich rasch durch das Fenster ins Gartenhaus geschaut hatte, hatte ich nichts gesehen außer einem leeren Tisch, einem Stuhl und einem großen alten Schrank.

In meiner Freizeit genoss ich die Gartenanlagen von Schloss Benrath. Singende Vögel, summende Bienen, grünende und blühende Bäume, Büsche und Blumen. Wenn ich von meiner Lieblingsbank den Parterregarten überblickte, so hell und übersichtlich, kam mir der Garten der Villa mit all seinen Giftpflanzen bedrohlich und krank vor.

»Sie sind das also, die jetzt in der Schmitze-Villa wohnt?«, fragte mich eines Morgens die Verkäuferin in der Bäckerei. Aha, Dorftratsch! Dagegen war auch die nordrheinwestfälische Landeshauptstadt nicht gefeit. »Das war ja tragisch mit ihrer Vormieterin!«

Tragisch? Vormieterin?

»Ja, die ist doch vor Weihnachten so plötzlich gestorben, wussten Sie das gar nicht?«

Nein, das hatte mir keiner erzählt.

»Irgendwas mit dem Herzen, hat wohl ihr Medikament nicht richtig genommen. Wir waren alle ganz geschockt, so eine nette Frau. Aber sie war die letzten Tage vor ihrem Tod schon komisch.«

Herz. Herzmedikament. Roter Fingerhut. *Digitalis purpurea*. Fing im Garten gerade an zu blühen.

Herr Küppersbusch bekam jetzt häufig Damenbesuch. Fast jeden Abend führte er eine andere Frau durch den Garten in das Gartenhaus. Oft sah er dann hinauf zu meinem Fenster, so dass ich schnell einen Schritt zur Seite gehen musste, um nicht entdeckt zu werden.

Verabredungen mit Kollegen schlug ich aus. Ich ging nicht mehr spazieren und joggte nur noch selten. Zuerst musste ich wissen, was Herr Küppersbusch im Schilde führte. Ich hatte ein ungutes Gefühl, seit die Frau in der Bäckerei von dem plötzlichen Tod meiner Vormieterin gesprochen hatte. Wenn er nun eine der Besucherinnen des Gartenhauses vergiftete? Ich wäre die einzige Zeugin, die sie bei Herrn Küppersbusch gesehen hatte.

An manchen Abenden kam Herr Küppersbusch mit seinem Gast schon nach wenigen Minuten zurück, manchmal blieben die beiden stundenlang im Gartenhaus.

Meine Neugier wuchs. Wer waren diese Frauen? Nach einem Liebesnest hatte das Innere des Häuschens nicht ausgesehen. Und Herr Küppersbusch wirkte auch nicht gerade wie Don Juan. Immerhin: Wenn sie wieder gingen, schien es den Frauen gut zu gehen, und langsam beruhigte ich mich wieder.

Eines Abends klingelte es an meiner Tür. Es war Herr Küppersbusch. »Sie waren doch so interessiert an meinem Garten«, sagte er und sah mich an, als hätte er Hintergedanken.

»Nein, nein«, versicherte ich ihm. Ich hatte keine Lust, mit ihm höfliche Konversation über Giftpflanzen zu betreiben.

»Schade, ich hätte Sie gerne zu meinem kleinen Gartendinner mit Freunden am Sonntag eingeladen. Vielleicht überlegen Sie es sich ja noch einmal? So gegen fünf?«

Ein Gartendinner? Ein Essen im Garten mit mehreren Gästen? Da konnte kaum etwas passieren. Und ich hätte die wahrscheinlich einmalige Gelegenheit, mir den gesamten Garten einmal genauer anzuschauen. Alles konnte ich ja von meinem Schlafzimmerfenster aus nicht überblicken.

»Ja, also . . . gerne«, sagte ich schließlich.

Wir waren zu siebt. Zwei Paare um die fünfzig, eine schüchterne Frau in meinem Alter, die sich als Anni vorstellte, Herr Küppersbusch und ich. Es gab Hummer und verschiedene exotische Salate – nicht aus dem eigenen Garten.

Erleichtert über den dezenten Schriftzug einer Feinkosthandlung auf den Salatschüsseln häufte ich mir die Leckereien auf den Teller. Zum Essen reichte der Gastgeber mit Kennermiene einen äußerst lieblichen Weißwein, ein echtes Zuckerwässerchen.

Die anderen Gäste kannten Herrn Küppersbusch schon länger, nannten ihn Gregor oder manchmal auch »Meister«. War das eine Düsseldorfer Eigenheit?

Ich fragte leise Anni, die rechts von mir saß. Anni errötete und sah sich verlegen um. Niemand achtete auf uns.

»Hexenmeister!«, hauchte sie mir ins Ohr.

Beinahe hätte ich laut losgelacht. Doch ich fing einen Blick von Herrn Küppersbusch auf und spürte, dass er wusste, wovon wir sprachen. Das Lachen verging mir.

»Er hat ein altes Buch von seiner Urgroßmutter mit Schönheitsrezepten«, fügte Anni hinzu. »Die war nämlich auch eine Hexe.«

Ach so. Wahrscheinlich ein Kräuterbuch. Das wäre eine Erklärung für die häufigen Damenbesuche: Schönheitsmittel, die mit der Aura von altem Wissen und Hexerei für manche Frauen vermutlich eine große Anziehungskraft besaßen. Und sie tiefer in die Tasche greifen ließen.

»Und zum Dessert biete ich Ihnen, meine lieben Gäste, heute etwas ganz Besonderes.«

Herr Küppersbusch stand auf und ging hinüber zu einigen fast zwei Meter hohen Pflanzen. Ich erkannte sie sofort: *Atropa belladonna* – die Tollkirsche. Giftig. Sehr giftig sogar.

Die meisten Beeren waren noch grün, doch Herr Küppersbusch pflückte sieben reife, schwarze Tollkirschen und bot sie uns aus seiner Hand an. Unwillkürlich schüttelte ich den Kopf. Die anderen griffen begierig nach den Früchten.

»Nehmen Sie ruhig auch eine«, sagte er zu mir. »Eine einzelne Kirsche ist das reine Vergnügen. Sie regt den Geist an und verleiht dem Körper neue Spannkraft.«

Dann wandte er sich an Anni: »Und, was sagen Sie?«

»Zuckersüß!«, zwitscherte Anni begeistert.

»Der rote Fruchtsaft der Tollkirschbeere diente früher zum Schminken und zum Nachfärben des Rotweins. Außerdem war sie schon im Mittelalter ein beliebtes Schönheitsmittel bei den Damen«, erklärte Herr Küppersbusch weiter.

Alle nickten und kauten ihre Tollkirsche. Ich befand mich in einem Irrenhaus! Besser gesagt: in einem Irrengarten.

Noch einmal bot mir Herr Küppersbusch eine Tollkirsche an. Wieder lehnte ich ab. Daraufhin steckte er sich die schwarzglänzende Kugel mit großer Geste in den Mund. Ich starrte ihn an. Würde er, würden alle anderen, gleich zusammenbrechen? Mit Schaum vor dem Mund? Doch es passierte gar nichts, außer dass wir uns alle wieder an den Tisch setzten.

»Ihm schadet kein Gift! Nicht einmal in großen Mengen«, klärte mich Anni flüsternd auf. »Das zeigt, dass er außergewöhnliche Kräfte hat!«

Schon am folgenden Wochenende lud mich Herr Küppersbusch zu seinem nächsten Gartendinner ein. Ich dachte kurz an das leckere Essen, dann fiel mir das gefährliche Dessert wieder ein. Ich entschuldigte mich, die Arbeit, ein Sondertransport meiner Spedition, Sie verstehen doch sicher.

Er nickte verständnisvoll. Am Abend stand ich hinter meinen zugezogenen Vorhängen und schaute mit meinem neuen Fernglas durch das kleine Loch, das ich hineingeschnitten hatte. Alles lief genau ab wie beim vorigen Mal, bis hin zum speziellen Dessert. Nur dass Anni dieses Mal noch blieb, als die anderen gegen neun Uhr gingen, und mit Herrn Küppersbusch im Gartenhaus verschwand.

Über eine Stunde wartete ich am Fenster, bis sie wieder herauskamen. Annis Gesichtsausdruck im Licht der Gartenlaterne erinnerte mich an Omas Katze, wenn sie die Schlagsahne ausgeleckt hatte, irgendwie trotzig satt.

Anni schwankte ein bisschen. Kurz darauf sah ich vorne aus dem Küchenfenster, wie Herr Küppersbusch sie in ein Taxi setzte.

Ich konnte schlecht einschlafen. Anni ging mir nicht aus dem Sinn. Sie war mir nicht betrunken vorgekommen. Was war in dem Gartenhaus geschehen?

Drei Tage später traf ich Herrn Küppersbusch zufällig an der Haustür.

»Anni hat nach Ihnen gefragt«, sagte er. »Sie kommen doch am Sonntag?«

Ich nickte erleichtert. Anni ging es also gut.

»Ach, und vielleicht darf ich Ihnen heute Abend einmal mein kleines Labor zeigen?«

Labor?

»Im Gartenhaus«, fügte er hinzu. »Acht Uhr?«

Wieder nickte ich. Heute Abend, schien es, würde ich endlich genaueres über Herrn Küppersbuschs Tun erfahren.

Ich war pünktlich. Herr Küppersbusch - »Ach, nennen Sie mich doch Gregor« - schloss die Tür des Gartenhauses auf. In der Mitte des großen Tisches lag ein dickes, in schwarzes Leder gebundenes Buch, daneben standen Töpfchen und Tiegelchen, ein Bunsenbrenner und noch ein paar Gerätschaften. Die Türen des großen Schranks waren geschlossen. Unter dem Fenster stand eine mit rotem Samt bezogene Chaiselongue.

»Dies ist mein Reich«, sagte Herr Küppersbusch und breitete die Arme aus.

»Und was machen Sie hier genau?«, wagte ich zu fragen.

»Ich kümmere mich um die Schönheit und das Glück der Damen.«

Sein Lächeln gefiel mir nicht. Ich trat an den Tisch und wollte das alte Buch aufschlagen, doch er griff nach meiner Hand und schüttelte den Kopf.

Dann öffnete er den Schrank und nahm ein schlichtes weißes Cremedöschen heraus. »Für Sie.«

Er überreichte es mir mit großer Geste, doch als ich es nehmen wollte, zog er seine Hand mit dem Döschen zurück und schraubte den Deckel ab. »Probieren Sie doch gleich einmal«, sagte er.

Sein Blick war unangenehm intensiv. Am liebsten wäre ich weggelaufen. Er nahm etwas Creme aus dem Döschen und tupfte sie mir schnell auf den rechten Arm. Unwillkürlich verrieb ich das weiße Zeug. Und schon hatte er es mir auch auf den linken Arm geschmiert!

»Das war nicht fair«, beschwerte ich mich und rieb die Creme gründlich ein.

Ich begann mich merkwürdig zu fühlen. Irgendwie leicht. Irgendwie anders. Ich setzte mich auf die Chaiselongue. Wunderbarer, warmer, roter Samt unter meinen Händen. Durch die offene Tür wehte der schwere, süße Duft, der mich an den Weichspüler meiner Großmutter erinnerte. Oleander.

Eigenartig, ich hatte nicht gewusst, dass Oleander giftig ist. Und das musste er sein, wenn er hier wuchs. Aber jetzt störte es mich kein bisschen. Ich sah Herrn Küppersbusch an. Gregor. Irgendwie hatte der Mann etwas. Wie er mich ansah. Mir wurde plötzlich heiß. Mein Herz begann zu rasen. Ich fühlte mich schwindelig.

Sein Gesicht verschwamm vor meinen Augen. Es wurde dunkel. Und dann wachte ich in meinem Bett auf, die Sonne schien ins Fenster und mein Kopf war schwer von dunklen Träumen, an die ich mich nur vage erinnerte. Ich war geflogen und eine schwarze Gestalt hatte mich erwartet. Mir war, als könnte ich ihre Hände noch überall auf meiner Haut spüren. Ich fühlte mich wund und zerschlagen. Daran, wie ich in mein Bett gekommen war, hatte ich keine Erinnerung.

Ich rief im Büro an und meldete mich krank. Um meinen Kopf wieder frei zu bekommen, ging ich hinüber zum Schloss. Im Park fühlte ich mich diesmal angreifbar und so betrat ich zum ersten Mal das Museum für Europäische Gartenkunst.

Ich schlenderte durch die Räume, nahm jedoch kaum etwas wahr, bis ich im zweiten Stock bei den Abbildungen und getrockneten Exemplaren von allerlei Kräutern plötzlich auf einem Schildchen »Böse Pflanzen« las. Darüber sah ich die Abbildung zweier Pflanzen, die ich aus Herrn Küppersbuschs Garten und meinem Buch nur allzu gut kannte: Tollkirsche und Bilsenkraut.

Das Wort »Hexensalbe« stach mir ins Auge. Hexensalbe. Flugsalbe. Nicht Schönheitscreme.

Der gediegene Herr Küppersbusch, der sogenannte Hexenmeister, hatte mich reingelegt. Was hatte er in meinem Rausch mit mir gemacht? Ich ahnte Schlimmes. Hexen fliegen zum Blocksberg, um mit dem Teufel zu verkehren.

Also: Wer anderes konnte der schwarze Mann aus meinen Träumen sein als der Teufel? Am liebsten wäre ich sofort zurückgerannt und hätte dem ehrenwerten Herrn einen stumpfen Gegenstand über den Schädel gezogen. Doch auf Gefängnis hatte ich keine Lust. Rache schmeckt am besten eiskalt, also brauchte ich etwas Abstand und einen eiskalten Plan.

Ich ging nach Hause und packte ein paar Sachen. Dann marschierte ich das kleine Stück zum Benrather Bahnhof und setzte mich in den nächsten Zug nach Bonn. Meine Freundin Ines würde sich wundern, aber sie hatte mich schon so oft eingeladen, da traute ich mich auch unangekündigt zu ihr.

Ines und Harald hatten eine große Wohnung in der Nähe

des Botanischen Gartens und einen Internetanschluss mit Flatrate. Außerdem war Harald Apotheker. Das alles kam mir jetzt sehr gelegen.

Am Sonntagabend kam ich erst gegen neun Uhr zurück in die Villa. Herr Küppersbusch stand an der Haustür und verabschiedete gerade seine Gäste.

»Ah, da sind Sie ja wieder«, begrüßte er mich und seine Augen schienen zu glühen. »Am nächsten Sonntag sind Sie doch wieder dabei?«

Ich nickte und eilte die Treppe hinauf in meine Wohnung.

Die Woche verging wie im Flug. Komisch, dieser Satz hatte nun eine ganz neue Bedeutung, denn der Traum vom Fliegen kehrte fast jede Nacht zurück. Einmal landete ich im Garten und riss alle Pflanzen heraus. Das war es, wonach ich mich sehnte. Ausrotten mit Stumpf und Stiel. Entgiften.

Am Sonntag ging ich absichtlich früh mit meinem Gastgeschenk hinunter in den Garten.

»Aus meiner Heimat«, erklärte ich und überreichte Herrn Küppersbusch eine Flasche Spätburgunder mit dem Etikett der Winzergenossenschaft Breisach. »Ich habe oben noch eine Flasche davon offen, darf ich Ihnen schon mal ein Glas anbieten?«, fragte ich.

»Gerne.«

»Ich hoffe, er ist nicht zu trocken«, sagte ich, als ich mit zwei halbgefüllten Gläsern Rotwein wieder herunter kam.

Er streckte mir seine Hand entgegen, um mir ein Glas abzunehmen, aber ich stellte es auf dem Tisch ab und drückte ihm stattdessen zwei längliche, braune Kapseln in die Hand.

»Nimm sie am besten gleich, Gregor, sie wirken erst nach einer ganzen Weile«, hauchte ich mit dem verschwörerischsten Lächeln, das ich hinkriegte.

Er sah mich zuerst verständnislos an; als jedoch der Groschen fiel, errötete er fast. Ich drückte ihm sein Weinglas in die Hand und stieß mit ihm an.

»Auf gute Nachbarschaft!«, sagte ich. «Und auf Kraft und Ausdauer«, fügte ich flüsternd hinzu.

»Hallo Meister«, flötete es da aus dem Keller und heraus trat eine beleibte Dame in einem schwarz-weiß getupften Kleid.

Gregor zögerte noch einen winzigen Moment, dann schob er eine der Kapseln in den Mund und nahm einen kräftigen Schluck von meinem Spätburgunder. Er verzog das Gesicht. Tja, das war keines seiner üblichen Zuckerwässerchen. Dennoch schluckte er damit auch die zweite Kapsel, drückte mir das Glas wieder in die Hand und eilte seinem Gast entgegen.

»Meine Liebe, wie schön, dass Sie kommen konnten!«

Bei diesem Dinner waren alle Gäste weiblich. Anni war wieder dabei und noch eine andere Frau, die ich vom letzten Mal kannte.

Ob meine Vormieterin auch hier gesessen hatte? Hatte auch sie das Gartenhaus besichtigt? War ihr angeblicher Irrtum mit den Medikamenten auf ein ähnliches Erlebnis wie meines zurückzuführen? Plötzlich gestorben, plötzlich gestorben, dröhnte es in meinen Ohren.

Ich aß nichts, schob meinen Salat nur auf dem Teller hin und her. »Eine Magenverstimmung«, erklärte ich Anni, die mich neugierig ansah.

Zum Dessert zelebrierte der Gastgeber wieder sein Ritual um die Tollkirsche. Er pflückte mehrere und bot uns die kleinen schwarzen Früchte auf seiner Handfläche an. Ich lehnte höflich ab. Daraufhin aß Gregor auch meine.

»Wie viele Tollkirschen kann man eigentlich gefahrlos essen?«, fragte ich, obwohl ich die Antwort inzwischen genau kannte.

»Für Erwachsene liegt die tödliche Dosis bei etwa drei Beeren«, dozierte Gregor. »Ich habe jedoch schon mehr ge-

gessen und – wie Sie sehen, meine Damen – lebe immer noch!«

Die anderen Frauen betrachteten ihn voller Staunen. Ich setzte ein ehrfürchtiges Gesicht auf, obwohl ich am liebsten losgelacht hätte. Vier bis zehn war die Antwort auf einer der Infoseiten im Internet gewesen, zehn bis zwanzig auf einer anderen. Gregor Küppersbusch war nichts als ein Angeber.

»Drei kommt mir aber sehr viel vor«, bemerkte ich mit deutlichem Zweifel in der Stimme.

Daraufhin aß er eine weitere Tollkirsche. Drei, zählte ich innerlich und setzte mich wieder. Sofort lotste er alle Damen zurück zum Tisch, als wolle er vermeiden, dass ihm eine weitere Tollkirsche aufgedrängt würde.

Seine Augen glänzten ein bisschen. Er griff hastig nach seinem Wasserglas. Dann sprang er auf und rannte ins Haus. Wir starrten ihm betroffen nach. Fast zehn Minuten vergingen, bis er zurückkam. Er war sehr blass.

»Aber Gregor, was hast du denn?«, hörte ich Anni sagen.

Doch er antwortete nicht, drehte sich um und rannte zurück ins Haus. Wir warteten. Schließlich beschloss die Dicke im Tupfenkleid, nachzusehen.

»Vergiftet!«, schrie sie kurz darauf durch das offen stehende Fenster zu uns heraus. »Ruft den Notarzt! Er hat fürchterliche Krämpfe!« Dann schlug sie die Hände vors Gesicht und schluchzte.

Ich rannte hinauf in meine Wohnung. Ich wählte die 112 und sagte mein Sprüchlein: »Möglicherweise eine Tollkirschenvergiftung ... Ja, er hat damit angegeben, dass er mehrere davon essen kann ... Gut, die Haustür wird offen sein ... durch den Keller in den Garten.«

Es dauerte lange, bis der Notarztwagen kam. Ich hatte in meiner Aufregung die Adresse meiner Spedition in der Nähe des Düsseldorfer Flughafens angegeben und musste ein zweites Mal telefonieren. Alle hatten Verständnis für meinen Fehler, niemand kam auf die Idee, ich hätte die Ankunft des Rettungswagens verzögern wollen. Warum hätte ich das auch tun sollen? Etwa um den armen Mann länger leiden zu lassen?

Rhizinusöl-Kapseln sind ein natürliches und sehr wirkungsvolles Abführmittel. Zwar können sie in doppelter Höchst-Dosierung grimmige Bauchkrämpfe und einen fürchterlichen Durchfall auslösen, sie sind aber nicht wirklich lebensgefährlich. Allerdings würden der Schock, den Herr Küppersbusch bekommen hatte, als die Bauchschmerzen einsetzten, und ein paar Tage Erholung im Krankenhaus ihm bestimmt gut tun.

Ich hatte tagelang über einen Mord nachgedacht und mich zuletzt schweren Herzens dagegen entschieden, doch nun tat ich etwas, was auf meiner persönlichen Verbrechensskala seit dem Kindergarten ganz oben stand und mir wirklich nicht leicht fiel: ich petzte!

Ich besuchte meine Vermieterin, die alte Frau Schmitz. Mitfühlend hielt ich ihre Hand, als ich ihr von Herrn Küppersbuschs Salben und Tränken - »ach Gottchen, Drogen!« - und von seinen ständigen Damenbesuchen - »Orgien, oh je!« - berichtete.

»Mein Vater dreht sich im Grabe - der Garten und das Gartenhaus waren sein Ein und Alles!«, sagte sie schließlich und in ihren Augen schimmerten Tränen.

Dann erhob sie sich, ergriff Stock und Tasche und eilte zur Wohnungstür. Ich begleitete sie zur Villa, half ihr die Treppe zum Keller hinunter und hinaus in den Garten. Mit leicht zittrigen Fingern schloss sie die Tür des Gartenhauses auf und schaute hinein.

»Die Chaiselongue wird abgeholt!«, erklärte sie mir energisch. »Die restlichen Möbel gehören mir! Die stammen von meinem Vater.« Ihr Blick fiel auf das dicke Buch, das mitten auf dem Tisch lag. »Aber, aber . . . das ist doch Vaters Buch!«, stammelte sie. Mit drei großen Schritten stand sie vor dem Tisch und schlug aufgeregt die erste Seite des

Buches auf. »Ja, da! Sehen Sie doch! A. S. – Alfons Schmitz! Das war mein Vater. Er war Apotheker und sammelte alte Kräuterbücher! Ich vermisse das Buch seit Ewigkeiten!«

»Könnte Herr Küppersbusch . . . ?«, lenkte ich ihre Gedanken auf das Naheliegende.

Das wurde ja immer besser! Das Buch war also keineswegs das Hexenbuch von Herrn Küppersbuschs Großmutter, sondern das antike Kräuterbuch eines Apothekers. Und Herr Küppersbusch war ein Dieb!

»Ich hatte ihn, als er gerade eingezogen war, einmal eingeladen, weil er Botaniker ist und sich für Pflanzen interessiert. Er hat die Kräuterbücher meines seligen Vaters damals sehr bewundert«, sagte Frau Schmitz und seufzte. »Ich hätte eigentlich früher auf die Idee kommen müssen, dass er das Buch mitgenommen haben könnte!« Sie schüttelte den Kopf.

Dann nahm sie das Buch vom Tisch und drückte es mir in die Arme.»Nehmen Sie, ich will das nie wieder sehen. Er hat alles beschmutzt. Verbrennen Sie es am besten! Und alles andere hier drin auch. Oder stellen Sie's auf den Sperrmüll«, sagte sie, deutete auf Herrn Küppersbuschs Laborgeräte und ging hinaus.

Ich folgte ihr und sie schloss das Gartenhaus wieder ab. Dann kam sie mit mir nach oben, und während ich ihr einen Kamillentee kochte, rief sie den Schlüsseldienst an, der das Schloss der Tür zum Gartenhaus schon eine Stunde später ausgetauscht hatte.

»Ich schicke in den nächsten Tagen einen Möbelwagen«, sagte sie, während sie auf ihr Taxi wartete. »Leider bin ich ab morgen eine Woche verreist und kann nicht alles persönlich erledigen. Könnten Sie vielleicht das Gartenhaus für die Packer öffnen, damit sie die Chaiselongue mitnehmen?«

Ich nickte und sie drückte mir einen der neuen Schlüssel in die Hand. »Vielen Dank«, sagte sie, »ich bin Ihnen wirklich sehr dankbar, dass Sie mich informiert haben.«

Eigentlich wollte ich sie fragen, ob ich jetzt den Garten mieten könnte, doch da kam schon das Taxi und Frau Schmitz fuhr davon. Ins Krankenhaus, um ihren langjährigen Mieter vor die Tür zu setzen.

Wie genau sie es schaffte, dass Herr Küppersbusch auf seine Kündigungsfrist verzichtete und sich nie mehr blicken ließ, weiß ich nicht. Wahrscheinlich ganz einfach durch Erpressung und die Drohung, ihn bloßzustellen.

Ein paar Tage tat sich in der unteren Wohnung nichts. Dann, am Samstag, fuhr schon morgens um acht die angekündigte Möbelspedition vor und holte Herrn Küppersbuschs Besitz ab. Den Schlüssel zur Wohnung hatten die Packer. Das Gartenhaus schloss ich ihnen auf und sah die rote Chaiselongue zusammen mit all den Sachen aus der Wohnung im Möbelwagen verschwinden.

Endlich war ich allein im Garten. Frau Schmitz würde ihn mir bestimmt vermieten. Dann würde ich all die giftigen Pflanzen herausreißen und Stiefmütterchen pflanzen oder Rosen oder so. Und vielleicht einen Johannisbeerstrauch.

An diesem Abend rief mich Anni an. »Du, ich hatte diese Tropfen von Gregor, A 1 stand drauf«, druckste sie herum. »Ich kann ihn nirgends erreichen. Wenn du davon noch was findest – ich zahl' zweihundert Euro für das Fläschchen.«

Zweihundert Euro! Nicht zu verachten bei meinem nicht allzu üppigen Sekretärinnengehalt! Ich ging hinunter ins Gartenhaus und sah mich um. Ein Fläschchen mit A 1 fand ich nicht, aber im Schrank standen jede Menge gefüllte Flaschen und Tiegel, säuberlich mit Etiketten versehen.

Als ich das Kräuterbuch unter meinem Bett hervorholte und durchblätterte, entdeckte ich, dass Herr Küppersbusch neben viele der Rezepte mit Bleistift Kurzbezeichnungen wie A 1, B 8 oder Z 6 geschrieben hatte.

Also rührte ich die Tinktur nach dem Rezept aus dem Buch selbst zusammen. Es war nicht allzu schwierig. Schon nach wenigen Wochen hatte es sich herumgesprochen, dass ich einige von Gregors Mittelchen anzubieten hatte.

Das Geschäft fing an, richtig gut zu laufen und ich hatte gerade beschlossen, im Garten erst einmal alles so zu lassen wie es war, als Frau Schmitz sich plötzlich entschloss, das Haus zu verkaufen. Nach all der Aufregung fühlte sie sich der Verantwortung für das Haus und die Mieter nicht mehr gewachsen und da traf es sich für sie günstig, dass der Sohn ihrer Schulfreundin dringend ein Haus zu kaufen suchte.

Der zukünftige Besitzer fuhr umgehend mit seiner Großfamilie vor. Er schüttelte mir freundlich die Hand und meldete sofort Eigenbedarf an. Ich musste ausziehen. Mist.

So packte ich wieder einmal meine Siebensachen. Dieses Mal gehörten dazu eine Kiste mit Flaschen, Tiegeln und Laborgeräten und ein Wäschekorb voller ausgegrabener Pflanzen und Samen aus dem Vermächtnis des verschwundenen Hexenmeisters. Nur die Tollkirschen ließ ich stehen, in meinen Rezepturen würde ich sie gewiss nicht verwenden!

Gerne wäre ich in Benrath geblieben, doch ich fand in dieser Gegend keine passende Wohnung mit Garten. Und auf den konnte ich angesichts meines wachsenden Kundenstamms und meiner geplanten Garten-Beauty-Partys auf keinen Fall verzichten.

Schließlich hatte ich wieder einmal Glück. Die Volkshochschule bot gerade einen höchst interessanten und brauchbaren Kursus an: Neue Kräuterküche – Tees, Extrakte, Tinkturen und Salben aus dem eigenen Garten. Am ersten Kursabend lernte ich eine ältere Dame kennen, die von einem hübschen Häuschen in Kaiserswerth wusste, das eine Bekannte vermieten wollte.

Das Häuschen war nicht nur hübsch, es hatte auch einen verwilderten Garten. Einen Garten, in dem die Herbstzeitlosen blühten. *Colchicum autumnale*. Sehr giftig. Ein wunderbares Omen.

Garten-Tipp von Gitta Edelmann

Genießen, genießen, genießen! Ich mag leicht verwilderte Gärten, in denen immer neue bunte Blumen blühen. Von Frühling bis Herbst hat man so ein grünes Zimmer mit immer neuen Tapeten. Dazu kaufe ich Samenmischungen, säe sie entlang der Gartenmauer aus und harre der Blumen, die da kommen. Und das dürfen gerne Wildblumen sein statt der standardisierten Gartenpflanzen.

Tipp für Eltern: Hier macht Kindern das Blumenpflücken Spaß und die prämierten Rosen bleiben ungestört!

Garten-Tipp von Peter Lengwenings

Es muss nicht immer ein Gift-Cocktail sein, um unliebsame Mäuse aus dem Gartenbeet zu vertreiben (wie im richtigen Leben):

Wühlmäuse fressen gerne schon mal komplette Blumenzwiebeln auf oder durchpflügen Beete mit Gängen. Man muss nicht gleich »giftig« werden – vor allem, wenn Kinder und Haustiere ebenfalls den Garten nutzen.

Mit einem Sud aus Knoblauch können die Plagegeister auf natürlichem Wege vertrieben werden. Ein gutes Hausmittel ist das Besprühen der Beete mit Knoblauch oder konzentrierter Zwiebelbrühe. Auch das Zusammenpflanzen mit Knoblauch kann helfen.

Peter Lengwenings ist Vertriebsleiter bei Welle Niederrhein, Kinderbuchautor und Krefeld-Freund

Hortensia van Capellen

Die Primel-Donnen

Es fing alles ganz harmlos an.

Anja hatte sich mal wieder über die Schulnoten ihres ältesten Sohnes geärgert und mehr noch über die gelassene Reaktion ihres Mannes. Sie rief mich an, klagte ihr Leid, fühlte sich besser danach und meinte, unser letztes Treffen sei viel zu lange her.

Ich gab ihr recht. Wir wohnten nicht weit von einander entfernt. Mit dem Auto war es kaum mehr als ein Katzensprung, aber sie hatte ihre Familie, die Teilzeitstelle in einem Architekturbüro und den Russisch-Kurs an der VHS; ich war am Gericht sehr eingespannt, machte zu der Zeit Überstunden ohne Ende.

»Nein, nein, so geht das nicht«, meinte Anja. »Wir sind Freundinnen, wir müssen uns öfter sehen. Am besten machen wir feste Termine aus, sonst wird das nichts, bei mir jedenfalls nicht, ich kenne mich doch.«

Anja konnte sehr hartnäckig sein, man sah es ihrer zierlichen Person nicht an. So gab ich nach, bestand nicht auf dem Vier-Wochen-Turnus, den ich vorgeschlagen hatte, sondern stimmte zu: alle drei Wochen, am Samstag oder Sonntag im Wechsel, fest in unsere Terminkalender eingetragen.

»Ab und zu wird etwas dazwischen kommen, das ist doch klar. Ein Familiengeburtstag oder etwas in der Art. So sind es dann aber nur sechs Wochen Pause und nicht gleich acht. Und wir treffen uns am frühen Nachmittag, für zwei, drei Stündchen. Da habe ich den Einkauf gemacht, das Mittagessen ist vorüber und falls man abends noch was vorhat oder eine Kaffee-Einladung anliegt, kann man die auch noch schaffen.«

»Genau«, sagte ich. Obwohl ich an meinen Wochenenden meist nur die Beine hochlegte, an den Sonntagen zumindest, und mich von der anstrengenden Woche erholte. Dann las ich *Die Zeit*, den *Spiegel*, die neueste Fachliteratur, schob abends eine DVD rein, bestellte das Abendessen bei meinem Lieblings-Italiener. Samstags ging ich theoretisch ins Fitness-Studio, hatte mich aber schon lange nicht mehr dazu aufgerafft. Und wann ich das letzte Mal mit dem Kunstring zu einem Ausstellungsbesuch mitgefahren war, wusste ich nicht.

Nein, Anjas Vorschlag war nicht schlecht. Sie würde sich nicht mit faulen Ausreden abspeisen lassen und ich freute mich mit einem Mal richtig darauf, unserer Freundschaft neues Leben einzuhauchen. Mit Anja konnte man herrlich quatschen. Und sie hatte so gar nichts mit dem Gericht zu tun.

Am nächsten Sonntag fuhr ich zu ihr. Es war ein kühler Märztag, erneuter Schneefall nicht ausgeschlossen, laut Radio Niederrhein.

Anja trat aus der Haustür, kaum dass ich vorgefahren war. Sie trug einen Wintermantel, eine rote Strickmütze und hatte einen geringelten Schal um den Hals geschlungen.

»Guck nicht so«, rief sie. »Wir gehen spazieren. Drinnen würden wir doch keine Ruhe haben. Ronald wollte kurz irgendein rechtsanwaltliches Problem mit dir besprechen. Den Zahn habe ich ihm gleich gezogen. Heute nicht. Heute gehörst du mir! Und dann ist Alicia da, gestern Abend stand sie plötzlich vor der Tür. Du weißt doch, Ronalds jüngste Tochter aus seiner ersten Ehe? Sie ist schwanger und hat sich mit ihrem Freund gezankt.« Anja winkte ab. »Wird sich alles regeln, aber du verstehst, warum wir im Haus keine ruhige Minute hätten.«

Ich nickte.

»Außerdem, habe ich mir überlegt, werden wir immer

spazieren gehen bei unseren Treffen. Da haben wir unsere Ruhe und Bewegung gleichzeitig. Ist doch praktisch.«

Ich nickte wieder. Auf keinen Fall wollte ich von Ronald, der Anwalt war, in eine juristische Diskussion verwickelt werden, nicht in meiner Freizeit.

Wir liefen also los. Erst durchs Dorf, dann an Feldern vorbei und durch den Wald. Die meiste Zeit eingehakt, redeten wir, schwiegen wir, redeten wieder. Ein paar Schneeflocken fielen, blieben jedoch nicht liegen. Der Frühling stand vor der Tür. Auf dem Rückweg führte Anja mich über den Friedhof. Hier war um diese Zeit kein Mensch.

». . . und da habe ich gesagt«, rief Anja, »mit mir nicht! Oh, guck mal, da liegt Herr Terschüren, nur achtunddreißig ist er geworden, Motorradunfall, eine seiner Nieren hat jetzt Herr Brewig, die Tuba vom Schützenverein, so ein Glück, was?«

»Glück?«, murmelte ich, und wir prusteten los.

Es blieb nicht bei diesem einen Besuch auf dem Friedhof. Etwas an der Atmosphäre schien uns heiter zu stimmen. Vielleicht, weil wir noch lebten, weil wir seit langem keine Trauerfälle zu beklagen hatten. Oder vielleicht auch nur, weil die Konventionen an einem Ort wie diesem ein pietätvolles Betragen verlangten und unsere wiederbelebten Kicherdrüsen dagegen rebellierten.

Egal. Wir fingen an, Friedhöfe zu mögen und sie bewusst aufzusuchen. Anjas Dorffriedhof, dann den großen städtischen Friedhof bei mir in . . . na, der Name meines Wohnorts tut nichts zur Sache. Nach und nach dehnten wir unsere Besuche auf andere Friedhöfe in der Umgebung aus.

Wir entdeckten den Friedhof von Bönninghardt, der außerhalb des Ortes auf einer kleinen Anhöhe lag, von der man einen weiten Blick auf umliegende Felder und einzelne Gehöfte hatte. In Moers-Hülsdonk spazierten wir stundenlang über den alten parkähnlichen Hauptfriedhof. Vor dem Grab von Hanns Dieter Hüsch blieben wir jedes

Mal eine Weile stehen und erwiesen ihm unsere Reverenz.

Besonders gerne mochte ich den Waldfriedhof am Dachsberg, bei Kamp-Lintfort. Kloster Kamp lag in der Nähe. Wenn wir Glück hatten, war dort das Klostercafé geöffnet. Es wurde ehrenamtlich betreut und hatte weder feste Öffnungszeiten noch feste Preise. Man zahlte, was einem Kaffee und Kuchen wert waren. Das Kloster war bei Brautpaaren sehr beliebt. Einmal sahen wir zu, wie ein frisch getrautes Paar ins Freie trat. Pater Georg freute sich mit den Brautleuten und den Gästen. Der niederrheinische Gospelchor *Sound and Soul* sang, während Braut und Bräutigam sich durch ein Laken schnitten.

Sogleich plante Anja, die Hochzeit ihrer schwangeren Stieftochter hier stattfinden zu lassen. »Mit dem Chor, ein paar Blumenkindern und anschließend traumhafte Fotos vor dem Kloster und im Terrassengarten.«

Auf den Friedhöfen konnten wir ungestört reden. Die meisten Besucher schienen am Vormittag oder Nachmittag zu kommen. So kurz nach dem Mittagessen begegneten wir nur selten Leuten. Und selbstverständlich benahmen wir uns vorbildlich, wenn Trauernde in der Nähe waren.

Wir entwickelten einen Blick für Grabsteine und Bepflanzungen, wunderten uns über seltsame Vor- und Nachnamen, kommentierten tragisch jung Verstorbene oder sehr alt gewordene Menschen.

Die Mustergräber auf dem Südfriedhof in Düsseldorf regten uns dazu an, uns Gedanken darüber zu machen, wie wir bestattet werden wollten, »eines fernen Tages«, wie Anja abergläubisch hinzufügte.

Ich mochte mich nicht festlegen, Anja gefiel die Stele mit dem Ginkgoblatt am besten. Aber wie bepflanzt? Welche Rahmen- und Flächenbepflanzung? Ganz zu schweigen von der Wechselbepflanzung.

Heide und Stachelnüsschen? Kriechspindel und Alpenveilchen? Fetthenne und Blauschwingel? Anja suchte sich bei jedem Besuch eine neue Wunschbepflanzung aus den Vorschlägen heraus.

Zur Zeit der Rhododendron- und Azaleenblüte verwandelten sich die Friedhöfe, besonders die alten Parkfriedhöfe, in zauberhafte Orte. Bäume, Sträucher blühten, viele Gräber wurden frisch bepflanzt, manche sehr konventionell, andere frisch und einfallsreich.

»Sicher gibt es auch bei der Grabgestaltung Moden?«, meinte Anja und scheute sich nicht, den Friedhofsgärtner zu fragen, dem wir am Ausgang begegneten.

Der war recht jung, sogar gutaussehend, und wir genossen einen milden Flirt, während er ihr willig von neuen Trends berichtete. Passenderweise war er kürzlich zu einer Fortbildung des BdF - Bund deutscher Friedhofsgärtner - gewesen. Bunt gemischte Farben und nackte Erde waren out, so viel bekam ich mit.

Anja, die eine romantische Ader hatte, auch wenn ihr die ein bisschen peinlich war, entwickelte eine Vorliebe für alte Grabstätten niederrheinischer Adelsfamilien. Hier eine Gräfin, da ein Baron. Zur Not reichte auch ein schlichtes »von« im Namen. Sorgfältig las sie die Namen, stellte über die Mädchennamen der Frauen Verbindungen zu anderen Grabstätten her.

Neben einem besonders großen Grabmal aus grauem Stein, in den die Namen und Lebensdaten von über zwanzig Familienmitgliedern eingemeißelt waren, entdeckten wir am Rande der Moosfläche einen unauffälligen Grabstein für Annette von . . ., die 1872 mit siebenundfünfzig Jahren verstorben war.

»Warum steht sie wohl nicht auf dem großen Stein?«, überlegte Anja. »Ob ein Familienskandal dahinter steckt? Vielleicht ist sie mit dem Musiklehrer durchgebrannt, der sie aber nicht heiratete. Nach einigen glücklichen Jahren in Italien ist sie dann arm und entehrt in den Schoß der Familie zurückgekehrt. Wäre doch möglich, oder?«

Ich nickte.

»Oder«, fuhr Anja fort, »sie war einfach eine unverheiratete Verwandte ohne Vermögen, aus einem entfernten Zweig der Familie. Kaum mehr als eine unbezahlte Angestellte. Vielleicht Gesellschafterin der alten Gräfin, die bestimmt sehr launisch war. Arme Annette...«

Vor dem Grabmal war ein frischer Kranz aufgestellt. Anscheinend ehrte die Familie immer noch das Andenken ihrer Vorfahren. Annette war unbeachtet geblieben.

Arme Annette, wiederholte ich in Gedanken. Wäre ich hundertfünfzig Jahre früher geboren worden, hätte mir ein ähnliches Schicksal blühen können. Als unverheiratete Frau, ohne Möglichkeit einen Beruf zu erlernen oder auszuüben, dem Wohlwollen der Familie ausgeliefert.

An der nächsten Wegkreuzung standen die Behälter für kompostierbare und andere Abfälle. Auf diesem Friedhof waren es keine Container mit Deckel, sondern offene, eingezäunte Stellen. Zuoberst auf den abgeschnittenen Zweigen und verwelkten Sträußen lagen ein paar langstielige hellrote Rosen, ziemlich angewelkt, bis auf eine noch vollkommene Blüte.

Ohne groß darüber nachzudenken sah ich mich um, bückte mich und nahm die eine Rose heraus.

»Für Annette«, erläuterte ich.

»Genau«, sagte Anja.

Wir legten die Rose quer über Annettens Stein und hofften, die Familie würde sich wundern.

Von da an beglückten wir ab und zu vernachlässigte Gräber mit einzelnen Blüten. Wir warfen nun automatisch einen Blick in die Kompostbehälter, ohne unsere Unterhaltung zu unterbrechen.

Ich erzählte vom letzten Betriebsausflug, auf dem mich einer unserer Verwaltungsrechtspfleger angebaggert hatte, fischte eine weiße Rose vom Kompost und erzählte weiter, wie ich den aufdringlichen Schmitz hatte abblitzen lassen.

Es bekam etwas Sportliches. Wenn wir eine geeignete

Blume erbeutet hatten, mussten wir auch ein Grab finden, an dem wir sie niederlegen konnten. Es waren freundliche Grüße, die wir den uns unbekannten Toten auf die Gräber legten. Vergessenen Verstorbenen, mit Vornamen, die so altmodisch waren, dass sie begannen wieder modern zu werden. Nur einmal machten wir eine Ausnahme, als Anja das Grab eines kürzlich gestorbenen Mannes entdeckte, eines Nachbarn, der von seiner Frau während der vierzigjährigen Ehe unterdrückt und beschimpft worden war, wie das ganze Dorf wusste. Das Grab war sehr ordentlich gehalten. Zu ordentlich. Die Erde unkrautfrei, frisch geharkt und mit blauem Schneckenkorn versehen, ein paar weiße und rote Fleißige Lieschen in regelmäßigen Abständen eingepflanzt.

»Nee«, sagte Anja. »Der Mann kriegt eine Rose. Die dunkelrote, gib mal her. Das wird die Alte ans Grübeln bringen.« Sie lachte.

Im zweiten Jahr unserer Spaziergänge stießen wir auf die Primeln. Es war die Zeit, in der Schalen, die im Frühjahr mit Primeln gefüllt worden waren, geleert wurden und mit Begonien, Geranien und ähnlichen Blumen bepflanzt wurden, unabhängig davon, ob die Primeln noch in voller Blüte standen oder nicht.

»Och, guck mal, sind die schön!« Anja deutete auf gelbe und weiße Primeln, die an den Rand des Kompostberges gerutscht waren. »Ist doch zu schade! Hast du eine Plastiktüte? Oder, warte mal, ich glaube, hier ist eine drin.« Sie schob in dem Behälter für sonstige Abfälle ein paar rote Grablichter und schwarze Plastikblumentöpfe zur Seite und zog eine schmuddelige Kunststofftüte hervor. »Du stehst Schmiere, während ich einpacke, ja?«

Etwas nervös sah ich mich um. Als eine Frau mit einer grünen Kunststoff-Vase um die Ecke bog, um sich am Brunnen Wasser zu holen, war Anja gerade fertig. Sie kicherte. »Blumen gerettet!«

»Und was jetzt? Die willst du hoffentlich nicht auf irgendeinem Grab einpflanzen. Das ginge zu weit, finde ich.«

»Ach wo, die kommen in unseren Garten. Das sind doch Stauden, Polsterprimeln, die kommen in jedem Jahr wieder. Wenn die Wurzeln nicht von einer Wühlmaus oder so etwas abgefressen werden, was in unserem Garten ab und zu passiert. Von den Primeln kann ich jede Menge brauchen. Sie wachsen gut im Halbschatten, weißt du, auch unter Sträuchern. Die Blüten werden natürlich kleiner im nächsten Jahr, jetzt sind sie noch vom Dünger aufgeblasen, aber eigentlich gefallen sie mir später besser, sie sehen natürlicher aus.«

Anja geriet ins Primel-Fieber und steckte mich an. Wir trafen uns nun wöchentlich, um die Primelzeit voll ausnutzen zu können. Sie taufte uns die Primel-Donnen.

An manchen Tagen schafften wir zwei, drei Friedhöfe. Stabile Plastiktüten, Deckelkörbe voller Primeln.

Mitleidsvoll packte Anja bald auch die schlafferen Exemplare ein. »Wenn ich die über Nacht wässere, schaffen die es sicher noch.«

In Rheurdt erbeuteten wir einmal sogar fünf Kugelprimeln. Anja war begeistert. »Die liebe ich! Die kugelige Blüte erscheint noch vor dem Laub. Die setze ich vorne an die Terrasse. Super.«

Eines Tages trafen wir den netten Friedhofsgärtner wieder. Genauer gesagt: Er traf uns, als ich mit meinem Arm in einem grünen Rollcontainer angelte und Anja, statt aufzupassen, mit den den Behälter guckte und gerade rief: »Weiter nach links, da unten, die rote noch!«

Er räusperte sich. Wir fuhren zusammen.

»Gestattet ist das eigentlich nicht«, sagte er und deutete auf die weinrote Primel in meiner Hand. »Die Friedhofs-Pflanzen gehen in städtischen Besitz über und dürfen nicht vom Friedhof entfernt werden.«

»Was?« Anja war empört. »Auch nicht, wenn sie sonst weggeworfen werden? Oder wenn ich sie ursprünglich gekauft hätte, für das Familiengrab beispielsweise?«

Er schüttelte den Kopf.

Ich hatte davon noch nie gehört, allerdings hatte ich auch noch nie Anlass gehabt, mich mit Friedhofsrecht zu befassen. »Ist das allgemein der Fall? Oder ist dies eine Besonderheit der hiesigen Friedhofsordnung?«

»Keine Ahnung«, sagte er. »In unserer steht jedenfalls: ‚Ohne Berechtigung, die auf Verlangen nachzuweisen ist, ist es nicht gestattet, Pflanzen, Erde, Grabzubehör oder sonstige Sachen von den Grabstätten und Anlagen wegzunehmen'. Und ich glaube, das ist überall so.«

Wenn das stimmte, hatte ich meine Freizeit in den letzten Wochen und Monaten damit verbracht, öffentliches Eigentum zu stehlen.

»Das wussten wir nicht«, sagte ich. »Tut uns leid. Soll nicht wieder vorkommen.« Ich ließ die rote Primel zurück in den Container fallen.

Anja holte heftig Luft. Ich griff sie am Arm und zog sie weiter. »Wiedersehen!«

»Ich will diese Primel«, flüsterte Anja.

»Sei lieber froh, dass er uns nicht mit vollen Beuteln erwischt hat. Auf diese eine wirst du doch verzichten können. Der Kofferraum ist voll.«

»Aber ein so tiefes Rot ist nicht dabei.« Anja schlich sich zurück und kam wenige Minuten später mit der kleinen Pflanze zurück.

Die nächsten Wochenenden schützte ich Arbeit vor. Ich fand mich ein wenig feige, aber mir konnte nicht wohl sein, wenn ich an den juristischen Aspekt unseres Tuns dachte. Anja mochte sich darüber lustig machen, doch in meiner Position wäre es nicht zum Lachen, wenn herauskäme, dass ich Friedhöfe beraubt hatte. Nur die Komposthaufen von Friedhöfen, gewiss, und ohne eigenen Nutzen daraus zu ziehen. Möglicherweise könnte man, wenn es hart auf hart käme, eine Parallele zum Umweltschutz ziehen. Eine Maßnahme gegen sinnlose Verschwendung.

Oder sogar eine Parallele zum Tierschutz? Nein, das könnte exzentrisch wirken. Kein Eindruck, den ich erwecken wollte. Besonders nicht jetzt, wo wieder eine Beförderung in Aussicht stand.

Nein, ich entschloss mich, die Spaziergänge mit Anja erst nach der Primel-Saison wieder aufzunehmen. Dann aber tat ich es mit Freuden, denn unsere Gespräche und auch die Friedhöfe hatten mir gefehlt.

Aus alter Gewohnheit warfen wir weiterhin Blicke in die Container, in denen in dieser Jahreszeit jedoch nichts landete, was uns interessierte. Nur vertrocknete Sträuße und abgeschnittene Zweige.

Bis Anja eines Tages eine Azalee auf dem Kompost entdeckte. Eine mittelgroße Pflanze mit glänzenden Blättern.

»Und der Wurzelballen ist noch nicht ausgetrocknet! Die liegt noch nicht lange hier drin. Welch ein Jammer. Wie kann man so etwas wegwerfen.«

»Wahrscheinlich zu groß geworden für das Grab.«

»Aber die kann man doch beschneiden! Du, die kann ich jetzt nicht ihrem Schicksal überlassen. Hast du einen Beutel?«

»Nein! Und die ist doch viel zu groß, um sie unauffällig wegtragen zu können. Komm, Anja, lass uns weitergehen.«

Anja bekam ihren störrischen Gesichtsausdruck. »Hier haben wir noch nie einen Friedhofsgärtner gesehen. Außerdem haben die am Sonntag frei. Das ganze Personal, da bin ich sicher.«

Sie schob den Deckel des Restmüll-Containers auf. »Super! Die Götter sind mit mir.« Sie zog einen eimergroßen erdverschmierten Plastikblumentopf heraus. »Der passt.«

Mir war gar nicht wohl, als wir mit der Azalee im Topf über den Friedhof zum Ausgang liefen. Zum Glück begegneten wir nur einem älteren Paar.

»Die Azalee wird bestimmt sehr schön aussehen auf Onkel Richards Grab, wo wir sie gleich einpflanzen werden«, verkündete Anja laut, als wir an den Leuten vorübergingen, anscheinend ohne Verdacht zu erregen.

Ich holte das Auto vom Parkplatz und fuhr vor. Anja raste mit der Azalee vorm Bauch aus dem Friedhofstor, stellte den Topf auf den Vordersitz und stieg hinten ein.

»Ab geht die Post! Eigentlich habe ich ja gar keinen Platz für sie im Garten.«

Ich traute meinen Ohren nicht.

»Ach, ich frag die Dorle. Sie muss ja nicht wissen, woher der Strauch kommt. Sie haben neu gebaut, weißt du, und der Garten ist noch ziemlich kahl. Neue Pflanzen kosten und viel Geld für den Garten war nicht übrig.«

Ich wollte damit nichts zu tun haben.

Dorle war hocherfreut, berichtete Anja mir. Sie hatte Dorle sogar eingeweiht und zum Stillschweigen verpflichtet. Dorle war so begeistert und jagdlüstern, dass Anja mehrmals Mittwochs, an ihrem freien Nachmittag, mit ihr zu einigen von unseren Lieblingsfriedhöfen losgezogen war.

Dorles Garten vermehrte sich um zwei kleine Säulenwachholder und einen Rhododendron, der zu schwer war, als das zwei Frauen ihn durch den ganzen Friedhof hätten tragen können.

»Unauffällig wäre das schon gar nicht gegangen«, erzählte mir Anja kichernd am Telefon.

»Und was habt ihr gemacht?« Wollte ich es wirklich wissen?

»Diese Dorle! Wir sind abends noch mal hingefahren, ich musste meinen Russischkurs sausen lassen. Es war schon fast dunkel. Ich habe mich gegruselt. Zum Glück war der Strauch noch da. Wir haben ihn auf ein altes Laken gesetzt und zum Ausgang gezogen. Ich glaube, wir haben einen Penner erschreckt, der sich mit seiner Flasche auf den Friedhof zurückgezogen hatte.«

Zu solchen gefährlichen Abenteuern würde ich mich nicht überreden lassen.

Dorle wartete gespannt auf die nächste Primel-Zeit und

würde sich inzwischen über einige Heidekrautgewächse mit lachsfarbenen Blüten freuen können.

Herbstheide, wie Anja mir erklärte, als sie die Pflanzen aus der Umzäunung herausnahm, während ich mal wieder Schmiere stand. Aus den aktiven Rettungsmaßnahmen hatte ich mich zurückgezogen, mit Hinweis auf meine berufliche Situation.

Anja nahm es nicht sehr ernst. »Ich werde dich schon nicht verpfeifen, falls ich geschnappt werden sollte, Kumpel.«

Ausgerechnet auf dem Friedhof meines Wohnortes musste Anja ihre Traum-Primel erspähen. Tief unten im Container lag sie, am Rand eines kleinen Haufens aus Blättern, einigen Zweiglein und einem alten Gesteck aus vergilbtem Moos, verschrumpelten Holzäpfeln und vertrockneten Christrosenblüten.

»Warum habe ich nur keine längeren Arme? Selbst mit dem Ding komme ich da nicht ran!«

Bei dem Ding handelte es sich um einen metallenen Greifer am Stiel, wie sie zum Aufheben von Abfall in U-Bahnhöfen und anderen Orten benutzt wurden. Anja hatte einen aufgespürt und schleppte ihn nun zu jedem Friedhofsausflug mit.

Sie versuchte es erneut. »Da fehlen nur zehn Zentimeter. Versuch du mal.«

»Anja, ich mach das doch nicht mehr!«

»Nur dieses eine Mal. Bitte! Eine Primel mit gefüllten Blütenblättern! So eine habe ich noch nie gesehen. Bestimmt eine Rarität. Die brauche ich. Und guck dir die Farbe an. Vergissmeinnicht-Blau!«

Die Primel war wirklich sehr hübsch. Ich nahm den Greifarm entgegen, hängte mich mit dem Bauch über den Rand des Plastikcontainers und hangelte nach der Blume.

Anja hielt mich an der Jacke fest. »Fehlt noch, dass du in den Container fällst!«, prustete sie.

Einmal hatte ich die Pflanze, aber nur an den grünen Blättern. Als ich sie vorsichtig hochhob, rissen die Blätter ab und die Primel fiel runter. Ich verstärkte meine Anstrengung, streckte Arm und Greifer tiefer hinunter und hatte Glück. Ich erwischte den Wurzelballen und zog die Primel langsam nach oben.

»Super!«, rief Anja.

»Bitte lächeln«, sagte eine Männerstimme.

Mit der Primel am Ende des Greifers drehte ich mich um, nicht lächelnd, eher ziemlich dumm guckend.

Es machte *Klick* und Herr Schmitz senkte mit einem zufriedenen Grinsen seinen Fotoapparat.

»Herr Schmitz! Darf ich fragen, was das soll? Was haben Sie hier zu suchen?« Als Verwaltungsrechtspfleger arbeitete in der Verwaltung des Gerichts. Ich hatte zum Glück nur selten mit ihm zu tun.

»Was ich hier suche? Motive! Figürliche Darstellungen an Grabdenkmälern. Für meinen Fotokurs an der VHS. Was das soll? Ja . . .« Er kraulte sich am Kinn. »Wie soll ich das sagen? Ich habe ein sehr schönes Foto von Ihrem Hinterteil, wie sie kopfüber in dem Behälter hängen. Und dann das Foto, wie sie wieder draußen sind, mit der Geranie.«

»Primel!«, sagte Anja.

»Mit der Primel. Die öffentliches Eigentum ist, wie ich zufällig weiß. Das Sie im Begriff sind zu entwenden . . . zu stehlen. Genauso wie das andere Grünzeug, das sie schon im Kofferraum verstaut haben. Ich beobachte Sie beide nämlich schon seit einer guten Stunde. Wirklich! In Ihrer Position! Was wird der Präsident dazu sagen? Und erst die Zeitung?«

Mir wurde heiß. Würde die Zeitung sich dafür interessieren? Möglicherweise. Zur Zeit hatte die ein Auge auf korrektes Benehmen von Amtsinhabern. Seit sich diese Idioten aus dem Baudezernat von einer Baufirma zu einem Informationswochenende nach Ibiza haben einladen lassen. Mit Ehepartnern! Und auf die Beamtenschaft hatte es der Chefredakteur besonders abgesehen. Erst vor zwei Wochen hatte es ein Foto gegeben, das den stellvertretenden Leiter des Grünflächenamts zeigte, wie er das größte Gartencenter des Ortes mit einem Autoanhänger voller Kübelpflanzen verließ. Bildunterschrift: Städtischer Beamter nimmt Grünflächenamts-Rabatt für private Pflanzenkäufe in Anspruch. Ausführlicher Bericht im Innenteil.

Und ich war Landesbeamtin, noch dazu am Gericht!

»Was wollen Sie?«

Herr Schmitz grinste zufrieden. »Freut mich, dass wir uns verstehen. Aber auf Zeugen lege ich keinen Wert, das werden Sie auch verstehen. Wir sehen uns morgen in der Kantine, würde ich sagen. Bei einem gemeinsamen Essen. Es gibt Eisbein, mein Lieblingsgericht. Um eins?«

»Erpressung!«, murmelte Anja und starrte mich entsetzt an.

»Wer? Ich?« Herr Schmitz mimte die gekränkte Unschuld. »Erpressung? Wieso? Sie muss das Eisbein ja nicht essen. Haha.«

Er wandte sich um und entschwand einen schmalen Weg entlang.

»Das meint der doch nicht im Ernst?«, fragte Anja.

»Ich fürchte doch. Er hat einen etwas schmierigen Charakter. Vielleicht ist er auch noch sauer auf mich, wegen seiner gescheiterten Anmache. Keine Ahnung.«

»Was mag er wollen? Wirst du dich mit ihm treffen?«

»Mal sehen. Auf jeden Fall werde ich ihn melden. Wegen versuchter Erpressung.«

»Willst du nicht erst rausfinden, was er will? Vielleicht ist es nicht so schlimm.«

»Anja, keinesfalls werde ich mich erpressen lassen. Das endet nie. Und damit würde ich mir nur noch mehr schaden, wenn es rauskommt.«

»Du meinst, es wird wirklich deiner Karriere schaden? Wenn er erzählt, dass wir hier . . .«

Ich nickte.

»Aber es ist doch nur ein Spaß! Ich meine, wir haben doch nicht wirklich Schaden angerichtet.«

Ich schwieg. Und alles wegen einer Primel.

»Das wollen wir doch mal sehen«, rief Anja. »Warte hier auf mich.« Sie rannte los, Herrn Schmitz hinterher.

Ich setzte mich auf die nächste Bank. Mit Anjas Tempo konnte ich es nicht aufnehmen. Die Primel hielt ich zwischen beiden Händen auf meinem Schoß. Ich hoffte, Anja würde Schmitz gegenüber nicht handgreiflich werden und uns noch mehr Ärger bescheren. Sie hatte mehrere Selbstverteidigungs-Kurse besucht und konnte einem Mann Schaden zufügen.

Gerade als ich überlegte, ob ich Anja suchen gehen sollte – vielleicht hatte Schmitz sie in ein offenes Grab gestoßen? – kam sie zurück, gemächlichen Schritts, ein zufriedenes Lächeln im Gesicht.

Sie ließ sich neben mir auf die Bank fallen. »Das wäre geregelt«, sagte sie, »da bin ich mir ziemlich sicher.«

Ich setzte mich auf. Plötzlich spürte ich Hoffnung. Könnte es sein, dass meine Laufbahn keinen Einbruch erleiden würde?

»Erzähl schon, Anja! Was ist passiert?«

Sie griff in ihre rechte Jackentasche. »Hier. Der Chip aus seiner Digitalkamera. Die habe ich ihm mal kurz entwunden. Jetzt hat er keine Beweise mehr. Er war ein bisschen sauer, aber nur, bis ich ihm erzählte, dass ich russischer Herkunft bin. Anja Karenina Perestroikowa, so hieß ich vor meiner Heirat.« Den letzten Satz hatte Anja mit einem schweren osteuropäischen Akzent gesprochen.

Ich musste lachen. »Anja! Das hat er dir doch nie geglaubt? Und was soll das?«

»Ich bitte dich, natürlich hat er mir geglaubt. Zumindest hat er sich nicht getraut, mir nicht zu glauben. Nicht, nachdem ich meine vier Brüder erwähnt hatte und den Onkel, die alle in der russischen Mafia tätig sind. Die gar nicht gerne hören würden, dass er meine Freundin erpressen will.«

Ich schüttelte den Kopf. »Sachen machst du! Und jetzt?«

»Ich habe ihm nahegelegt, seine Versetzung zu beantragen. In eine Gegend, deren Luft für ihn gesünder ist als die hier am Niederrhein. Du wirst sicher herausfinden können, ob er's tut. Tut er's nicht, rufe ich ihn mal an. Oder schicke ihm eine Dose Borschtsch. Ich habe ihm verraten, daß die blutrote Suppe immer ein Zeichen für die letzte Warnung ist. Er hatte Schweißperlen auf der Stirn. Ich glaube, er hat's kapiert.«

Garten-Tipp von Hortensia van Capellen

Friedhöfe sind friedliche Orte, Gärten der Ruhe. Man kann dort spazieren gehen, in Ruhe nachdenken und die Natur genießen. Ich wohne nur zehn Fußminuten von einem alten Friedhof entfernt. An Sommerwochenenden nehme ich mir oft ein Buch und ein Sitzkissen mit und verbringe einige Stunden auf einer Bank in der Sonne. Außer dem Kissen empfehle ich auch, eine Trillerpfeife mitzunehmen. Es gibt Friedhöfe, auf denen Handtaschendiebe ihr Unwesen treiben. Am besten lässt man also die Handtasche zu Hause.

Wenn ich verreise, besuche ich außer den Museen und Palästen meist auch einen Friedhof. Sehr sehenswert fand ich den Melatenfriedhof in Köln, den Cimitero San Michele in Venedig, in Hamburg den Ohlsdorfer Friedhof, den jüdischen Friedhof in Xanten und den Zentralfriedhof in Wien. Aber auch unbekannte Friedhöfe lohnen einen Besuch, besonders Dorffriedhöfe in den Alpen und in Südeuropa haben es mir angetan.

Garten-Tipp von Roland Schneider

Nächtens und an feuchten Tagen treiben sich ungebeten in meinem Garten schleimende Eindringlinge herum, zu deren Vertreibung der Notruf 110 nicht weiterhilft, keine Fahrradstreife in die Pedale tritt und sich auch die Schädlingsbekämpfer des Ordnungsamtes nicht zuständig fühlen: Nacktschnecken, die ärgsten Feinde meines botanischen Elysiums.

Nicht, dass mir als Endfünfziger die Schnelligkeit fehlte, sie zu erhaschen. Sie verbreiten auch – anders als surrende Mücken – keinen Lärm, der meinen Schlaf störte. Schon gar nicht greifen sie mich persönlich an. Aber sie schmatzen an Dahlientrieben, fressen zartes Grün, kaum der Erde entsprossen, kurz und klein. Das kann ich nicht zulassen.

Ich wehre mich – erfolgreich – mit Altbier, am besten von einer der noch verbliebenen Krefelder Brauereien. Abends zuerst ein, zwei Fläschchen zur eigenen Labsal, und dann den Rest in kleine, in die Beete eingelassene Plastikbecher. Den Schnecken schmeckt der braune Gerstensaft mindestens so gut wie mir, allein sie sind in ihrer Gier so maßlos, dass sie kopfüber in den Becher plumpsen und ertrinken.

Vielleicht leiden sie wenigstens am Ende ihres Schneckenlebens nicht übermäßig in ihrem Suff.

Die Bestattungsrituale am folgenden Morgen sind nicht von angenehmster Art: Alle Becher voller unzähliger Nacktschnecken müssen pietätvoll geleert werden. Ich tue es für die jungen Triebe, also »Prost!« bis zum nächsten Abend.

Roland Schneider, Kulturdezernent und Krimifan, Krefeld

Garten-Tipp von Sabine Deitmer

Eine gute Freundin von mir, auch Autorin, Roswitha Iasevoli, hat den ultimativen grünen Daumen. Sie hat seit Jahren einen Schrebergarten, verbreitet Gartentipps in den Ruhr-Nachrichten und hat ein hübsches Buch mit Geschichten rund um den Garten, inklusive Gartentipps herausgebracht: »Nacktschnecken im Paradies«.

Von ihr habe ich den Tip, Bananenschalen klein zu schneiden und an Rosen zu geben. Es scheint zu wirken.

Ich bin eine Großstadtpflanze. In einem Haus ohne Balkon an einer hochfrequentierten Bahnlinie aufgewachsen (Düsseldorf-Wehrhahn). Als ich den ersten Garten hatte, pflanzte ich hier und da alle möglichen Pflanzen. Bis ich verstand, dass es schöner war, Pflanzen in größeren Gruppen zu haben. Mein Aha-Erlebnis: alle Farne, die irgendwo verstreut im Garten waren, auszubuddeln und um dem Teich zu sammeln. Das war der Anfang eines wunderschönen Biotops.

Meine Liebe zur Symmetrie: Heute hätte ich gern noch einmal einen ganz neuen Garten. Den würde ich völlig symmetrisch halten. Das finde ich soooo beruhigend. Mein Erfolgserlebnis waren zwei Buchsbäume, die ich rechts und links von einer Gartenbank setzte. Was für ein Erlebnis! Für eine Waage (mein Sternzeichen), die immer um den Verlust der Balance bangt . . .

Sabine Deitmer, Krimiautorin (»Scharfe Stiche«), Dortmund

Oliver Buslau

Wiedersehen im Schlosspark

Timo biegt um die Ecke, stoppt hinter den Garagen, drängt sich ins Gebüsch und zieht erst die Angela-Merkel-Maske und dann den blauen Overall herunter. Das hätte gar nicht besser laufen können! Er wirft einen schnellen Blick in die Plastiktüte, in der es lilafarben leuchtet. In der Masse sehen die Fünfhunderterbündel wie Spielgeld aus. Wie viel wird das sein? So ein-, zweihunderttausend sicher. Er unterdrückt den Drang, gleich nachzuzählen. Die Sache ist noch nicht beendet. Es kommt auf jede Sekunde an. Er steckt die Maske, den Overall und das Geld in den Pappkarton, den er gestern hier hinten verborgen hat, und legt die Pistole dazu. Ein Kinderspielzeug aus dem Supermarkt für 3 Euro 99. Timo kann sich noch an die Aufschrift auf der Verpackung erinnern: »Für den kleinen Freund und Helfer«. Man hätte auch »Für den großen Bankräuber« draufschreiben können. Das hätte in seinem Fall besser gepasst.

Er schiebt den Karton tief in die dunkle Ecke an der Mauer und spürt, wie sich sein hämmerndes Herzklopfen noch mal dramatisch steigert. Jetzt kommt der entscheidende Moment. Er macht einen großen Schritt aus dem Gebüsch und sieht sich um. Er hat Glück. Der Garagenvorplatz ist verlassen. Kein Mensch ist zu sehen. Timo setzt sich in Bewegung. Wenn jetzt jemand um die Ecke käme, würde er sich bei seinem Anblick nichts denken. Timo ist nicht mehr der maskierte Mann, der vor wenigen Minuten die Sparkasse an der Hülsdonker Straße betrat, der Kassiererin die Pistole vor die Nase hielt und der armen Frau einen solchen Schreck versetzte, dass sie sofort ohne weitere Aufforderung die Euroriesen zusammenklaubte. Unter dem Overall hat Timo seine besten Klamotten getragen: Schwarze Stoffhose, weißes Hemd, graues Jackett, blauer Schlips. Unter dem Arm trägt er eine schwarze Ledermappe, die er in dem Karton deponiert hatte, und die das Bild des strebsamen Angestellten perfekt macht. Das Versteck für den Karton hat er in den letzten Tagen genauestens ausbaldowert. Die Stelle ist von den umliegenden Häusern aus nicht einsehbar. Auch den Fluchtweg durch das Straßengewirr hinter der Bank hat er genau geplant. Ein paar Haken hat er geschlagen, ist erst auf der Hülsdonker weiter gerannt, dann in die Kranichstraße eingebogen und dann – womit hoffentlich keiner gerechnet hat – von hinten durch das Straßengewirr wieder auf die Sparkasse zu, wo er dann im Gebüsch abtauchte.

Er gelangt an die breite Krefelder Straße und bleibt an der Fußgängerampel stehen. Und da geht es los. Er hat eigentlich schon die ganze Zeit darauf gewartet. Von rechts nähert sich das Tatütata mehrer Martinshörner und dann rasen zwei grünweiße Polizeiwagen vorbei.

Timo bleibt ruhig. Nerven behalten, denkt er. Das ist jetzt das Wichtigste. Gleich wird er in seinem Versteck untergetaucht sein – einem riesigen Areal auf der anderen Straßenseite. Es ist so groß wie ein ganzer Stadtteil und von Gewässern, Spazierwegen und Rasenflächen durchzogen. Der Schlosspark.

Schon vor Jahren, als Timo noch in Moers zur Schule ging, war das Gebiet hinter dem Schloss ein beliebtes Rückzugsgebiet für Teenager. Erste Zigaretten, erste Joints, erste Besäufnisse, erster Sex. Schon damals war Timo die Idee gekommen, dass man nach einem Banküberfall leicht in dem weitläufigen Gebiet verschwinden könnte. Vorausgesetzt, man schaffte es bis dorthin und es gelang einem, unterwegs sein Äußeres grundlegend zu verändern.

In einer dieser lauen Sommernächte damals hatte der Gedanke in seinem Kopf plötzlich Klarheit angenommen.

»Wenn du Kohle brauchst, ab in die Bank und dann ab in den Park«, hatte er seinem Freund Wilfried erklärt. »Geniale Sache. Und sicher. Du musst nur die Nerven behalten.« Wilfried hatte genickt, aber geschwiegen. Timo hatte noch ein paar Mal damit angefangen, um zu zeigen, was für ein cleverer Kerl er war. Er wusste, dass Wilfried hin und wieder im Plattenladen oder im Supermarkt was mitgehen ließ und sicher auch vom großen Geld träumte, und das machte auf Timo großen Eindruck. Aber er war nicht darauf angesprungen. Wilfried nicht, und die anderen auch nicht. Vielleicht fanden sie einen Banküberfall eben nicht so cool wie er.

Wenn sie ihn jetzt sehen könnten! Er betritt den Park und hat das Gefühl, in eine andere Welt einzutauchen. Es ist ein warmer Tag und die weitläufigen Wiesen sind bevölkert wie ein Freibad mitten in den Sommerferien. Auf dem Bolzplatz fliegt ein Ball in hohem Bogen – flankiert von hellem Geschrei der Spieler. Kleine Kinder mit roten, gelben und blauen Helmen auf dem Kopf rollen Timo entgegen. Hinten auf der Wiese lagern Jugendliche, umgeben von Taschen und flachliegenden Fahrrädern. Als sie Timo näher kommen sehen, wenden sie sich gleich wieder ab. In ihren Augen ist er nur ein etablierter Spießer. Noch vor kurzem war er einer von ihnen.

Immerhin, die Tarnung funktioniert, denkt Timo und kommt an den großen flachen Weiher. Auf der Betoneinfassung sind bunte Graffitischmierereien zu sehen. Timo erkennt noch immer das dunkelblaue verschnörkelte T. Er hat es selbst vor vier Jahren dort hingesprüht.

Rund um den See herrscht Trubel und Geschrei. Neben dem dunkelgrünen »Baden Verboten«-Schild waten zwei junge Mädchen im Wasser herum. Sie haben sich die Jeans hochgekrempelt. Timo hätte darauf auch Lust. Seine schwarzen Halbschuhe drücken und der Schlips ist ihm zu eng. Er schwitzt unter seinem Jackett.

Er wirft einen letzten Blick auf das blaue T. Daneben ist

immer noch ein silbernes W zu erkennen, das von Wilfried stammt. Langsam schlendernd biegt Timo in einen schmaleren Weg Richtung Schloss ein. Seine Schritte knirschen auf dem trockenen Kies.

Was mag aus Wilfried geworden sein? Timo weiß es nicht. Er hat ihn aus den Augen verloren, als Timo von der Schule ging. Im Abi durchgefallen mit Pauken und Trompeten! Dann Stress mit dem Vater, der arbeitslos war, sich nach hässlichen Streitereien von seiner Mutter scheiden ließ und dann zu seiner neuen Freundin nach Duisburg zog. Angeblich besitzt sie dort eine Kneipe. Timo weiß es nicht genau. Er hat seinen Vater seit damals nicht wieder gesehen.

Nach dem Ersatzdienst bekam er zwar trotz fehlendem Schulabschluss einen Job im Baumarkt, aber leider reicht das Geld vorne und hinten nicht. Vor allem nicht für all die netten kleinen Anschaffungen, die sich Timo geradezu zwanghaft zulegt. Er versteht es selbst nicht. Kaum hat er sich einen Computer gekauft und für einen Internetanschluss gesorgt, fängt er an, Computerspiele zu bestellen, CDs, eine Wahnsinns-Stereoanlage und zuletzt den teuersten iPod, den es gibt. Über 400 Euro weg vom Konto – bei einem Nettoeinkommen von knapp 1000 sind das nicht gerade Peanuts.

Timos Weg geht plötzlich steil bergauf. Er führt auf den Damm, der den alten Teil des Schlossparks wie ein Wall begrenzt. Kaum hat Timo die andere Seite erreicht, kommt es ihm vor, als sei er in einem ganz anderen Park angekommen. Die Wege sind verschlungener, die Rasenflächen kleiner. Es gibt hohe Bäume, ordentliche runde Beete und das bräunliche Wasser des Stadtgrabens, auf dem Enten bedächtig ihre Bahnen ziehen.

Er gelangt an sein Ziel. Es ist der Platz, wo sie als Jugendliche die Flaschen und Tüten kreisen ließen. Direkt am Wasser, dem eigenartigen Brunnendenkmal gegenüber, von dem Timo erst neulich erfahren hat, dass es einem gewissen Wilhelm Greef gewidmet ist. Das Ding sieht aus wie eine große steinerne Birne. In der Mitte prangt eine runde Kupferplakette – so groß wie ein LKW-Reifen. Wenn man genau hinsieht, erkennt man, dass dort ein Gesicht eingraviert ist – offenbar Herr Greef. Weiter unten plätschert links und rechts Wasser in einen Steintrog. Der ganze Brunnen ist mit einem kreisrunden Tulpenbeet umgeben. Blutrote Blüten.

Timos Chef in der Gartenabteilung des Baumarkts beschäftigt sich nebenbei mit Stadtgeschichte und nervt jeden mit seinen Vorträgen. Er hat Timo, der in den letzten Wochen wahrscheinlich Millionen von Blumenzwiebeltüten in die Regale geräumt hat, unentwegt von dem Brunnen erzählt. Erst nach und nach fiel bei Timo der Groschen, dass es sich um das Ding hier an dem alten Treffpunkt handelt. Und wie sich Timo jetzt auf die Bank setzt, das Denkmal betrachtet und dabei zusieht, wie das Wasser ununterbrochen in den Trog rinnt, wird ihm klar, dass ihn sein Chef darauf gebracht hat, die Sache mit dem Banküberfall durchzuziehen. Natürlich ohne es zu wissen.

Irgendwie hat der Hass auf diese Mengen an Zwiebeln und auf diesen ganzen Gartenmief Timo an den Park erinnert, und als er dann auch noch die Geschichte von dem Denkmal zu hören bekam...

Timo macht es sich auf der Bank bequem. Er kann sich entspannen. Die Arbeit im Baumarkt hat ein Ende. Und die Tulpen dahinten muss er auch nicht mehr ertragen. Er holt den iPod aus der Sakkoinnentasche, steckt sich die weißen Kopfhörer in die Ohren und drückt die Start-Taste. Sofort umgibt ihn eine Glocke aus Musik. Er schließt die Augen.

Was wird er machen, wenn er das Geld hat? Erst mal zählen, klar. Heute Abend ein bisschen feiern. Morgen dann den Job kündigen. Oder doch nicht so schnell, um kein Misstrauen zu erregen. Noch ein, zwei Monate weitermachen, auch wenn's schwer fällt. Das Geld kann erst mal gut zu Hause liegen bleiben. Timo kommt ein Gedanke, und er muss dabei grinsen. Wie wäre es, wenn er in der Sparkasse an der Hülsdonker Straße ein Konto eröffnen und das gestohlene Geld dort einzahlen würde? Das wäre doch ein Gag! Er schüttelt den Kopf. Du bist bescheuert, Timo. Aber warum nicht? Wenn er nicht gleich die ganze Kohle einzahlt, könnte das sogar funktionieren. Die Kassiererin erkennt ihn garantiert nicht. Er wiegt den Kopf im Takt der Musik. Und er schreckt zusammen, als ihn jemand anschubst.

Er reißt die Augen auf, blickt um sich. Neben ihm steht ein Mädchen. Eine junge Frau. Sie macht ihm Zeichen, die Stöpsel aus den Ohren zu nehmen.

Mit zitternden Händen legt er das weiße Kabel zusammen. Krampfhaft versucht er, sich seinen Schreck nicht anmerken zu lassen.

»Hey Timo! Dass ich dich hier treffe!«

Verdammt, das ist ja . . . Er muss tief Luft holen, bevor er etwas sagen kann. »Melanie!«

Wo kommt die jetzt her? Meine Güte. Kaum kehrt er an den Platz der alten Schandtaten zurück, da taucht auch gleich jemand von damals auf.

»Du hast dich überhaupt nicht verändert«, bringt er endlich hervor. Super sieht sie aus, eigentlich sogar noch besser als damals. Der enge Pulli zeigt einladende Oberweite. Sportlich ist sie. Und die blonden Haare – waren die immer schon so gelockt gewesen?

»Na, von dir kann man das ja nicht gerade behaupten.« Sie grinst spitzbübisch. »Diese Klamotten . . . Seriös geworden, was? Witzig, dass wir uns hier treffen.«

Timo will etwas sagen, aber er schweigt. Täuscht er sich oder sind irgendwo in der Ferne wieder Sirenen zu hören? Vielleicht ist es aber auch nur sein iPod, aus dessen Kopfhörern es noch trällert. Er drückt auf Stop und packt das Gerät in die Mappe. Melanie hat sich neben ihn gesetzt und sieht ihn auffordernd an.

»Na ja . . . Zufälle gibt's . . .«, sagt er.

»In solchen Klamotten habe ich dich noch nie gesehen. Aber ich hab dich trotzdem gleich erkannt. Was machst du denn so?« Sie streckt die langen Beine auf dem erdigen Boden aus. Sie stecken in engen hellen Jeans.

Timo hat nicht damit gerechnet, dass er nach seiner Arbeitsstelle gefragt wird. Er fühlt sich unbehaglich. Wo er in Wirklichkeit angestellt ist, kann er schlecht sagen. Obwohl – warum eigentlich nicht?

»Ich arbeite im Baumarkt.«

Sie runzelt die Stirn. »Muss man da so gekleidet sein?«

Was soll er sagen? Da kommt ihm die Idee. »Na ja, ich gehöre zur Geschäftsleitung.« Die Überraschung gelingt.

»Donnerwetter«, sagt Melanie. »Und da kann man nachmittags so einfach im Park herumsitzen?«

Er murmelt etwas von einem wichtigen Großkunden, den er besucht habe. »Und nach den schwierigen Verhandlungen gönne ich mir etwas Muße.«

Die Worte kommen ihm ganz leicht über die Lippen, und da macht er gleich weiter. »Was haben wir hier damals schöne Zeiten erlebt. Weißt du – oft muss ich zu unseren Lieferanten oder zu Messen ins Ausland. London, Paris. Manchmal fliege ich sogar nach New York. Aber hier ist es doch am schönsten.«

Melanie staunt. »Eine dicke Karriere. Herzlichen Glückwunsch. Und das bei der Vergangenheit . . . Ich meine, bist du nicht damals ohne Abi von der Schule abgegangen? Und gute Noten hattest du ja nirgends.«

»Ich habe das aber alles nachgeholt. Als ich kapiert hatte, dass es so nicht weiterging . . .«

Er klingt wie ein Superspießer. Und er nimmt den einen süßlichen Duft wahr, der von Melanie ausgeht. Es ist irgendein Duschgel oder Parfüm oder so was. Wie hat er damals Wilfried beneidet. Wilfried, der mit Melanie zusammen war. Timo hatte sie einfach links liegengelassen.

»Wie kommst du denn hierher?«, fragt er, um das Gespräch von sich abzulenken. »Wohnst du noch in Moers?«

»Ich war eine Weile in Köln – zur Ausbildung. Jetzt bin ich wieder hier. Nichts Aufregendes. Jedenfalls nicht so spannend wie dein Job.«

»Was arbeitest du denn?«

»Ach, in einer Behörde. Ich bin Beamtin.«

»Na, das ist doch was Sicheres. Hast du noch Kontakt zu Wilfried?«

»Klar.«

»Tatsächlich?«

»Wir sind seit zwei Jahren verheiratet. Die Ehe ist . . . na, ja.« Sie sieht ihn an, als wolle sie testen, wie die Information ankommt. Timo spürt, wie sein Mund trocken wird. Sie kichert plötzlich, und dann hört Timo die Polizeisirenen. Ganz deutlich. Sie scheinen sich zu nähern. Hat ihn doch jemand gesehen? Durchsuchen sie schon den Park? Er spürt, wie die Anspannung mit voller Wucht zurückkehrt.

Melanie merkt zum Glück nichts davon und plappert weiter. ». . . ich bin nicht solo«, sagt sie. »Aber in gewissem Sinne doch. Immer auf der Jagd. Wenn du verstehst, was ich meine.«

Timo versteht es. Ihr Blick spricht Bände. Die Polizeisirenen sind in der Ferne verschwunden.

»Was ist denn?«, fragt Melanie.

»Ach nichts.«

Sie seufzt entspannt. »Schön hier. Vor allem im Frühling.«

Sie wartet darauf, dass ich rangehe, denkt er. Wenn er Melanie gestern getroffen hätte, wäre das keine Frage gewesen. Aber jetzt? Er muss es aufschieben. Bis er das Geld gebunkert hat. Sie müssen sich demnächst noch mal treffen. Morgen oder übermorgen.

»Musst du nicht arbeiten?«, fragt er.

Sie schüttelt den Kopf. »Ich hab heute frei. Ich komme oft hierher, wenn ich frei habe. Wilfried arbeitet mindestens tausend Stunden die Woche.«

Irgendwo zwischen den Bäumen weit hinter dem Denkmal wird es unruhig. Es gibt Gerenne. Timo erschrickt. Er glaubt, einen Polizisten zu sehen. Aber es ist nur ein Mann mit einer grünen Jacke, der einem Hund hinterherläuft. Ihm bricht der Schweiß aus. Er würde sich am liebsten den engen Kragen aufreißen. Er muss weg. Am besten nach Hause. Mit dem Bus. Er sieht demonstrativ auf die Uhr. »Ich muss jetzt leider gehen.«

»Gib mir deine Telefonnummer.« Sie hält ihm die Hand hin.

So haben sie das irgendwann in ferner Jugendzeit schon mal gemacht. Telefonnummern und Dates einfach mit Kuli auf die Haut geschrieben. Sorgsam malt er die Zahlen auf die Sommersprossen und versucht, das Zittern seiner Hand zu unterdrücken.

Melanie scheint es nicht zu bemerken. »Und die Adresse«, sagt sie. »Ich melde mich. Ganz bestimmt.« Sie sieht ihn mit einem Blick an, der keinen Zweifel lässt.

In der Stadt nimmt er doch nicht den Bus, sondern treibt sich herum. Am Busbahnhof starrt er eine Weile in das Schaufenster eines Handyladens. Eins von den neuesten Modellen kann er sich morgen leisten. Im Kaufhof ersteht er ein paar Socken, um an eine andere Tüte zu kommen. Dann sucht er sich im Café Extrablatt am Altmarkt einen Platz ganz hinten an der Wand, wo er den Raum gut im Blick hat.

Um sieben geht er wieder los und spaziert langsam in Richtung Hülsdonker Straße. Er lässt sich Zeit. Zwei Stunden vergehen, und als er das Versteck erreicht, ist es dunkel. Zielstrebig tritt er zwischen die Büsche. Der Karton ist noch da.

So schnell er kann, füllt er das Geld in die Kaufhoftüte um. Es ist ein gutes Gefühl, so viele neue Scheine durch die Finger gleiten zu lassen. Wieder kann er sich kaum beherrschen und will unbedingt wissen, wie viel es ist.

Melanie ist ihm den ganzen Nachmittag nicht aus dem Kopf gegangen. Er hat vergessen, sie nach ihrer Nummer zu fragen, aber sie steht ganz bestimmt im Telefonbuch. Wahrscheinlich trägt sie jetzt Wilfrieds Namen, heißt also nicht mehr Roerig, sondern ... Bauhans. Genau. Wilfried Bauhans hat er geheißen ...

Wenn Wilfried wirklich so viel arbeitet, ist er sicher gar nicht zu Hause. Er könnte sie heute Abend noch anrufen. Timo steigt aus dem Gebüsch und trägt Tüte und Mappe durch den menschenleeren, dunklen Möwenweg. Es hat geklappt, denkt er. Es hat wirklich geklappt! Geklappt, geklappt, geklappt!

Hinter ihm nähern sich Schritte. Eine Stimme sagt: »Hallo Timo.«

Und er ist zu überrascht, um wegzurennen. Er dreht sich um. Im Schein einer Straßenlampe steht Melanie. Wo kommt die jetzt her?

Sie muss ihm gefolgt sein. Erst jetzt erkennt er, dass sie eine Pistole auf ihn gerichtet hält. »Melanie ...«, bringt er erstaunt hervor.

»Nix Melanie. Hauptkommissarin Bauhans.« Ihre Stimme klingt ganz anders als heute Nachmittag. Härter. Brutal.

»Du bist bei der Polizei?«

»Blitzmerker. Her mit dem Geld.«

Timo zögert. Ihm wird schwindelig.

»Mach schon!«

»Scheißzufall«, stöhnt er und hätte am liebsten losgeheult.

»Zufall?« Melanie sieht ihn höhnisch an. »Zufälle gibt's nicht. Ich hatte gerade Dienst, als die Meldung von dem Banküberfall in der Hülsdonker Straße kam. Und da dachte ich, ich schaue mal nach, ob der gute alte Timo im Park sitzt. Wie er früher damals immer getönt hat. Ob er seinen Plan von damals wahr macht ...«

»Du hast dich an meinen Plan erinnert?«

»Nicht nur ich.«

Wieder Schritte. Eine zweite Figur schält sich aus dem Dunkel. Timo erkennt Wilfried sofort. Obwohl er ein bisschen zugenommen hat.

»Genug geglotzt. Die Kohle rüber«, befiehlt Melanie.

In Timo erwacht Kampfgeist. »Moment mal! Was hat er denn damit zu tun?«

»Ich kann auch die Kollegen rufen.« Sie zieht mit der anderen Hand etwas aus der Tasche. Wahrscheinlich ein Handy.

Er bleibt noch einen Moment stocksteif stehen, aber dann wirft er die Tüte hinüber.

Wilfried hebt sie auf und sieht hinein. »Er scheint es sauber hingekriegt zu haben«, sagt er.

»Hinlegen«, ruft Melanie Timo zu.

»Was?«

»Hinlegen. Ist doch nicht so schwer zu verstehen.«

Timo geht in die Knie.

»Auf den Bauch. Los, mach schon.« Er gehorcht. Sekunden später liegt er auf dem kalten Asphalt.

Er hört, wie sich Melanies und Wilfrieds Schritte entfernen. Ein Motor wird gestartet. Ein Auto fährt scharf an.

Dann ist es still.

Garten-Tipp von Oliver Buslau

Gegen Maulwürfe haben wir alles Mögliche versucht. Was sich ganz gut bewährt hat: Kaiserkronen. Angeblich haben sie einen Geruch, der an Knoblauch erinnert und die Maulwürfe abschreckt.

Ein banal klingender, aber oft missachteter Tipp für Rasen (ich spreche aus Erfahrung): Man muss ihn von Zeit zu Zeit düngen. Viele lehnen das ab, weil sie glauben, dass dadurch auch das Unkraut stärker kommt. Es hat aber weniger Chancen, wenn man öfter mäht.

Garten-Tipp von Heike Waldor-Schäfer

Ich bin ehrlich: Ich habe es auch schon getan. Habe einen Becher in die Erde versenkt, ihn mit Bier aufgefüllt und am nächsten Tag die ertränkten Tierchen mit schlechtem Gewissen, aber einem gewissen jagdlichen Triumphgefühl eingesammelt und - immerhin - am Ende des Gartens begraben. Ich habe Schnecken auch brav eingesammelt und in weit entfernten Regionen wieder ausgesetzt. In beiden Fällen ohne großen Erfolg. Die Bierfalle lockte sämtliche Schnecken aus den Nachbargärten an, die Umsiedlungsmaßnahmen wurden viel zu aufwändig. Und außerdem: Ich wollte einen glücklichen Garten. Ohne Mord, ohne Totschlag, ohne jegliche Gewalt, mit einem Plätzchen für jeden, der sich darin wohl fühlen mochte.

Inzwischen hat es sich unter den Schnecken herumgesprochen, dass, wer sich in meinen Garten schleicht, mit Bösem rechnen muss, aber meist mit dem Schrecken davon kommt.

Denn: In meinem Garten stinkt es. Und zwar besonders gern den Schnecken.

Und das funktioniert so: Man sammle eifrig Moos - am einfachsten beim frühjährlichen Vertikutieren des Rasens, trockne es an einem vor nestbaumaterialsuchenden Zeitgenossen sicheren Ort. Im Bedarfsfall dann das Moos zerkleinern und in einem Wasserbad etwa einen Tag lang ziehen lassen (etwa 40 Gramm auf einen Liter). Das Mooswasser dann sieben und fein säuberlich versprühen.

Und Schnecken gibt es nur noch beim Nachbarn. Oder beim Italiener.

Übrigens: Ameisen sind ebenso geruchsempfindlich. Ein bisschen Zimt um ihre Ein- und Ausstiegsluken gestreut und sie machen sich vom Acker. Zumindest in Borth.

Heike Waldor-Schäfer, Redaktionsleiterin
NEUE RHEIN ZEITUNG (NRZ), Niederrheinredaktion Xanten,
wohnt in Rheinberg-Borth

Familienzusammenführung

»Das Frühjahr naht, Gerda. Wir sollten in den Gartenmarkt fahren und mal schauen, was es dort so an Angeboten gibt.«

»Gute Idee, Elsbeth. Wohin denn, zu Knoblich oder Vander?«

»Och, da bin ich nicht pingelig. Wir fahren zu beiden.«

Eine halbe Stunde später wanderten die beiden rüstigen Damen durch die Gänge des ersten Gartenmarktes.

Noch waren die Temperaturen nicht dazu angetan, Frühlingsgefühle zu vermitteln. Noch lag an einigen Stellen Schnee und so manche Pfütze war vereist. In den großen Glashäusern aber duftete es schon nach Maiglöckchen und Rosen. Topf an Topf reihte sich die bunte Pracht der Primeln, Hyazinthen und Narzissen.

»Du sag mal, Gerda«, wisperte Elsbeth Rheinhausen. »Ist das nicht Martha dort hinten?«

Gerda kniff die Augen zusammen. »Da hinten bei den Tulpen? Ich denke, du hast Recht. Das ist Martha Geldern. Lass uns sehen, dass wir hier wegkommen. Wenn sie uns erwischt, müssen wir uns stundenlang ihr Gejammer anhören.«

Sie nickten sich zu und schlichen aus dem Verkaufsraum. Nur wenige hundert Meter weiter war bereits das nächste Paradies für Gärtner. Hier beherrschten Setzlinge das Angebot. Goldrute, Forsythie, Korkenzieherhasel.

Die beiden Freundinnen prüften begeistert die Angebote.

»Ich habe neulich in einer Gartenzeitschrift einen wunderbaren Vorschlag für einen Rosengarten gesehen. Alles

Ton in Ton. Das wäre was, wenn man gärtnern könnte.«

»Ja, mal was anderes als immer nur Geranien und Petunien.«

In der Abteilung für Rosenkugel ereilte die beiden das Schicksal in Form von Martha Geldern.

»Hallöchen«, schallte die schrille Stimme durch das Grün und ließ die Glasscheiben erzittern. »Wenn das nicht Elsbeth Rheinhausen und Gerda Ruhrort sind!«

»Martha«, Gerda lächelte gequält, während sich Elsbeth umsah, als plane sie ihre Flucht.

»Wie geht's euch beiden denn? Alles im grünen Bereich?«

»Danke, und selbst?«

Martha Geldern beugte sich vor. »Nein. Eigentlich nicht. Es herrscht Krieg.«

»Was?«

»Ja, Krieg.«

»Das kann nicht sein. Ich habe heute Morgen noch die Nachrichten auf Welle Niederrhein gehört. Das hätten die bestimmt gemeldet.« Elsbeth schluckte hart.

»Aber nicht doch, meine Liebe. Nicht so ein Krieg. Es herrscht Krieg zwischen mir und Hugo von Goch, meinem Nachbarn.«

»Im Ernst?« Die beiden Freundinnen wechselten einen amüsierten Blick. Hugo von Goch war ein stadtbekannter Casanova, der keinen Tanztee im »Odeon« ausließ, immer mit einer frischen Nelke im Knopfloch. Die Nelken züchtete er eigens passend zu seinen Krawatten und Seidentüchern.

»Ja, das ist eine lange Geschichte. Wie wäre es, wenn ich euch zum Kaffee einlade?«

Kurze Zeit später saßen die drei Damen im Wintergarten von Martha Geldern. Ein kleiner Tisch mit ein paar Stühlen stand eingequetscht zwischen mannshohen Benjamini und Yuccapalmen. Eine Grünlilie streckte ihre Luftableger in alle Richtungen. Zwei riesige Gummibäume vervollständigten das Bild. Vorsichtig sah sich Elsbeth um, der Raum hatte etwas Dschungelartiges. Es hätte sie nicht gewundert, wenn plötzlich ein paar Affen aufgetaucht wären.

»Ihr wisst ja sicher, dass ich auf meinen Garten ganz besonders stolz bin«, Martha zeigte nach draußen. Allerdings war dort im Moment noch wenig zu sehen. Bald aber würde dort alles blühen und sprießen. Die Rosen zeigten schon erste Knospen und die Magnolie stand kurz davor, ihre Blüten zu öffnen. Narzissen und Tulpen lugten schon büschelweise aus der Erde. Martha mochte so manchen Fehler haben, aber sie besaß unzweifelhaft einen grünen Daumen.

»Seit ein paar Jahren habe ich diesen Traum«, fuhr Martha nun fort. »Ich möchte mit meinem Garten in die Geschichte des Niederrheins eingehen.«

»Mit deinem Garten?« Elsbeth und Gerda wechselten einen besorgten Blick.

»Ja, mit meinem Garten. Er soll etwas ganz Besonderes werden, mich überdauern und noch künftigen Generationen zeigen, wer ich war.« Martha stand auf, um den Kaffee aus der Küche zu holen.

»Sie ist durchgedreht, oder, Elsbeth?«

»Möglich, Gerda, durchaus möglich. Alzheimer? Altersstarrsinn? Irgend so was.«

Die beiden Damen starrten ihrer Bekannten entsetzt entgegen, als sie mit dem Tablett zurück kam.

»Die Arme«, wisperte Gerda.

»Wie gesagt, ich möchte mit meinem Garten etwas erschaffen, was mich überlebt. Kinder habe ich ja leider keine. Schon vor Jahren habe ich damit begonnen und nun stehe ich kurz vor der Vollendung meines Werkes. Ich möchte den schönsten und besten Gourmetgarten am Niederrhein erschaffen, aufgenommen werden in die Offene Gartenpforte, beachtet wie der Kräutergarten des Klosters Kamp, bewundert wie die Gartenanlage von Schloss Moyland. Dafür habe ich seit Jahren Pflanzen und Pflänzchen, Stecklinge und Samen zusammengetragen.«

»Ach?«, meinte Elsbeth.

»So?«, seufzte Gerda.

»Ja. Topinambur habe ich angepflanzt und zur Blüte gebracht, Pastinaken veredelt, Guten Heinrich gezüchtet, Artischocken gepflegt, Gartenmelde über den Winter gebracht und japanischen Senf gesetzt. Ewigen Kohl, ewigen Spinat, Gemüseampfer, Knollenziest und Winterheckenzwiebeln habe ich mühsam zusammengesucht. Die besten Standorte für sie ausprobiert, verworfen, neu probiert. Kompost, Dünger, selbst Dung habe ich in den Garten gekarrt, um den Boden zu optimieren. Und nun das.«

Martha zeigte nach draußen. Die beiden Freundinnen folgten ihrem Blick, konnten aber nichts Ungewöhnliches erkennen. »Jetzt kommt Hugo von Goch und will ein riesiges Gewächshaus für seine scheußlichen Nelken bauen.«

»Echt?« Gerda kicherte.

»Wirklich?« meinte Elsbeth. »Hat er sich neue Krawatten gekauft?«

Martha schnaubte.

»Aber Martha, was stört es dich, was Hugo macht?«

»Das Gewächshaus soll direkt an die Grundstücksgrenze gebaut werden. Dort war der ideale Platz für den Zwergpfirsich. Aber auch wenn es aus Glas gebaut ist, wird es bei mir schattig. Außerdem braucht er auch noch ein extra Gebäude für die Heizungsanlage. Das wird den Ausblick auf meinen Garten verschandeln. Jeder wird zu dem monströsen Bau schauen, niemand mein Lebenswerk bewundern.«

»Gute Güte.«

»Lieber Himmel, das ist ja furchtbar.«

»Ja«, Martha nickte so heftig, dass ihre kleinen, dauergewellten Löckchen hin und her flogen. Tränen stiegen ihr in die Augen. »Ich könnte ihn umbringen.«

»Hmm«, meinte Gerda.

»Versteh ich«, fügte Elsbeth hinzu.

»Letztes Jahr noch habe ich gehofft, dass Hugo sein Haus verkauft und in die Innenstadt zu Hildegard zieht. Er hatte nämlich ein Fisternöllchen mit ihr. Aber seit einigen Wochen scheint sie verschollen zu sein. Wisst ihr vielleicht, wo Hildegard geblieben ist?«

Gerda räusperte sich. Elsbeth versenkte ihre Nase in die Kaffeetasse, die sie krampfhaft festhielt.

»Ich habe . . . gehört«, murmelte Gerda Ruhrort, »dass Hildegard eine . . . öhmm . . . lange Reise macht.«

»Ja, eine Seereise, glaube ich«, beeilte sich Elsbeth zu sagen.

Kurze Zeit später verabschiedeten sich die beiden rüstigen Damen von ihrer Bekannten. So schnell es ging und ihre alte Ente es zuließ, fuhren sie zu Elsbeths Haus.

»Ich hätte sterben können, als sie von Hildegard anfing.«

»Hildegard ist gestorben.«

»Richtig, in deiner Küche. Letztes Jahr.«

»In meiner Küche, stimmt. Aber es waren deine Worte, an denen sie erstickt ist.«

»Fängst du schon wieder damit an? Ich bin mir sicher, dass deine Suppe schuld war.«

»Das werden wir nie klären können. Aber eigentlich waren wir ja froh; Hildegard tauchte schließlich immer unpassend auf. Weißt du noch, wie wir versucht haben, die Leiche loszuwerden?«

»Ja, das war ganz schön aufregend. Aber ich habe von Anfang an gesagt, dass wir sie in den See schmeißen sollten.«

»Das hast du. Und da ist sie jetzt ja auch. Im See.«

»Da ist sie gut aufgehoben.«

„Ich wusste gar nicht, dass sie etwas mit Hugo von Goch hatte."

»Nee, wusste ich auch nicht. Aber zusammengepasst haben die beiden schon.«

»Und was machen wir nun?«

»Wir müssen Martha unbedingt helfen. Sie kann ja Nerven sägen, aber das hat sie doch nicht verdient, oder?«

»Wie willst du ihr denn helfen?«

»Ich dachte an eine Art Familienzusammenführung. Hugo und Hildegard. Im See.«

»Gute Idee. Hol doch mal den Sherry.«

Sie schenkten sich ein, betrachteten einen Moment die bernsteinfarbene Flüssigkeit in den filigranen Kristallgläsern, prosteten sich dann zu.

»Prösterchen, Gerda.«

»Stößchen, Elsbeth.«

Zwei Tage lang überlegten die beiden krampfhaft, wie das Problem am besten zu lösen sei. Von Martha hörten sie nichts mehr, auch das war beunruhigend.

»Also gut, Elsbeth, ich werde zu Martha fahren und nachschauen, was mit ihr los ist und du...« sie warf ihrer Freundin einen ernsten Blick zu, »du wirst Hugo von Goch beschatten.«

»Was?«

»Ja, aus einschlägiger Literatur weiß ich, dass man sein Opfer genau beobachten soll, um seine Eigenarten und den Tagesablauf zu kennen.«

»Einschlägige Literatur, so, so.«

»Na ja, du weißt schon, Miss Marple, Hercules Poirot und so.«

»Wenn mich nicht alles täuscht, waren diese Herrschaften auf der Spur des Mörders und nicht andersherum.«

»Nun spalte mal keine Haare, kümmere dich um Hugo.«

Am späten Nachmittag trafen sich die beiden Damen wieder in Elsbeths Küche.

»Und, was macht Martha?«

»Sie leidet. Sie ist in eine tiefe Depression verfallen und wollte kaum das Bett verlassen. Und das jetzt, wo die

Frühlingssonne nach draußen lockt und die erste Gartenarbeit ansteht.«

»Ach Gott. Dann wird das ja nichts mit ihrem Lebenstraum.«

»Doch. Dafür werde ich sorgen und wenn es das Letzte ist, was ich tue. Das walte Hugo!«

»Ach du grüner Kakadu, wie willst du das denn machen?«

»Ich werde jeden Tag bei ihr vorbeifahren und sie eigenhändig in den Garten jagen. Wer weiß, vielleicht kann ich ja etwas Nützliches erfahren.«

»Etwas Nützliches? Von Martha?«

»Ja sicher. Martha kennt sich mit Pflanzen aus. Sie ist ein wandelndes Botaniklexikon. Es gibt doch jede Menge Giftpflanzen.«

»Stimmt. Den schönen Fingerhut zum Beispiel.« Elsbeth sah durch das Küchenfenster hinaus in ihren Garten. Die kleinen Rädchen in ihrem Hirn schienen auf Hochtouren zu laufen.

»Und du? Was hast du gemacht?«

»Als erstes habe ich mir von meinem Neffen den Wagen geliehen. Eine rote Ente könnte etwas zu auffällig sein, meinst du nicht? Und dann bin ich auf Hugo von Gochs Spuren gewandelt.«

»Ach nein?«

»Doch, das war ganz einfach. Mittags isst er oft beim Italiener auf dem Großmarkt. So auch heute. Danach bin ich ihm kreuz und quer durch die Stadt gefolgt. Das war ganz schön anstrengend.«

»Hast du denn was herausgefunden?«

»Auf dem Großmarkt habe ich mich an den Nebentisch gesetzt, mit dem Rücken zu ihm. Da konnte ich mithören, wie er telefoniert hat. Der muss eine Telefonrechnung haben, gute Güte.«

»Und mit wem hat er telefoniert?« Gerda war zur Anrichte gegangen und stellte nun die Sherryflasche und die beiden Gläser auf den Tisch.

»Mit irgend jemanden, der Nelkenstauden verkauft. Wohl ein Holländer. Außerdem mit einer Frau, die ein Essen für ihn kochen soll, ein Essen zur Einweihung seines neuen Gewächshauses. Eine Frau Lintfort aus Kempen.«

»Ach, von der habe ich gehört. Sie kommt ins Haus und bekocht deine Gäste. Aber wenn er jetzt schon eine Einweihungsparty plant, dann müssen wir uns beeilen. Ich habe mal über den Gartenzaun auf sein Grundstück gelinst. Grauenvoll sieht es da aus. Ganz anders als in Marthas Garten mit den vielen schönen Pflanzen.«

»Na ja, soweit kann der Bau noch nicht sein, er hat nämlich auch mit einem Baufritzen telefoniert und sich fürchterlich aufgeregt, dass sich irgendwelche Lieferungen verzögern. Morgen sehe ich Hugo übrigens wieder.« Elsbeth grinst verschmitzt und füllte die Gläser.

»Ja? Wo denn?«

»Im ‚Odeon', beim Tanztee. Prösterchen, meine Liebe.«

»Stößchen.«

In den folgenden Wochen traf Elsbeth Hugo von Goch mehrmals. Beim ersten Tanztee hatte er sie direkt angesprochen. Das lag ganz bestimmt an ihrem auffälligen Hut, den sie mit Nelken dekorierte.

Er tanzte sogar einen Walzer mit ihr, verabredete sich wieder zum Tanzen. Sie gingen ins Café Heinemann. Ein paar Tage später genossen sie zusammen die inzwischen laue Frühlingsluft im Stadtwald.

Währenddessen schrieb Gerda Listen.

»Was ist das?«, fragte Elsbeth verwundert.

»Verzeichnisse. Nützliche Verzeichnisse. Schau mal hier: Lebensbaum, *Thuja occidentalis*, giftig. Dagegen Adventsstern, *Euphorbia pulcherrima*, gering giftig.«

»Lebensbaum und Adventsstern habe ich ja schon mal gehört, ihre Nachnamen aber nicht.«

»Das sind die lateinischen Bezeichnungen.«

»Natürlich, glaubst du, das wüsste ich nicht? Aber was willst du damit? Du glaubst doch nicht, dass Hugo einen Ast vom Lebensbaum freiwillig abknabbert und dann tot umfällt, oder?«

»Nein, aber vergiften klingt irgendwie nach einer Lösung.«

»Hmm. Der Bau des Gewächshauses verzögert sich, das macht den armen Mann ganz madig.«

»Den armen Mann?« Gerda zog die Augenbrauen hoch. »Elsbeth...«

»Was denn, was denn? Es ist ja nur so, er kann tatsächlich sehr charmant sein. Und hilfsbereit. Gestern hat er mir geholfen, die Gardinen abzunehmen. Du weißt doch, dass ich immer Angst habe, auf die hohe Leiter zu steigen.«

»Grundgütiger, Elsbeth. Der Mann war hier? Hier bei dir und hat Gardinen abgenommen? Vom drei Meter fünfzig hohen Fenster? Auf deiner wackeligen Holzleiter?«

»Ja, wieso?«

»Welch vertane Gelegenheit! Ein Stoß und unser Problem hätte sich erledigt. Es ist nicht zu fassen.«

Elsbeth Rheinhausen sah ihre Freundin reumütig an. »Es ist ja nicht so, Gerda, dass mir der Gedanke nicht auch gekommen wäre, aber ich habe es irgendwie nicht übers Herz gebracht.«

»Ach nein?« Wütend verschränkte Gerda die Arme vor der Brust.

Elsbeth schüttelte den Kopf. »Schau, er wäre vermutlich in die Scheibe gefallen, hätte die Orchideen von der Fensterbank gerissen, dann hätte ich den Glaser kommen lassen müssen und überall die Scherben. Vielleicht sogar Blut. Blutflecken auf dem Parkett, weißt du, was das für eine Arbeit macht?«

»Da hast du natürlich Recht. Trotzdem. Heute ist der Bagger gekommen und hat das Fundament für Hugos blödes

Gewächshaus ausgehoben. Der Zaun ist umgefallen und hat die zarten Schößlinge des Meerkohls unter sich begraben. Die Goldrute haben die Arbeiter aus Versehen ganz ausgebuddelt. So kann das doch nicht weitergehen.«

»Nun ja, ich habe tatsächlich eine Lösung gefunden.«

»Im Ernst?«

»Ja. Hol mal den Sherry, ich brauch einen.«

Gerda nickte, ihr war schon ganz flau.

»Also, Hugo hat all seinen Freunden schon Bescheid gesagt, wegen der Einweihungsparty. Er will vorab schon mal feiern. Nächsten Samstag. Die Dame, die das Buffet machen sollte, kann dann aber nicht. Hugo kocht vor Wut.«

»Damit kann er aber keine Gäste verköstigen und umbringen wird es ihn auch nicht.«

»Richtig. Ich habe ihm einen Vorschlag gemacht.«

»Welchen?«

»Dass ich für ihn koche.«

»Das ist eine super Idee!«

»Sie hat einen Haken. Er möchte erst Probe essen.«

»Wann?«

»Morgen.«

»Okay. Dann bringen wir ihn morgen um.«

»Und womit?«

»Das ist natürlich ein Problem.«

»Ach Elsbeth. Ich habe von Schnecken gelesen, die vergiftete Pilze essen, daran aber nicht sterben, sondern das Gift speichern. Doch dazu bräuchten wir erst die Schnecken und dann die Pilze.«

»Das kannst du vergessen, der isst keine Schnecken. Auch keine Muscheln, das ist schade, denn die haben einen so intensiven Geschmack, dass ein bisschen bitterer Eisenhut gar nicht auffallen würde.«

»Engelstrompeten, *Datura bugmansia*, die sind hochgiftig. Hatte dir dein Neffe nicht letztes Jahr eine geschenkt? Dieser außerordentlich gut duftende Baum?«

Elsbeth nickte, nahm das Sherryglas fest in die Hand,

sah ihre Freundin aber nicht an. »Ja«, murmelte sie dann verlegen. »Hat er. Ich habe mich auch sehr gefreut. Wirklich. Aber . . .«

»Aber was?«

»Ich habe nun mal keinen grünen Daumen. Die Engelstrompete ist eingegangen. Schon nach einer Woche. Schau doch in meinen Garten, alles was dort wächst, ist Eibe.«

»Eibe?« Gerda zog nachdenklich die Stirn kraus. Dann nahm sie ihre Listen hervor. »Eibe!« Nun strahlte sie über das ganze Gesicht. »Darauf trinken wir jetzt. Stößchen!«

»Prösterchen.«

Am nächsten Morgen verarbeiteten sie Eibenrindenextrakt in Waldmeisterpudding, kochten daraus Tee, rührten die zerdrückten Samen in Grüne Soße, zerrieben die Nadeln und vermischten sie mit Rosmarin.

Um zehn vor acht war das mörderische Menü bereit. Um zehn nach acht gab es immer noch kein Zeichen von Hugo von Goch.

Die große Standuhr schlug neun, als Elsbeth Rheinhausen aufsprang. »Ich halte das nicht mehr aus. Er geht weder an sein Telefon noch an sein Handy. Ihm ist etwas passiert. Ich fahre jetzt dahin.«

»Aber ganz sicher nicht alleine!« Gerda Ruhrort holte die Mäntel. »Ich komme mit.«

Die Eingangstür von Hugo von Gochs Haus war nur angelehnt. Den beiden rüstigen Damen schlug ein würziger Duft entgegen.

»Hugo?« Elsbeths Stimme hallte durch die Diele. Niemand antwortete. »Huuugoooo?«

»Was riecht denn hier so köstlich?« Gerda sog schnuppernd die Luft ein.

»Es riecht nach Pilzen. Hugo wollte sich nicht lumpen lassen. Hinten in seinem Garten, hat er mir erzählt, wachsen Schopftinglinge. Schon seit Jahren. Er hätte ein hervorragendes Rezept für einen Pilzauflauf, den wollte er heute mitbringen«, erklärte Elsbeth.

»Pilze, so, so . . .« Witternd nahm Gerda die Spur auf, folgte dem Geruch bis in die Küche. Dort lag Hugo von Goch auf dem Steinboden, in der einen Hand eine Gabel, in der anderen den langen Stiel eines Weinglases. Splitter und eine Pfütze Rotwein neben seinem Kopf vervollständigten das Bild.

»Bluuuut!« Elsbeth schloss entsetzt die Augen.

»Nein, Rotwein.« Gerda näherte sich entschlossen dem Mann am Boden. Sie stieß ihn mit der Fußspitze an. »Der ist tot.«

»Wie schrecklich!« Elsbeth wischte sich eine Träne aus dem Augenwinkel.

»Elsbeth . . . was ist schrecklich?«

»Er ist tot!«

»Ja, das wollten wir doch auch so. Aber wir sind nicht schuld. Sieh an, sieh an.«

»Was denn?«

»Er hat tatsächlich einen Pilzauflauf gemacht. Dort sind noch Pilze, da, neben der Spüle.«

»Ja.« Elsbeth öffnete den Ofen. »Und hier ist der Auflauf. Riecht köstlich.« Sie zog die Schublade auf und nahm eine Gabel heraus.

»Nicht, Elsbeth!«, schrie Gerda. »Nicht probieren! Schau mal.« Irgendwo aus den Tiefen ihrer Handtasche fischte sie ein schmales Büchlein heraus.

»Was ist das?« Elsbeth wollte zu ihr treten, aber dann hätte sie über Hugo steigen müssen.

»Das ist ein Pilzbestimmungsbuch. Ich habe es mir gestern von Martha geliehen. Welche Pilze sagtest du, hat er im Garten?«

»Schopftingling.«

»Aha. Der hat einen giftigen Doppelgänger, den grauen Faltentingling, den hier«, sie zeigte auf einen Pilz, der auf der Arbeitsfläche lag. »Pilze sind besonders giftig in Zusammenhang mit Alkohol. Tödlich, wie man sieht.«

»Und nun? Was machen wir nun?«

»Wir fahren mit Hugo zum See. Bringen ihn zu Hildegard. Wusstest du eigentlich, dass in der Kriminalliteratur Hugo die Abkürzung für Human Going ist? Das steht für Leichen auf Reisen.«

Eine Woche später lud Elsbeth Martha Geldern zum Essen ein. Sie wollten feiern, dass Marthas Garten in die Offene Gartenpforte aufgenommen worden war.

»Hugo von Goch scheint sich besonnen zu haben«, meinte Martha und nippte zufrieden an dem Sherry. »Der Bau ist eingestellt. Gesehen habe ich ihn auch schon ein paar Tage nicht mehr.«

»Hmm«, Elsbeth senkte den Kopf.

»Soviel ich weiß, ist er auf Reisen«, sagte Gerda fröhlich.

»Ach? Etwa mit Hildegard?«

»Ganz genau. Mit Hildegard auf Seereise. Prösterchen!«

»Stößchen!«

Garten-Tipp von Ulrike Renk

Mein Lieblingsbuch ist »Der Gourmetgarten« von Marion Nickig und Heide Rau, ISBN 3892349444.

In dem Buch werden Pflanzen für den faulen Gärtner vorgestellt, die immer wieder kommen und wenig Pflege benötigen. Ideal für Gärtner wie mich, die mit Kindern, Katzen und Enten gesegnet sind.

In meinem Garten scheine ich außerdem ein Monopol auf Giersch zu haben. Ein hartnäckiges Unkraut, das sich immer weiter und weiter vermehrt, wenn man es lässt. Im Frühjahr kann man allerdings die ersten frischen Austriebe wunderbar für eine Suppe verwenden. Junger Giersch hat einen hohen Vitamin-C-Gehalt und schmeckt leicht nussig.

Man sammelt die hellgrünen Blättchen, die sich noch nicht ganz fächerförmig geöffnet haben. Dann kocht man eine kräftige Gemüsesuppe (entweder mit einer Beinscheibe oder einem halben Suppenhuhn, einem Bouquet Garni, ein bisschen Suppengemüse, Salz und einem guten Schuss Weißwein) seiht den Fond ab, blanchiert den Giersch und lässt ihn etwa 15 Minuten mit dem Fond köcheln. Ein Schuss Sahne und frischer Pfeffer runden das Rezept ab.

Die beste Art, Unkraut zu vernichten!

Garten-Tipp von Rebecca Gablé

Da es in diesem Buch ums Verbrechen geht, soll auch mein Gartentipp eine heimtückische Anleitung zum Unkrautmord sein.

Zu den unwillkommensten Eindringlingen im Garten zählt wohl der Löwenzahn, weil man ihm dank seiner langen Pfahlwurzeln so schlecht den Garaus machen kann. So manches alte Küchenmesser ist schon bei dem Versuch, einen Löwenzahn auszubuddeln, abgebrochen, und wenn er in Ritzen zwischen Gehwegplatten wächst – was er ja besonders gerne tut – hat man gar keine Chance.

Darum: Besorgen Sie sich in der Apotheke eine herkömmliche Spritze mit Nadel. Reißen Sie dem Löwenzahn beherzt und ohne Gewissensbisse Blätter und Blüten ab (letztere kann man schön in die Vase stellen, z. B. mit zeitgleich blühenden Vergissmeinnicht). Ziehen Sie die Spritze mit Essigreiniger oder Essigessenz auf, stechen Sie die Nadel von oben in die freigelegte Wurzel und entleeren Sie den Inhalt der Spritze. Den so behandelten Löwenzahn sehen Sie nie wieder, Ehrenwort.

Aber passen Sie ein bisschen mit der Nadel auf. Die Dinger sind tückisch und durchstechen bei mangelnder Vorsicht jeden Gartenhandschuh. So mancher Täter der kriminellen (Literatur-)Geschichte ist schon Opfer seiner eigenen perfiden Mordpläne geworden, und auch in Ihrem Garten wimmelt es von Keimen, die Sie sich lieber nicht injizieren sollten.

Carola Dunn

Miss Daisy und die Duellanten von Anholt

An den Wänden der Eingangshalle von Schloss Anholt hingen historische Waffen. Es waren Armbrüste und Streitäxte, Feuerstein-Gewehre und Donnerbüchsen, Stoßdegen und Hirschfänger sowie verschiedene Arten von Spießen und Hellebarden.

Obwohl es in vielen alten Gebäuden Englands ähnlich aussah, fühlte Daisy sich beklommen; mit einem Spieß war sie einmal angegriffen worden. Andererseits hatte sie das Unbehagen bereits verspürt, bevor sie die Waffen gesehen hatte. Es war eigenartig in Deutschland zu sein, nur sechs Jahre nach dem Waffenstillstand von 1918. Natürlich bemühte man sich zu verzeihen, aber auch zu vergessen – nein, das war unmöglich. Dabei fand sie es schon schwierig genug, in einem fremden Land zu sein, dessen Sprache und Sitten sie nicht kannte.

Es hatte alles mit einem Telefonanruf ihrer Freundin Lucy begonnen. »Daisy, du musst unbedingt mit mir kommen!«

»Langsam, Darling. Mit dir kommen? Wohin?«

Durch die Leitung war zu hören, wie Lucy tief Luft holte. »Nach Deutschland . . .«

»Deutschland!«

»Es ist nicht gefährlich. Wir sind schließlich nicht mehr im Krieg.«

»Ich weiß, und ich bin absolut bereit, wieder gut Freund mit ihnen zu sein, aber warum um alles in der Welt fährst du nach Deutschland?«

»Es ist ein bisschen kompliziert.«

»Na, du bezahlst das Telefongespräch . . .«

Kompliziert war der richtige Ausdruck. Lord Gerald Bincombe, Lucys frisch angetrauter Ehemann, war weitläufig mit den Prinzen zu Salm-Salm verwandt. Prinz Alfred war im letzten Jahr, 1923, gestorben. Sein Sohn war im Krieg gefallen.

»An der Ostfront«, fügte Lucy nicht ohne Dankbarkeit hinzu, »also können sie uns das nicht zur Last legen.«

Sein Enkel Nikolaus, der jetzige Prinz, war achtzehn Jahre alt und hatte sein Erbe angetreten. Aufgrund der französischen Ruhrbesetzung, der kurzlebigen »Rheinischen Republik«, der Reparationen und des Hitler-Ludendorff-Putsches hatte er kürzlich beschlossen, einen Teil des Familienvermögens nach England zu transferieren.

Da Lord Gerald sowohl ein Londoner Finanzexperte als auch ein entfernter Vetter war, wollte Prinz Nikolaus ihn konsultieren. Lord Gerald, der frisch verheiratet war, wollte nicht ohne seine Braut reisen.

»Und ich habe gehört, dass der Familiensitz, Schloss Anholt, ziemlich eindrucksvoll sein soll, Darling«, sagte Lucy, die Photographin war. »Ich brenne darauf, dort Aufnahmen zu machen.«

»Und welche Rolle spiele ich dabei?«, wollte Daisy wissen. »Sicher braucht Ihr keine Gesellschaftsreporterin oder gar eine Amateurdetektivin?«

»Ach wo, aber da gibt es diese Erzherzogin und eine Prinzessin – seine Mutter und seine Großmutter. Du kannst nicht wollen, dass ich ihnen alleine gegenübertreten muss, wo ich doch überhaupt kein Deutsch spreche! Außerdem, es ist nur für zwei Tage. Wir werden dorthin fliegen, in einem Flugzeug! Daisy, ich bin noch nie geflogen. Du aber schon.«

Daisy war neugierig geworden. »Wann geht es denn los?«
»Nächste Woche.«

»Nun, zufällig muss Alec, mein Göttergatte, nächste Woche nach Manchester, um der Polizei dort ein paar Nachhilfestunden in Sachen Verbrechensaufklärung zu geben . . .«

Die Gesellschaft aus England erreichte Schloss Anholt rechtzeitig zum Mittagsmahl. Da die alte Prinzessin nicht daran teilnahm, übernahm Prinz Nikolaus' Mutter, Erzherzogin Maria Christina, die Rolle der Gastgeberin.

Seine Schwestern sowie der Verlobte einer der beiden waren ebenfalls anwesend. Unter den Gästen befanden sich auch zwei Vettern des Prinzen, ein oder zwei Jahre älter als er, zu jung, um am Krieg teilgenommen zu haben. Sie waren zu Besuch, um an der Rotwild- und Wildschwein-Jagd im Park teilzunehmen.

Als Prinz Nikolaus sie in seinem ausgezeichneten Englisch vorstellte, konnte sich Daisy die vollen Namen und Titel der beiden nicht merken, lediglich ihre Vornamen, Helmut und Erich.

Sie verbeugten sich steif und schlugen nach deutscher Manier die Hacken zusammen. Der einzige englische Satz, den sie kannten, »How do you do«, war sorgfältig geübt.

Da die beiden an entgegengesetzten Enden der langen Tafel saßen, konnten sie sich nicht miteinander unterhalten. Sie taten Daisy ziemlich leid, bis ihr die bedeutungsschwangeren Blicke auffielen, die beide austauschten. Wären sie jünger gewesen, hätte sie vermutet, dass sie einen Streich planten, aber gewiss waren sie für solche Gedanken zu erwachsen.

Es war nicht weiter erstaunlich, dass sie sich nicht erboten, Daisy und Lucy zu begleiten, als die Damen beschlossen, den Park zu erkunden, während der Prinz und Gerald über Geschäftliches sprachen. Nur ein mit Lucys Fotoausrüstung beladener Diener begleitete Daisy und Lucy, als sie über eine der Brücken in den Park schlenderten.

Lucy war hingerissen vom Schloss, einer mächtigen Wasserburg aus rotgoldenen Ziegeln. Mit seinen Türmen und Türmchen erinnerte es Daisy an Lucys Familiensitz, nur dass Haverhills neugotischer Stil aus dem viktorianischen Zeitalter stammte, während Anholt tatsächlich alt war. Es gab sogar einen Burggraben, oder besser gesagt, das Schloss war von einem See umgeben und nur über Brücken zugänglich. Auf einer kleinen Insel im See war ein geometrischer Garten mit symmetrischer Bepflanzung angelegt.

Je weiter sie gingen, desto schöner wurde die Aussicht auf das von Wasser umgebene Schloss. Lucy belichtete Platte um Platte. Gelangweilt setzte Daisy den Spaziergang alleine fort. Sie erreichte den Rosengarten, der in voller Blüte stand. Umherschlendernd atmete sie den Duft ein und betrachtete die auf Podesten stehenden Cherubime. Sie schienen die Sternkreiszeichen zu symbolisieren.

In der Sonne war es heiß. Der Schatten des Pavillons lockte. Daisy ging hinüber, nahm auf einer von Kletterrosen umrahmten Bank Platz und wartete darauf, dass Lucy sie einholen würde.

Prinz Nikolaus hatte ihnen vorgeschlagen, einen Blick auf das Schweizer Häuschen zu werfen, das sein Großonkel nach Plänen einer Firma aus Interlaken hatte bauen lassen. Sogar das Balkongeländer, die Türen und andere dekorative Holz- und Metallelemente hatte er aus der Schweiz schicken lassen.

Nachdem Daisy eine Weile im Rosengarten gesessen hatte, beschloss sie, nicht länger auf Lucy zu warten, sondern das Schweizer Häuschen zu suchen. Ganz gewiss würde die Freundin ihr folgen: Das Häuschen war das, was man in England als Folly bezeichnete, eine Verrücktheit – ein Zierbau wie die kleinen Tempel, Türme und romantisch aussehenden Ruinen, die von englischen Großgrundbesitzern errichtet worden waren, um in ihren Parks die Aussicht zu berreichern. Lucy plante einen Fotoband über solche Follies zu veröffentlichen.

Nach einem gemächlichen Spaziergang durch den Park und ein Waldstück erreichte Daisy einen kleinen See. Auf einer Felseninsel in seiner Mitte stand ein von Tannen umgebenes kleines Holzhaus. Vom Balkon hingen bunte Blumenkörbe. Die Miniaturberge neben dem Haus sollten die

Schweizer Landschaft nachahmen, hatte der Prinz erzählt, ebenso wie die malerischen Felspartien am Ufer des Sees, die aus echtem alpinen Gestein bestanden. Auf ihre Weise waren die Felsen eine noch größere Verrücktheit und Folly als das Häuschen selbst. Dennoch war es bezaubernd und pittoresk. Im See spiegelten sich die Felsen und der blaue Himmel, und mit einer gehörigen Portion Einbildunskraft konnte man sich fast in die Schweizer Berge versetzt fühlen.

Eine hölzerne Brücke führte auf die Insel. Zwar war sie recht schmal und es gab nur auf einer Seite ein wackeliges Geländer, doch die Planken befanden sich nur wenige Fuß über dem Wasser – nicht gerade eine schwindelerregende Höhe. Nicht, dass Daisy unter Höhenangst litt – aber sollte man Pech haben und hineinfallen, wäre es ein Leichtes, sich wieder hinaufzuziehen. Sie beschloss, die Brücke zu überqueren.

Zwei Minuten später stieg sie ein paar Stufen hoch, öffnete die unverschlossene Tür des Häuschens und trat vorsichtig ein. Es gab nur zwei Räume, einer lag im Erdgeschoss, der andere darüber war von einem Balkon umgeben. Als sie hinaussah und die Aussicht bewunderte, sowohl die echte als auch die künstlich geschaffene, entdeckte sie zwei Gestalten, die über die Brücke gingen. Als sie näher kamen, erkannte sie die beiden Vettern Erich und Helmut. Sie waren merkwürdig gekleidet, in Hemdsärmeln und Hosenträgern, sie trugen Spazierstöcke, aber keine Kopfbedeckung.

Doch was wusste sie schon über deutsche Gebräuche, die sommerliche Spaziergänge betrafen, noch dazu im Garten eines Schlosses, in dem man nicht bloß Gast, sondern auch Verwandter war?

Sie sollte wohl lieber hinunter gehen und Hallo sagen, dachte sie, selbst wenn dies fast das Einzige war, das sie sagen konnte. Daisy ließ sich beim Hinabsteigen der Treppe Zeit. Wenn sie es recht bedachte, wäre »Guten Tag« eine ziemlich alberne Bemerkung, wo sie doch gerade zusammen geluncht hatten. Das einzige andere Wort, das ihr einfiel, war »schön«. Nun, das war in Ordnung. Es konnte sich gleichermaßen auf das Wetter und auf die Gegend beziehen.

Am Fuß der Treppe angelangt, hielt sie inne. Sie hatte die Tür aufgelassen und es drangen seltsame Geräusche herein, eine Art rasselndes Geklirr. Es hörte sich beinahe an, als würde jemand mit der Metallhülse am unteren Ende des Spazierstocks ein Metallgelänger entlangklappern, aber nicht ganz so, weniger gleichmäßig. Außerdem gab es kein solches Geländer vor dem Schweizer Häuschen.

Was mochten die jungen Männer dort nur treiben? Sie sollten nicht glauben, dass sie ihnen nachspionierte. Daisy schlich seitlich zur Tür und linste hinaus.

Sie kämpften miteinander! Die »Spazierstöcke« waren Degen, und was sie gehört hatte, war das Aufeinandertreffen der Klingen. Am Fuß der Stufen, keine Degenlänge voneinander entfernt, hackten und stachen sie aufeinander ein. Das ihr zugewandte Gesicht hatte einen todernsten Ausdruck. Daisy seufzte erleichtert. Es war nur ein Fechtkampf!

Allerdings hatte sie zu Hause einen Fechtwettkampf mit angesehen. Die Fechter hatten sich leichtfüßig bewegt, nach vorne und wieder zurück, einen Arm angewinkelt erhoben, um die Balance zu halten. Es hatte ausgesehen wie ein komplizierter Tanz.

Hier blieben die jungen Männer wie angewurzelt in einer Position stehen und hielten die linke Hand hinter dem Rücken. Und diese deutschen Degen schienen gewichtiger als Florette zu sein und breitere Klingen zu haben. Die oberen zehn Zoll der Klingen glänzten auf beiden Seiten, als wären sie zu einer scharfen Schneide feingeschliffen worden.

Und das Schlimmste von allem: Über die Spitzen waren keine schützenden Knospen gestülpt, um die Waffen zu entschärfen. Keine Florettfechter also, eher römische Gladiatoren: Erich und Helmut versuchten einander zu töten!

Entsetzt blieb Daisy bewegungslos und stumm stehen. Jedes Geräusch, jede Bewegung könnte Erich, der mit dem Gesicht zu ihr kämpfte, ablenken und dann wäre sie womöglich für seinen Tod verantwortlich. Die Sonne blitzte auf den pfeilschnell wirbelnden Klingen. Die Männer hatten sich so platziert, dass keinem die Sonne in die Augen schien, und anders als Florettfechter behielten sie ihre Positionen bei. Aber ganz gewiss war Erich, als Kleinerer von beiden, im Nachteil. Sollte er getötet werden, könnte man es nur als Mord bezeichnen. Daisys Herz hämmerte so laut, dass sie glaubte, es müsse zu ihnen hinüberschallen.

Helmut sagte etwas, Daisy hatte keine Ahnung, was, aber ein zorniger Ausdruck machte sich auf Erichs verbissenem Gesicht breit. Er antwortete wütend, und noch während er sprach, vollführte er einen unbeherrschten Vorstoß. Auf der Schulter von Helmuts Hemd breitete sich Blut aus. Jetzt schrien sie einander an, fuhren immer noch mit diesen schrecklichen Klingen durch die Luft. Helmut schien aus seiner Größe Vorteil zu ziehen und zwang Erich zum Rückzug. Es war etwas Unheimliches an der Art, wie jeder eine Hand hinter dem Rücken hielt. Auf Erichs Stirn glänzten Schweißtropfen.

Daisy bewegte sich zur obersten Stufe vor dem Haus. Wenn sie ihnen zubrüllen würde, doch endlich aufzuhören, würden die beiden sie nicht verstehen, selbst wenn ihre Worte durch das Geschrei und das Klirren des Stahls dringen sollten. Sie hatte auch keine Ahnung, welche Wirkung dies haben könnte. Sie wagte nicht, es zu versuchen.

Entgeistert sah sie, wie Erich rückwärts auf die Brücke trat. Er musste den unsicheren Halt, das beunruhigende Federn der Planken sogleich gespürt haben, denn er bewegte sich mit ein paar schnellen Rückwärtschritten weiter und fuchtelte mit seinem linken Arm durch die Luft.

Helmut verfolgte ihn. Der Austausch von Beleidigungen wurde immer wieder vom Keuchen der Kontrahenten unterbrochen. Und dann senkte sich Erichs hinterer Fuß ins Nichts und Erich stürzte in den See. Seinen Degen noch in der Hand, kniete Helmut sich hin. Als Erich hustend und spuckend auftauchte, machte Helmut eine rasche Vorwärtsbewegung.

Daisy sprang die Stufen hinunter und raste auf die Brücke zu. Ganz gleich, ob Helmut beabsichtigte, Erich zu erstechen oder ihn zu ertränken, ihr blieb nur eins, um in den unfairen Kampf einzugreifen. Sie rannte in Helmut hinein. Er stürzte zu Erich in den See.

Und Daisy fiel hinterher. Trotz des heißen Wetters war der See kalt. Der Schock nahm Daisy den Atem. Das Wasser, das den blauen Himmel so hübsch gespiegelt hatte, war zudem ausgesprochen trübe. Sie konnte nicht sehen, wo sich die Männer befanden. Sie hatte keine Ahnung, ob sie in tödlichem Kampf verschlungen waren, zu Tode bluteten oder gar hinter ihr her waren, um sich für ihre Einmischung zu rächen.

Daisys Kopf durchbrach die Wasseroberfläche. Während sie nach Luft schnappte, wurden ihre Arme ergriffen. Sie drehte ihren Kopf: Sie wurde nicht etwa von einem kräftigen jungen Mann gehalten, sondern gleich von zweien – einem auf jeder Seite.

Statt sich gegenseitig umzubringen, hatten sie sich nun gegen sie verbündet. Sie ließen ihr keine Zeit an Gegenwehr zu denken. Laut »Eins, zwei, drei!« rufend, hievten sie Daisy aus dem See und auf die Brücke. Mit einem dumpfen Aufprall landete sie mit dem Oberkörper auf den Planken; sie musste husten. Ihre Beine baumelten über den Rand. Immerhin hatten die Männer ihre Degen verloren.

Nach einem kurzen, aber eindringlichen Wortwechsel packten sie Daisy an den Schultern.

»No!«, schrie sie. »Nein, nein!"

Sie ließen Daisy los, als habe sie gebissen. Es gelang ihr,

sich aufzurichten. Nun standen sie da, tropften vor sich hin und sahen einander schweigend an.

Daisy wollte kein Blut mehr sehen. Als sie von Helmuts Schulter wegblickte, entdeckte sie ihren Hut, der munter auf dem gekräuselten Wasser tanzte.

»Mein neuer Hut«, sagte sie betrübt auf Englisch und seufzte. Sogleich tauchte Erich in den See und schwamm hinüber, um den Hut zu retten. Zurück auf der Brücke, präsentierte er ihr schüchtern das durchweichte Stück.

Daisy seufzte erneut. Der Hut würde sich nie wieder erholen. »Danke schön«, sagte sie, nahm Erich den Hut ab und warf in zurück ins Wasser. »Auf Wiedersehen.«

Daraufhin mussten sie beide lachen. Mit Gesten bedeutete Erich ihr, dass sie nun alle zum Schloss zurückkehren sollten. Daisy hatte nichts dagegen. Helmuts verletzter Arm blutete noch und er presste ein Taschentuch gegen die Wunde. Ihren Streit schienen die beiden vergessen zu haben. Ähnlich wie bei einem Kampf unter Hunden, überlegte sie, schien das beste Mittel, einem Degenkampf Einhalt zu gebieten, eine kalte Dusche zu sein.

Daisys blaues Leinenkleid hatte angefangen zu trocknen, war ein faltiges und zerknülltes Etwas, als die drei auf Lucy und den Diener trafen.

»Darling! Was, um alles in der Welt . . .«

»Frag mich nicht«, sagte Daisy mit einem Achselzucken. »Eine Sekunde versuchten sie einander umzubringen, in der nächsten lagen wir alle im Teich.«

»Haben Sie um dich gekämpft?«, fragte Lucy ehrfürchtig.

»Ich habe nicht die geringste Ahnung, weshalb sie gekämpft haben. Geh und mach dort deine Fotos. Folly – Verrücktheit – ist genau der richtige Name für das Ganze.«

Als sie umgezogen war, ihre Haare gekämmt und eine Tasse Tee getrunken hatte, fühlte Daisy sich wieder wie ein Mensch. Ein Diener überbrachte ihr eine schriftliche Nachricht von Prinz Nikolaus. Sie fand ihn im Burghof, wo er mit Gerald umherschlenderte.

»Meine liebe Mrs. Fletcher!«, rief der Prinz, ganz offensichtlich bestürzt. »Ich muss Sie für das Benehmen meiner Vettern um Verzeihung bitten.«

»Ist schon in Ordnung. Schließlich haben sie nicht mich in den See geschubst, sondern ich stieß Helmut hinein – entschuldigen Sie, ich erinnere mich nicht an seinen vollen Namen und den Titel. Aber sagen Sie mir, um Himmels willen, weswegen sie gekämpft haben.«

»Anfangs haben sie gar nicht gekämpft. Sie hatten die Waffen in der Halle entdeckt, wollten nur heimlich damit üben und dachten, auf der Insel wären sie ungestört. Sie haben wohl nicht erwartet, dass eine Dame so weit laufen würde.«

»Da kennen sie unsere englischen Damen nicht«, murmelte Gerald.

Der Prinz fuhr mit seiner Erklärung fort. »Sie müssen wissen, an unseren alten Universitäten gibt es traditionsreiche Studentverbindungen, denen Studenten aus gutem Hause beitreten. Manche dieser Verbindungen oder Corps pflegen die Tradition des studentischen Fechtens, das sogenannte Mensurfechten. Es sind schlagende Verbindungen.«

»Sie duellieren sich!« Gerald war schockiert. »Diese Praxis wurde in England schon vor hundert Jahren verboten.«

»Duelle wurden bei uns ebenfalls verboten, aber das Mensurfechten ist ein Mittelding zwischen Duell und Sport. Solange es in den Räumen der Verbindungen geschieht, wird es von den Behörden geduldet. Es ist ein streng reglementierter Fechtkampf, in dem mit scharfen Waffen gefochten wird, aber unter Bedingungen, die ernsthafte Verletzungen ausschließen. Trotzdem muss immer ein Arzt anwesend sein. Ein Schmiss, eine Narbe im Gesicht, gilt als ein Ehrenzeichen, doch wenn ein Kontrahent die Regeln bricht, wird dies von der Verbindung streng geahndet. Im schlimmsten Fall kann es zum Ausschluss aus der Verbindung führen. Und das wäre ein Verlust an Ehre, der gesellschaftlich verheerende Ausmaße haben kann. Besonders in unseren Kreisen. Die beiden hoffen sehr, dass Sie über den Vorfall Stillschweigen bewahren werden, Mrs. Fletcher.«

»Aber selbstverständlich. Ich weiß noch nicht einmal, was sie falsch gemacht haben, außer vielleicht, dass kein Arzt anwesend war.«

Der Prinz nickte. »Einmal das. Ein schwerer Regelverstoß. Leider ist unser Hausarzt verreist und sein Vertreter hat Helmuts Wunde behandelt. Er war drauf und dran, die Polizei zu benachrichtigen. Es sei seine Pflicht! Meiner Großmutter ist es gelungen, ihn mit der Aussicht auf zwei Rehböcke von seinem Vorhaben abzubringen. Zu unserem Glück ist er ein begeisterter Jäger. Abgesehen davon hätten meine Vettern im Park natürlich keinesfalls mit scharfen Waffen kämpfen dürfen. Oder sich gegenseitig verletzen. Obwohl ich verstehen kann, wie es dazu kam.« Prinz Nikolaus schmunzelte. »Erst ließ Helmut Erich wissen, er sei ungeschickt. Beleidigungen auszusprechen ist natürlich auch nicht gestattet. Erich verlor die Beherrschung und fügte Helmut die Verletzung zu, obwohl sie vorher ausgemacht hatten, dass es bei dieser Übung nicht so weit kommen dürfe. Das haben sie mir glaubhaft versichert. Jedenfalls verlor Helmut daraufhin seine Beherrschung und jagte Erich, so dass der in den See fiel. Helmut versuchte übrigens, ihm herauszuhelfen, als sie ihn hineinstießen, gnädige Frau.«

»Und ich dachte, er wollte ihn immer noch umbringen...«

»Also, ich muss schon sagen«, bemerkte Gerald mit deutlicher Missbilligung, »ich halte es für einen äußerst merkwürdigen Brauch, sich gegenseitig das Gesicht zu vernarben.«

»Du hast gut reden«, sagte Daisy. »Wenn es im Rahmen der Regeln geschieht, ist es vermutlich nicht viel gefährlicher als Rugby zu spielen.«

Gerald, der in der Rugby-Mannschaft seiner Universität gespielt hatte, blickte verlegen auf seine Hand mit dem verkrüppelten Zeigefinger. »Oh, na ja, vielleicht nicht«, murmelte er.

Daisy schüttelte den Kopf, »Ihr seid allesamt alberne Esel«, sagte Daisy. »Ob deutsch oder englisch – ich glaube, Jungs bleiben Jungs.«

Garten-Tipp von Carola Dunn

Vor langer Zeit lebten in China ein Kaufmann und ein Weiser Tür an Tür. Der Garten des Weisen war sehr gepflegt und gedieh prächtig, war voller duftender Blumen und brachte reiche Ernten. Der Garten des Kaufmanns sah dagegen beinahe ungepflegt aus.

Eines Tages ging der Kaufmann zu dem Weisen und fragte: »Was muss ich tun, damit mein Garten so wächst und gedeiht wie der deine?« Der Weise lächelte. Er hob einen glatten Kieselstein vom Gartenweg auf, reichte ihn dem Kaufmann und sagte: »Nimm diesen Stein und gehe mit ihm in der Hand jeden Tag einmal durch deinen ganzen Garten.«

Ein Jahr später war der Garten des Kaufmanns ebenso schön und ertragreich wie der seines Nachbarn. Er suchte ihn wieder auf und sagte: »Danke, dass du mir deinen Zauberstein geliehen hast. Er hat Wunder gewirkt.«

Der Weise lächelte. »Der Stein besitzt keine Zauberkräfte«, antwortete er. »Während du täglich durch deinen Garten gegangen bist, sind dir all die kleinen Dinge aufgefallen, die getan werden mussten und du hast dafür gesorgt, dass sie erledigt wurden. Fahre fort, dies zu tun, mit oder ohne meinen Kieselstein, und dein Garten wird weiterhin so gut gedeihen.«

Danksagung von Carola Dunn: *Meinen herzlichen Dank an Monika Westerhoff Boland von der Gaststätte Schweizer Häuschen Anholt-Isselburg für ihre freundliche Unterstützung.*

(Übersetzung: Gesine Schulz)

Gabi Neumayer

Das Labyrinth der Plagen

Kalle glaubte an das Jüngste Gericht, an göttliche Fügungen und Borussia Mönchengladbach. Doch während die Borussia ihm in letzter Zeit nur Freude machte, konnte er das von Gott nicht behaupten. Das lag allerdings weniger an Gott als an Kalle. Denn seit er sich mit Ralf herumtrieb, kam er immer häufiger mit seinem Gewissen in Konflikt. Und was sie an diesem heißen Oktobertag im alten Wallfahrtsort Kevelaer vorhatten, würde Gott unter Garantie nicht gutheißen.

Obwohl sie ja nicht im eigentlichen Sinne etwas stehlen würden. Und hatte Gott es nicht im Grunde selbst so eingerichtet, dass Kalle Ralf überhaupt begegnet war?

Als sie das Maislabyrinth erreichten, schmolz seine mühsam aufgebaute Zuversicht jedoch so schnell wie ein Eis in der Hand eines Kindes. Denn wie der mahnende Zeigefinger Gottes ragte dort wuchtig und überlebensgroß der Baum der Erkenntnis in die Höhe. Er war aus Plastik, und um seinen Stamm wand sich eine dicke Schlange. Es schien Kalle, als strecke sie ihm, ihm allein den Apfel hin. Als wüsste sie, dass er hier war, um zu sündigen. Er sah zum gnadenlos strahlenden Himmel hinauf und wischte sich den Schweiß von der Stirn.

»Der Eingang zum Paradies!« Ralf deutete auf Adam und Eva, die – ebenfalls aus Plastik – an dem Baum lehnten. »Komplett mit Gummipuppen.« Er kicherte. »Und dabei dachte ich, das hier wär was für Kinder!«

Wie aufs Stichwort ließ Ralfs Nichte Carmen seine Hand los, lief auf Eva zu und versuchte ihr das Feigenblatt abzureißen. Ralf rannte fluchend hinter ihr her und hob sie hoch. Carmen begann zu kreischen.

Ralf tätschelte ihr unbeholfen die rotblonden Löckchen. »Du darfst die Puppen nicht putt machen«, sagte er. »Wir wollen doch keinen Ärger, nö?«

Carmen verstummte, schaute Ralf mit großen Augen an und kreischte dann umso lauter weiter.

Kalle sah sich unbehaglich um. Wenige Meter entfernt blickte eine ältere Frau erbost zu ihnen herüber. Mit ihren tief gebräunten faltigen Oberarmen, die aus dem rosa geblümten Trägerkleid ragten, erinnerte sie Kalle an eine Schildkröte. Eine Schildkröte mit ledriger Haut und einem verkniffenen Zug um den Mund, der vermutlich nicht nur auf ihr biblisches Alter zurückzuführen war.

Die Schildkröte schüttelte missmutig den Kopf. »Komm, Kevin«, schnappte sie und zog einen etwa fünfjährigen Jungen hinter sich her zum Eingang. Kevin warf Kalle einen Hilfe suchenden Blick zu.

Kalle nickte mitfühlend. Er verstand nur zu gut, warum jemand keine Lust auf einen brütend heißen Tag mit Horden von kreischenden Kindern und nervigen Erwachsenen im Kevelaerer Spielparadies hatte.

Andererseits: Kalles Lohn für diesen Tag würde himmlisch sein. Er versuchte, den acht Meter hohen Plastikpharao neben dem Eingang zu ignorieren, und betrat Irrland.

Der Duft von gegrillten Würstchen zog über den Platz, die Luft schmeckte nach Holzkohle. Alle Tische und Bänke bei den Grills waren belegt. Dazwischen wuselten Kinder jeden Alters und Hunde jeder Größe herum und lärmten wie ein gigantischer Heuschreckenschwarm.

Und sie bedeckten den Erdboden so dicht, dass er ganz dunkel wurde. Und sie fraßen alles, was im Lande wuchs ...

Kalle schlug nach einer Mücke auf seinem Arm – und hielt inne. Erst der Pharao, dann die Heuschrecken und nun auch noch Stechmücken?

Und es kamen Mücken und setzten sich an die Menschen und an das Vieh.

Unwillkürlich sah Kalle sich nach den Hunden um.

Ralf hingegen würdigte ihre Umgebung keines Blickes.

»Die Schöpfung«, las er aus dem Irrland-Faltblatt vor. »Ein super Motto! Wir werden hier auch einiges abschöpfen, was, Kalle?« Er grinste, was sein hohlwangiges Gesicht mit den halblangen fettigen Haaren schon fast mumienhaft aussehen ließ.

Kalle gefiel es nicht, wie leicht Ralf die Sache nahm. Schließlich waren sie hier, um ein Verbrechen zu begehen!

Er atmete tief durch. Nein, das Verbrechen hatte der Freund von Ralfs Schwester begangen, als er den Juwelier überfallen hatte. Sie waren nur hier, um die Steine zu holen. Und es nützte doch auch niemandem, wenn sie irgendwo in diesem Meer aus Millionen Maispflanzen vergammelten! Außerdem würde Kalle einen Teil des Geldes, das sie für die Steine bekamen, an seine Kirche spenden. Dort brauchte man dringend Kissen für die harten Holzbänke.

»Am Anfang war das Nichts«, las Ralf halblaut weiter. »Bla bla ... Irrland 2005 präsentiert spannende biblische Geschichten ... Wer will das denn wissen?!« Er drehte das Blatt hin und her. »Und wo haben die den verdammten Lageplan? Wie sollen wir denn ohne Plan das U-Boot finden?«

Wütend zerknüllte er das Faltblatt und warf es in einen kleinen künstlichen See neben einer Palme.

Kalle zuckte zusammen.

Und alles Wasser im Strom wurde in Blut verwandelt. Und die Fische im Strom starben, und der Strom wurde so stinkend ...

Doch natürlich wurde das Wasser nicht zu Blut. Und stinken tat es sicher auch nicht.

Ein kleiner nackter Junge, der bis zu den Knien im See stand, ließ ein Papierboot fahren und pinkelte dabei ins Wasser. Kalle wandte den Kopf ab.

Eine erschöpft wirkende Mutter mit einem schwarzen Pferdeschwanz musterte Ralf kurz, beugte sich zu ihren Kindern im Bollerwagen hinab und flüsterte ihnen etwas zu.

»Wer flüstert, der lügt!«, rief Ralf. Weitere Eltern und Kinder drehten sich um. Kalle bemerkte mit Schrecken, dass auch die Schildkröte darunter war. Er legte Ralf eine Hand auf die Schulter.

»Nicht so laut.«

»Das weiß ich auch!« Ralf schüttelte Kalles Hand ab. »Und du, spiel dich bloß nicht so auf. Wer hat denn die ganze Sache hier organisiert, hä?«

Kalle wollte keinen Streit anfangen, auch wenn das völliger Unsinn war. Ralf hatte die Sache ebenso wenig organisiert wie Kalle. Gregor, der Freund von Ralfs Schwester, hatte ihr vom Versteck der Klunker erzählt, als sie ihn im Knast besucht hatte. Sie hatte wiederum Ralf eingeweiht, der die Steine holen sollte, bevor das Maislabyrinth für dieses Jahr die Tore schloss. Die Gefahr war einfach zu groß, dass die Juwelen beim Schneiden des Mais entweder gefunden oder untergepflügt wurden.

Ralf wusste allerdings genau, dass er mit der Sache überfordert war – deshalb hatte er Kalle mitgenommen. Und das war gut so, denn Ralf hatte zunächst vorgehabt, nachts nach den Steinen zu suchen. Er war nicht einmal auf die Idee gekommen, dass das Feld bewacht sein könnte.

Carmen hatten sie zur Tarnung mitgenommen. Zwei Männer allein im Maislabyrinth, das war ihnen zu auffällig erschienen. Obwohl Kalle inzwischen klar war, dass in dem Gewimmel niemand auch nur einen zweiten Blick an sie verschwendet hätte.

Er lächelte. Irgendwie war es schon komisch. Carmen war ja schon beim Raubüberfall ihres Vaters dabei gewesen. Ihre Mutter hatte an diesem Tag mit Magen-Darm-Grippe auf dem Klo gehangen, und so musste Gregor seine Tochter mitnehmen. Zunächst klappte auch alles wie am Schnürchen: Carmen spielte ruhig im Wagen, während Gregor den Juwelier überfiel. Und da Carmens Mutter ihrer Tochter das seit Tagen versprochen hatte, fuhren sie danach nach Irrland. Ab da lief es allerdings nicht mehr so gut für Gregor: Der Juwelier konnte sein Auto beschreiben, und während Gregor mit Carmen durchs Maisfeld wanderte, spürte die Polizei den Wagen auf dem Irrland-Parkplatz auf. Gregor schaffte es gerade noch, die Juwelen im Mais zu verstecken, bevor sie ihn verhafteten.

All das ging Kalle durch den Kopf, während er die schwitzenden Mütter und Väter mit ihren tobenden Kindern betrachtete. Aber irgendetwas stimmte nicht ...
»Wo ist Carmen?!«
Ralf sondierte die Umgebung mit dem Kennerblick eines geschulten Einbrechers und erfahrenen Onkels.
»Du nimmst die Kart-Bahn, ich das Wasser. Wir treffen uns an dem Hüpfkissen da vorne.«

Wenige Minuten später schauten die beiden an dem acht Meter hohen Hüpfkissen in Pyramidenform hoch. Es war mit einem Netz bespannt, an dem hunderte Kinder trotz der glühenden Sonne in halsbrecherischem Tempo hoch und runter kletterten.
Carmen war nicht dabei. Kalle sah Ralf bestürzt an.
Ralf verzog unwirsch den Mund. »Dann ist sie bestimmt schon im Maislabyrinth«, sagte er mürrisch. »Diese Göre macht nichts als Ärger!«
Wenige Meter weiter erreichten sie einen runden Käfig, etwa sechzehn Meter im Durchmesser und gefüllt mit Zigtausenden länglicher Holzklötze, viele davon zu zerbrechlichen Türmen aufgeschichtet.
Und da war auch Carmen. Unter einem halb eingestürzten Turm krähte sie ein fröhliches »Schööööö!«, bevor ihr rotblonder Schopf wieder im Meer der Holzklötze untertauchte.

Ralf knurrte böse, lief zu seiner Nichte hinüber und klemmte sie sich unter den Arm. Mit Schrecken sah Kalle, wie Carmens wasserblaue Augen sich mit Tränen füllten. Und dann stieß sie einen so markerschütternden Schrei aus, dass alle im Pavillon zusammenzuckten und sich umsahen.

Ralf - für einen Augenblick abgelenkt - trat in einen Holzturm, der prasselnd zusammenstürzte und ihn und Carmen unter sich begrub. Doch bevor Kalle bei ihnen war, hatte sich bereits eine Frau - schon wieder die Schildkröte?! - energisch an ihm vorbei geschoben und zerrte die schreiende Carmen mit einer Hand unter dem Holzstoß hervor, während sie mit der anderen nach Ralf schlug.

»Was sind Sie bloß für ein Vater!«, keifte die Schildkröte. Die anderen Erwachsenen im Pavillon murmelten zustimmend. Die Kinder betrachteten das Schauspiel gespannt.

»Das geht Sie gar nichts an«, sagte Ralf wütend, während er sich - immer noch unter Holzklötzen begraben - einen Arm vors Gesicht hielt, um nicht von ihren Schlägen getroffen zu werden.

Denn alle Menschen und das Vieh, alles, was auf dem Felde gefunden und nicht in die Häuser gebracht wird, muss sterben, wenn der Hagel auf sie fällt.

Die Schildkröte sah sich um. Ihr schneidender Blick blieb an Kalle hängen. »Und Sie! Sie stehen einfach daneben, wenn dieser Kerl hier sein Kind misshandelt?«

»Sie ist gar nicht . . .«, sagte Ralf.

»Er hat gar nicht . . .«, sagte Kalle.

Aber die Schildkröte schnitt beiden das Wort ab. »Versuchen Sie nicht, sich herauszureden. Ich war vierzig Jahre lang Lehrerin, mir können Sie nichts erzählen!« Sie stellte Carmen auf den Boden und schleuderte Ralf einen vernichtenden Blick entgegen.

»Wagen Sie es nicht, das Kind noch einmal anzufassen! Ich behalte Sie im Auge, verlassen Sie sich drauf! - Komm,

Kevin.« Sie packte ihren Enkel so fest an der Hand, dass er aufjaulte.

Ralf rappelte sich hoch. Kalle und Kevin wechselten einen Blick voll gegenseitigem Verständnis. Und Carmen rannte wie der Blitz aus dem Pavillon hinaus und ins Maisfeld hinein.

»Das ist doch die völlig falsche Richtung, oder?«, keuchte Ralf.

Sie versuchten, mit Carmen Schritt zu halten, die querfeldein durch den Mais lief. Zum Glück raschelten die trockenen gelben Maisblätter jedesmal, wenn sie einen der welken Stängel passierte. Ansonsten hätten Kalle und Ralf die Kleine längst verloren. Denn im Gegensatz zu ihr mussten sie auf dem Weg bleiben, um überhaupt vorwärts zu kommen.

»Wir müssten eigentlich links rum. Glaube ich«, sagte Kalle.

Er schüttelte den Kopf. Abgesehen von den Mücken umschwirrten ihn inzwischen noch andere kleine Plagegeister *(. . . und das Land wurde verheert von den Stechfliegen)*, die Sonne brannte unbarmherzig vom Himmel, und Kalle verlor im ewigen Einerlei der Gänge allmählich die Orientierung. Ob sie je wieder den richtigen Weg finden würden? Von den Juwelen ganz zu schweigen . . .

»Jetzt haben wir sie!« Ralfs Freudenschrei riss Kalle zurück in die Gegenwart.

Der Gang vor ihnen öffnete sich auf einen Platz, auf dem kaum Kinder zu sehen waren. Dafür starrten jede Menge Erwachsene in eine riesige, halb vergrabene Abwasserröhre, die sich etwa sechzig S̶c̶h̶r̶i̶t̶t̶e̶ geradeaus erstreckte, bevor sie nach links abknickte und irgendwo verschwand.

Kalle näherte sich dem Ende der Röhre, während Ralf über die Absperrungsleinen ins Maisfeld langte, um Carmen zu fangen.

»In het begin maakte God de hemel en de aarde«, las Kalle, bevor sein Blick auf den Text links daneben fiel. »Am Anfang schuf Gott den Himmel und die Erde, die ganze Welt. Alles, was es gibt, kommt von Gott«

Kalle erschauerte. Himmel und Erde. Genau das war auf den Kinderbildern zu sehen, die sie im Vorbeilaufen überall im Labyrinth hatten hängen sehen. Warum hatte er das nicht gleich erkannt?

Kalle straffte die Schultern und gab sich selbst die Antwort. Weil er sich das alles nur einbildete. Es gab keine Plagen, keine göttlichen Zeichen. Beim Pharao damals war es schließlich um ein ganzes Volk in Knechtschaft gegangen. Jetzt gab es nur einen kleinen Gauner und ein paar Juwelen in einem Labyrinth. Die Vorstellung, dass Gott sich all diese Mühe machen sollte, nur um Kalle von seinem Plan abzubringen, war einfach lächerlich.

Kalle sah sich um. In nicht allzu großer Entfernung konnte er ein Riesenhüpfkissen erkennen, und dahinter ragte ein Aussichtsturm in die Höhe. Dort musste sich das U-Boot befinden, neben dem Ralfs Schwager die Juwelen im Mais deponiert hatte.

Jetzt mussten sie nur noch Carmen einfangen, dann wären sie in einer halben Stunde hier raus – und reich.

Kalle drehte sich nach Ralf um. Etwas Kleines mit roten Haaren wischte an ihm vorbei und verschwand in der Röhre.

»Verdammtes Biest!«, schrie Ralf. Er erreichte die Röhre eine Sekunde zu spät. Wütend hieb er auf den Beton.

»Das darf doch nicht . . . aaauu!«

Kalle konnte nicht anders, er musste lachen. Doch das Lachen blieb ihm im Hals stecken, als er eine keifende Stimme hinter sich hörte:

»Sie schon wieder! Unterstehen Sie sich, das Kind zu schlagen! Sie brauchen selbst dringend eine Tracht Prügel! Und einsperren sollte man Sie auch. Und – Kevin, du kommst sofort da raus!«

Inzwischen wurde Kalle das Gefühl nicht mehr los, dass die Schildkröte sie verfolgte. Doch bevor er weiter darüber nachdenken konnte, verdrehte Ralf die Augen und lief los, die Röhre entlang.

»Du gehst innen durch«, rief er Kalle zu. »Dann kann sie uns auf keinen Fall entwischen!«

Kalle starrte ins dunkle Ende der Röhre. Seine Beine versagten ihm den Dienst.

Da ward eine so dicke Finsternis in ganz Ägyptenland drei Tage lang, dass niemand den andern sah noch weggehen konnte von dem Ort, wo er gerade war, drei Tage lang.

»Mach schon!«, rief Ralf ihm im Laufen zu. Doch was für Kalle schließlich den Ausschlag gab, war ein knochiger Finger, der sich in seinen Rücken bohrte.

»Und Sie sind auch dran, junger Mann. Wegen Beihilfe!«

Kalle bückte sich, holte tief Luft und tauchte in die Finsternis ein.

Seit seine Schwester ihn im Alter von vier Jahren in die Wäschetruhe seiner Oma gesperrt hatte, mied Kalle die Dunkelheit wie der Teufel das Weihwasser. Denn er wusste: Dort lauerten Grauen erregende, unbekannte Schrecken, die zu allem Überfluss unsägliche Gerüche absonderten.

Kalle tastete sich gebückt am Rand der Röhre entlang. Wenigstens ist es kühl hier drin, versuchte er sich Mut zu machen. Im nächsten Augenblick fasste er in etwas Weiches, Warmes.

Kalle schrie. Das kleine Kind, dessen Arm er berührt hatte, schrie ebenfalls – aber eher so, als hätte es einen Heidenspaß daran, sich zu erschrecken.

Kalle kroch mit klopfendem Herzen weiter. Ja, da waren auch die Gerüche. Aber sie waren anders als die in der Wäschetruhe seiner Oma. Er schnupperte vorsichtig. Was war das bloß? Da ließ das Kind vor ihm einen lauten Pups fahren, und Kalle wusste, was hier so grässlich roch: prall gefüllte Windeln. Er stolperte, so schnell er konnte, weiter, stieß mit der Schulter schmerzhaft gegen die Röhre, als sie abknickte, und erreichte schließlich, als er kaum noch daran glaubte, mit angehaltenem Atem und aufgeschürften Ellbogen das Licht am Ende des Tunnels.

Erst als er wieder sonnenbeschienenen Boden unter den Füßen hatte und in Ralfs gespanntes Gesicht sah, fiel ihm ein, was er in der Röhre eigentlich gewollt hatte.

Kalle räusperte sich. »Da drin ist sie nicht.«

»Aber sie muss da sein!« Ralfs Miene verzerrte sich zu einer Mischung aus Wut und ungläubigem Staunen. »Sie muss einfach!«

»Sie sind doch der Vater von der Kleinen mit den roten Locken, oder?«, sagte ein hagerer Mann, der Zwillinge auf dem Arm hielt. Sie bekämpften sich direkt vor seinem Gesicht mit Holzschwertern, doch der Mann zuckte nicht einmal mit der Wimper. Kalle konnte ihn nur bewundern.

»Die haben wir eben am Aussichtsturm getroffen. Kann aber gut sein, dass sie inzwischen schon bei der Schlammarena ist. Sie hat jedenfalls diese Richtung eingeschlagen.«

Er wehrte einen Schwertstoß ab, der auf sein linkes Auge zielte.

»Sie sollten sie besser nicht zu lange aus den Augen lassen. Sind ja so verletzlich, die Kleinen.«

Das Gespräch endete abrupt, als sich ein Holzschwert in sein linkes Ohr bohrte.

Kalle und Ralf scherten sich nicht mehr um die abgesperrten Wege im Labyrinth. Sie hielten geradewegs auf den Aussichtsturm zu und kämpften sich dabei, wenn es sein musste, auch durch die Maispflanzen, deren gelbe Blätter immer noch recht scharf waren.

»Immerhin«, keuchte Ralf, »hat sie die richtige Richtung eingeschlagen. Ihr Vater hat ja gesagt, die Steine liegen gleich an dem Aussichtsturm beim U-Boot.«

Kalle sagte nichts. Er war viel zu beschäftigt damit, sich

zu kratzen. Sein Verstand sagte ihm, dass es kein Wunder war, dass es ihn am ganzen Körper juckte: Mückenstiche und Kratzer von Maisblättern und darüber Bäche von Schweiß. Doch seine innere Stimme sagte etwas ganz anderes:

Da brachen auf böse Blattern an den Menschen und am Vieh, so dass die Zauberer nicht vor Mose treten konnten wegen der bösen Blattern.

In solche düsteren Gedanken versunken, wäre Kalle fast in die Krähe getreten, die dick und tot und von Fliegen umschwirrt im Weg lag. Erschüttert blieb er stehen.

. . . so wird die Hand des HERRN kommen über dein Vieh auf dem Felde, über die Pferde, Esel, Kamele, Rinder und Schafe, mit sehr schwerer Pest.

Für einen Moment wähnte Kalle sich in Ägypten, in der glühenden Wüste, wo das Vieh in Massen verendete, Insekten die Menschen peinigten und Gott immer wieder seine strafende Hand ausstreckte, nach Mensch und Kamel und Schaf und Schildkröte . . .

Was hatte Gott eigentlich immer gegen das Vieh?

Sie brachen aus dem Maisgestrüpp und stürmten, ohne anzuhalten, in die Schlammschlachtarena.

»He!«, rief ein Mann in einem grasgrünen Overall. »Sie können da nicht in Straßenkleidung rein!«

Im nächsten Moment wusste Kalle auch, warum.

Vor ihm versuchte Ralf noch mit ausgestreckten Armen das Gleichgewicht zu halten, da war Kalle schon in dem warmen Matsch ausgerutscht und der Länge nach hingefallen. Der dicke Schlamm floss ihm in die Augen, doch trotzdem konnte er die Kinder sehen, die in Badehosen und Badeanzügen herumtobten und sich, vor Vergnügen quietschend, mit Matsch bewarfen.

Kalle sah auch Ralf, der alles andere als vergnügt wirkte. Er hechtete, immer wieder ausrutschend, hinter Carmen her, die das alles für ein lustiges Spiel zu halten schien.

Und irgendwie gelang es ihr, Ralf immer wieder durch die schlammigen Finger zu flutschen.

Kalle wollte aufstehen, doch er kam nicht weit. Sein linkes Bein rutschte weg, er knallte schmerzhaft auf die Hüfte. Durch ein Fenster sah er ganz kurz die Schildkröte, deren grimmige Miene jetzt noch Furcht erregender wirkte, weil sie ihr Gesicht an die Scheibe gepresst hatte. Dann traf ihn warm und nass eine Ladung Matsch im Gesicht.

Nun konnte er nur noch hören: Ralf fluchte, Carmen jubelte, Dutzende von Kindern schrien und johlten – und neben seinem Ohr quakte ein Frosch. – Ein Frosch?

Ja, die Frösche sollen auf dich selbst und auf dein Volk und auf alle deine Großen kriechen.

Da kniff Kalle die Augen zusammen, ließ sich zurücksinken und streckte die Arme in die Luft.

»In Ordnung, ich gebe auf, du hast gewonnen«, sagte er.

Den ganzen Tag lang hatte er sich geweigert, die Zeichen zu erkennen. Aber nun konnte er nicht mehr ignorieren, dass Gott ihm etwas mitteilen wollte. Kalle hätte schon umkehren sollen, als er den Baum der Erkenntnis gesehen hatte. Doch er war weiter gegangen, und so hatte Gott ihm sämtliche Plagen des Pharao geschickt. Bis auf die letzte.

Kalle fuhr hoch, wischte sich den Matsch aus den Augen und suchte die Arena panisch nach Carmen ab.

Ralf unternahm einen weiteren Versuch, seine Nichte zu schnappen, indem er mit ausgestreckten Armen an einer Metalltruhe vorbei hechtete. Er bekam einen Zipfel ihres Kleides zu fassen. Carmens Kopf wurde zurückgeschleudert. Mit einem erstickten Schrei kippte sie nach hinten, auf die Metalltruhe zu ...

Kalle erstarrte.

... und alle Erstgeburt in Ägyptenland soll sterben ...

»Nein, nicht sie! Sie kann doch nichts dafür!« Kalle kümmerte es nicht, dass ihn alle in der Arena entgeistert ansahen. Er würde die Juwelen Juwelen sein lassen, Ralf in

Zukunft meiden wie die Pest und außerdem nie wieder etwas Unrechtes tun, das schwor er. Wenn nur dem Kind nichts geschah . . .

Und Kalle wurde erhört. Carmen beugte sich mit einem unwilligen Ächzen nach vorn, ihr schlammverschmiertes Kleid rutschte Ralf durch die Finger, und bevor er sich aufrappeln konnte, war sie unter dem Applaus der gesamten Arena schon zur Tür hinaus.

Ralf robbte zum Ausgang und lief, schlammverkrustet und triefend wie das Ungeheuer aus dem Moor, hinter Carmen her.

Kalle aber ließ sich Zeit. Er hatte es nicht mehr eilig. Er hatte seinen Frieden gefunden. Und auch Carmen würde nichts passieren, da war Kalle ganz sicher.

Er lächelte, obwohl der Matsch in der stechenden Sonne auf seiner Haut festbuk und ihn die Mücken in Scharen umschwärmten. Ganz gemächlich ging er weiter.

Hier waren Carmen und Ralf bereits lang gelaufen, und Kalle erinnerte sich, dass die Juwelen ganz in der Nähe sein mussten. Aber das kümmerte ihn nicht mehr. Er nahm sich Zeit und genoss alles: das Kindergeschrei, das Spiel von Licht und Schatten im Mais und das Zwitschern der Vögel. Ja, so mochte es wohl sein, das Paradies.

Die Schildkröte hastete, Kevin an der Hand, an ihm vorbei, dicht gefolgt von einem Mann in Uniform, der sich unter ihrem Wortschwall zu ducken schien.

Kalle schenkte Kevin ein strahlendes Lächeln, und der lächelte schüchtern zurück.

Das Leben war einfach großartig.

Kalle grinste immer noch vor sich hin, als er um eine Ecke des Labyrinths bog und etwa zwanzig Meter entfernt Ralf sah. Kalles ehemaliger Kumpel stand über eine Absperrungsleine gebeugt und rief wüste Drohungen in den endlosen Mais hinein. Hinter ihm kam keuchend die Schildkröte zum Stehen.

Kalle machte es sich bequem und betrachtete das Ganze, wie ein interessierter Theaterbesucher ein Schauspiel verfolgt.

Die Schildkröte redete eindringlich auf den Mann in Uniform ein. Der ging schließlich zu Ralf und zog ihn grob von der Leine weg. Ralf schüttelte seine Hände ab und begann zu schreien. Der Uniformierte schrie zurück, die Schildkröte keifte.

Deshalb waren sie abgelenkt, und so sah Kalle es als Erster. Er lächelte, dann schaute er nach oben, direkt in die Sonne. ER hatte es wieder einmal gerichtet, und alles würde gut werden.

Die drei Streitenden verstummten, als Carmen wie ein riesiger brauner Frosch aus dem Maisfeld watschelte. Unter den matschverklebten Locken blitzten ihre wasserblauen Augen, und in ihren verschmierten Händen blitzten Gold, Silber und Diamanten.

»Schööööö!«, rief sie und lachte.

Kalle lachte auch. Er lachte, als der Uniformierte Ralfs Arm auf den Rücken drehte und ihn abführen wollte, während die Schildkröte triumphierend lächelte. Er lachte, als der Mann im grasgrünen Overall aus dem Maisfeld trat und mit dem Uniformierten zu diskutieren begann. Er lachte, als der hagere Mann mit den Zwillingen dazu kam und einen Ausweis zückte, gefolgt von der Frau mit dem schwarzen Pferdeschwanz, die Ralf Handschellen anlegte.

Und er schüttete sich aus vor Lachen, als sich die ganze Truppe schließlich in Bewegung setzte: vorne die Polizistin mit dem Pferdeschwanz und mit dem schlammbedeckten Ralf, dahinter der hagere Polizist mit den Zwillingen und der Uniformierte, gefolgt von dem letzten Polizisten, der die Juwelen in den Taschen seines grünen Overalls verstaut hatte und Carmen auf dem Arm trug.

Und ganz am Schluss die Schildkröte, die mit sich überschlagender Stimme verlangte, dass irgendjemand ihr diese ganze verdammte Sache auf der Stelle erklärte.

Garten-Tipp von Gabi Neumayer

Die »Mal gucken, was kommt«-Methode

Wer wie ich so gut wie keine Ahnung von Pflanzen und auch alles andere als einen grünen Daumen hat, kann sich mit der »Mal gucken, was kommt«-Methode viel Arbeit sparen und zudem jede Menge Überraschungen erleben.

Dazu sät und pflanzt man in Balkonkästen, Kübel oder Beete, was einem gefällt. Und bloß keine Angst, weil Sie nicht wissen, welche der Pflanzen einjährig oder mehrjährig sind! (Das ist ein Fachbegriff, den Sie natürlich auch nicht kennen müssen.)

Im Herbst lassen Sie dann einfach alles verwelken, wie es will, ohne an so etwas wie »Zurückschneiden«, »Jäten« oder gar »Winterfest-Machen« auch nur einen Gedanken zu verschwenden. Und kommen Sie nicht auf die Idee, unansehnliche Stängel, Ranken oder Blätter auszureißen!

Wenn Sie alles so lassen, wie es ist, wird Ihre Zurückhaltung im Frühling (manchmal auch schon im Winter) reich belohnt werden: Überall wird es grünen und sprießen, noch bevor Ihr Nachbar überhaupt sein Schäufelchen aus dem Keller geholt hat.

Und Sie werden aus dem Staunen nicht mehr herauskommen. Denn keineswegs wird in den Töpfen und Beeten das wachsen, was Sie dort im letzten Jahr gepflanzt haben! Bei mir verbreiten sich beispielsweise jedes Jahr wie von Zauberhand hübsche bunte Löwenmäulchen – von denen ich nicht einmal sicher bin, dass ich sie jemals ausgesät habe. Kapuzinerkresse kann ich jedes Jahr schon vor allen anderen ernten – mal in dem ehemaligen Schilfkübel, mal in dem Blumenkasten, in dem sich im Jahr zuvor noch Hornveilchen breit gemacht haben. Außerdem überrascht mich manchmal schon im eisigen Winter meine Ranke-Ranunkel mit grünen Trieben und der einen oder anderen gelben Blüte. Dafür lohnt es sich doch, ein paar Monate lang auf welke Stängel zu blicken, oder?

Garten-Tipp von Herbert Ickert

Jack Foster drehte langsam das Zippo, schnippte den Deckel zurück und mit dem typischen Geräusch funkte das Feuerzeug. Der angenehme Benzingeruch stieg ihm in die Nase, rauchen wollte er nicht. Es war eher eine seiner gedankenversunkenen Spielereien. Immer wenn er sich zu konzentrieren versuchte, versuchte, klare Gedanken zu fassen, wenn er das Ziel vor Augen sah, aber gleichzeitig alles noch schemenhaft war ...

So oder ähnlich könnte eine klassische Szene in dem dunklen Zimmer eines Privatdetektivs und damit eine längere Story mit unvorhersehbaren Wendungen beginnen.

Auch der Zuschauer im Kino oder der Krimileser zu Hause werden aufgefordert, einen bestimmten Weg mitzugehen und - das macht sicherlich einen guten Krimi aus - oftmals zu meinen, die Lösung des Falles läge auf der Hand.

Im richtigen polizeilichen Leben hat der »Film« allerdings, auch wenn man das Ziel unmittelbar vor Augen hat, immer Überlänge.

Nun ist die Frage erlaubt, was das Ganze mit einem Gartentipp zu tun haben soll?

Bei vielen Ermittlungen fühlt man sich in ein Labyrinth versetzt. Von einem Anfangspunkt windet sich ein Weg zum Mittelpunkt. Dabei kann es sein, dass der Weg oftmals scheinbar unmittelbar am Endpunkt vorbeiführt und dieser greifbar nah ist, dann der Weg sich aber erneut weit entfernt.

Letztendlich kann man sich dennoch nicht verlaufen, da es keine Sackgassen gibt und man nicht fehlgeleitet wird. Da man, um an das Ziel zu gelangen, nur weitergehen muss, nicht umdrehen darf und dann auch garantiert ankommt, ist jedes Labyrinth auch Symbol des Lebens.

→

Labyrinthe sind kulturhistorisch sehr alte Gebilde, die aus der Mythologie und Sagenwelt übernommen wurden.

Die Entstehungsgeschichte ist nicht geklärt. Die so genannten Thule-Labyrinthe sollen schon in der frühen Menschheitsgeschichte Zeremonienplätze gewesen sein. Bei der Begehung mit Fackeln könnten sie als Leuchtfeuer mit spezifischen Erkennungsmerkmalen gedient haben.

Vom Mittelalter an bis in die jüngste Kirchenbaugeschichte wurden Labyrinthe als Bodenmosaike in und an Kirchen benutzt. Eine bestimmt Art ist nach einem der berühmtesten und größten in der Kathedrale von Amiens/Frankreich benannt. Aber auch am Niederrhein sind sie z. B. in Kirchen in Köln, Viersen und Haltern zu bewundern.

Beim berühmtesten aller Labyrinthe, dem minotaurischen in Knossos auf der griechischen Insel Kreta, ist man sich aber immer noch nicht sicher, ob es nicht ein Irrgarten war.

Das Labyrinth als Weg zur Mitte diente und dient auch heute oftmals noch, ähnlich den Mandalas, zur meditativen Kontemplation.

Das des Minotaurus brachte Menschenopfer in die ausweglose Lage, den Weg aus dem Palast in Knossos nicht wieder heraus zu finden. Der Sage nach hat dann ein Faden, den Ariadne ihrem Helden mitgegeben hatte, das Geheimnis des Palastes gelöst und dem bösen Zwitterwesen Minotaurus das Leben gekostet.

Irrgärten verführen den Besucher mit zahllosen Sackgassen und Rundwegen.

Bis auf wenige noch erhaltene Beispiele wie im großartigen Park des Schlosses Herrenhausen in Hannover und dem Wasserschloss Anholt gibt es leider kaum noch Irrgärten und Labyrinthe in Deutschland.

In England haben diese gartenbaulichen Herausforderungen eine lange Tradition.

Dort sind die ältesten hunderte Jahre alt. →

Eine Renaissance in den USA und Europa führte in den letzten Jahren zu einer vielleicht niederrheinischen Erfindung, dem Maislabyrinth.

Riesige Maisfelder werden teilweise kunstvoll mit Wegen und Irrwegen durchzogen und zeigen sich eigentlich nur aus der Luft als aufwändige Gesamtkunstwerke.

Sogar Sonnenblumen- und Nutzhanffelder werden neuerdings so gestaltet.

Alle diese Irrgärten, egal, wer sie nun erfunden hat, sind ein irrer Spaß für Kinder und Erwachsene.

Vielfach mit bestimmten Themen verbunden, teils lehrreich, aber immer als kleines Abenteuer gestaltet, sind sie einen kleinen – oder auch längeren – »Spazirrgang« wert.

Viele Betreiber, meist Landwirte, die die Felder ja auch am Ende der Saison abernten, bieten Grill- und Picknickmöglichkeiten und Wasser- und Sandspielplätze irgendwo im Innern der Irrwege.

Die klassischen Labyrinthe und Irrgärten in Schlössern und Parks sind die hohe Kunst des Gartenbaus und das Betreten die distinguierte Form des Amüsements.

Unsere Irrgärten auf riesigen Feldern sind eine faszinierende neue Form der Landwirtschaft und das Herumirren darin bei Sonnenschein ist pure Lebenslust.

Und wenn man erst einmal auf den Geschmack gekommen ist, kann man sich vielleicht mit einem Fingerlabyrinth auch in einer Ecke eines kleinen Reihenhausgartens einen Ort der Ruhe und Besinnung schaffen.

Herbert Ickert, Polizeioberrat,
Leiter der Polizeiinspektion Wesel

H. P. Karr

Unkraut vergeht nicht

Jacoby fluchte, weil er mit dem Unkraut zwischen den Hortensien und den Rosen einfach nicht fertig wurde. Seit einer halben Stunde zupfte und jätete er jetzt schon. Sein Kreuz schmerzte. Sein Nacken brannte. Man war eben nicht mehr der Jüngste.

»Zäh das Zeug, was?«

Wenn Jacoby etwas nicht gebrauchen konnte, dann war es ein Kommentar von Römer. Sein Gartennachbar stand am Zaun, in adretter Pflanzschürze mit einem Strohhut auf dem Kopf, als ginge es hier um »Germanys next Top-Gärtner«.

Am liebsten hätte Jacoby mit seiner Hacke auf Römers Füße eingehackt, auf die er aus seiner Hocke vorm Rosenbeet starrte.

»Unkraut eben!«, brummte Jacoby stattdessen. Er war ein schwerfälliger, untersetzter Mann, Anfang fünfzig.

Vor einem halben Jahr hatte er das Haus neben Römer gekauft: freistehendes Einfamilienhaus in Brüggen mit 150 Quadratmeter Wohnfläche und knapp 250 Quadratmeter Garten. Ein Traum. Wäre da nicht die Nachbarschaft . . .

Bis jetzt hatte Jacoby es immer geschafft, rechtzeitig im Haus zu verschwinden, sobald Römer in seinem Gärtner-Outfit drüben auftauchte, um zu säen, zu jäten, zu mähen.

»Kommst du, Liebling?« Römers Frau hatte den Kaffeetisch auf der Terrasse gedeckt. Jacoby drehte die Augen nach oben.

Römer streckte ihm die Hand entgegen. »Römer! Zeit, dass wir uns kennen lernen.«

Jacoby überwand sich. »Jacoby. Auf gute Nachbarschaft!«

Römer streifte seine Gartenhandschuhe ab. »Dann kommen Sie doch am besten gleich mit Ihrer Frau auf eine Tasse Kaffee herüber.«

Claudia kam aus dem Bad. Die Nachtcreme glänzte auf ihrem Gesicht. Römer machte die Augen zu.

»Seltsame Leute, diese Jacobys«, sagte Claudia und ließ sich ins Bett fallen. Römer ließ die Augen zu, obwohl er wusste, dass es Claudia nicht daran hindern würde, weiter auf ihn einzureden. Wahrscheinlich redete sie auch auf ihn ein, wenn er gar nicht da war.

»Was sie an diesem alten Kerl findet, frage ich mich«, murmelte Claudia. »Die beiden sind doch mindestens zwanzig Jahre auseinander.« Sie machte das Licht aus und seufzte. »Naja, wo die Liebe hinfällt.«

Das fragte sich Römer inzwischen manchmal auch – und vor allen Dingen fragte er sich, wo die Liebe hinging, wenn sie starb.

Jacoby stand am Zaun und betrachtete Römers Rasen. Dreieinhalb Zentimeter, nahezu perfekt. Solange man nicht genau hinschaute. Jacoby war inzwischen in seinem Buch »In vier Wochen zum Supergarten« schon weit genug, um gewisse Dinge zu sehen.

»Du hast da ein paar Probleme mit dem Unkraut«, sagte er.

Römer stützte sich auf den Stiel seiner Hacke, mit der er den Boden zwischen den Johannisbeersträuchern gelockert hatte, und nickte. »Löwenzahn, ich weiß.«

Ein schneller Blick zum Haus. Seine Frau war nicht zu sehen. »Claudia nennt das Zeug Rucola und macht Salat draus.«

Jacoby kam näher an den Zaun heran. Eigentlich war dieser Römer gar kein so schlechter Kerl. »Wollte deine Frau den Garten?«, fragte er ihn.

»Sie hat das Haus geerbt«, sagte Römer. »Von einem

Onkel, der war ein hohes Tier in Mönchengladbach bei der Stadt.«

»Ah ja.« Jacoby identifizierte ein paar Pflanzen am Gartenzaun als Unkraut und zupfte sie aus dem Boden. »Und?«, fragte er. »Wie schmeckt das dann?«

Römer verzog angewidert den Mund und Jacoby empfand so etwas wie Mitgefühl. Er hatte Römer mehr als einmal beim Imbiss vorn an der Straße gesehen, mit einer schönen fettigen Bratwurst in der Hand.

»Du könntest es mal mit Gift versuchen«, meinte er zu Römer.

»Alterchen!« Hilde Jacoby kam aus dem Haus. Ihre Brüste hüpften unter dem Sonnentop. »Alterchen, du sollst doch nicht ohne Hut in die Sonne gehen!«, sagte sie und setzte Jacoby einen Strohhut auf den Kopf.

Jacoby seufzte. »Ja, meine Liebe!«

Hilde strahlte Römer an. »Willst du nicht heute Abend mit Claudia zum Grillen herüberkommen? Ich habe Würstchen, Kassler und Steaks vom Metzger in der Fußgängerzone.«

»So was von verfressen!«, erklärte Hilde empört, als sie kurz vor Mitternacht die Spülmaschine einräumte. »Hast du gesehen, was Römer alles in sich hineingestopft hat, Alterchen?«

Jacoby hatte es ganz genau gesehen: vier Grillwürste und zwei Stücke Kassler. Dazu einen Berg Kartoffelsalat. Er fegte abgenagte Kotelettknochen in den Mülleimer. »Ihm hat es geschmeckt!«

Ganz im Gegensatz zu Claudia Römer. Die hatte sich damit begnügt, an ein paar Schnitzen Paprika herumzunagen.

»Kein Wunder, dass sie aussieht wie ein Hungerhaken!«, meinte Hilde. »Was Römer nur an ihr findet. Für seine zweiundvierzig sieht er verdammt gut aus.«

»Ach!«, machte Jacoby, weil er wusste, was gleich kam.

»Ja, ach!«, machte Hilde. »Er joggt aber auch jeden Morgen und tut was für sich. Deshalb hat er auch nicht so einen Bauch wie du, Alterchen. Und deshalb kommt er auch sicher nicht bei der kleinsten Anstrengung aus der Puste. Du verstehst, was ich meine?«

Jacoby verstand, was sie meinte. »Er ist ein Versager«, schnappte er. »Ohne das Geld von seiner Frau hätte er seinen komischen Laden längst schließen müssen, den er da hat ...«

»Afrikanische Volkskunst und Raumausstattung«, ergänzte Hilde. »Sehr exklusiv. Sehr teuer. Sehr extravagant.«

»Sag doch gleich: nichts für Jacoby, den fetten Apotheker.«

»Krankenhausapotheker«, korrigierte Hilde. »Nicht mal zum eigenen Geschäft hast du's gebracht!«

Römer stand am Zaun und traute seinen Augen nicht. Jacobys Hortensien standen in voller Blüte. Von Unkraut keine Spur. Nur mit Zupfen konnte dieser Amateur das nicht geschafft haben.

»Wie machst du das?«, fragte er Jacoby.

»Berufsgeheimnis!«, grinste der und holte ein kleines Fläschchen mit einem weißen Pulver hervor. »Aus der Krankenhausapotheke, ich arbeite doch im Städtischen Krankenhaus Lobberich. Zwei Messerspitzen auf zehn Liter Wasser und dann alles absprühen.« Er gab Römer das Fläschchen, der nahm es wegen der dicken Gartenhandschuhe ungeschickt an und steckte es ein. »Danke.«

»Alterchen, setz deinen Hut auf!«, kam Hildes Stimme von der Terrasse. Sie lag im Liegestuhl in der Sonne. Nackt. Jedenfalls fast, denn der Stringtanga war nicht der Rede wert. Jacoby seufzte.

»Frauen«, meinte Römer und leckte sich über die Lippen.

»Da sagst du was!« Jacoby lehnte sich an den Zaun. »Wo ist deine Claudia?«

»Beim Aerobic.« Er kam ein Stückchen näher und wurde ein Stückchen vertraulicher. »Sie meint, sie will nie so dick werden wie deine Hilde!«

»Tja, Hilde!«, murmelte Jacoby.

»Ein Goldstück!«, sagte Römer.

Jacoby schüttelte den Kopf. »Es ist nicht alles Gold, was glänzt.«

Römer nickte nachdenklich. »Was ich sagen wollte«, meinte er dann. »Komm doch mal mit, wenn ich Bowling spiele. Wir sind da eine nette Clique. Immer freitags. Nur Männer.«

»Und was gibt's zu essen?«, fragte Jacoby.

»Fleisch!«, lächelte Römer versonnen. »Viel Fleisch!«

Claudia Römer keuchte schwer. Noch drei Kilometer auf dem Standfahrrad, dann hatte sie ihr Tagespensum hinter sich.

»Warum steht dieses Gerät eigentlich hier im Wohnzimmer und nicht auf der Terrasse?«, bellte Römer, weil er sich nicht mehr auf sein Buch konzentrieren konnte.

»Damit mich . . . diese Ziege von nebenan . . . dauernd begaffen kann?«, japste Claudia. Und als Römer schwieg, presste sie noch hervor: »Schamlos, wie sie immer herumläuft!«

»Jeder nach seinen Möglichkeiten«, sagte Römer.

»Noch ein Wort . . .«

»Jaja«, machte Römer.

»Weißt du«, sagte Römer, »als ich Claudia geheiratet habe, war sie noch einigermaßen hübsch. Aber vor allem reich. Das Haus, die Erbschaft. Genau das Richtige.«

Jacoby nickte verständnisvoll. Es war Abend, und sie standen am Gartenzaun, wie sie es sich angewöhnt hatten.

»Manchmal könnte ich sie erwürgen!«, sagte er dann leise. »Hilde, meine ich. Sie hat bei mir in der Krankenhausapotheke gearbeitet. Zweiundzwanzig Jahre alt, frisch geschieden von einem jungen Schnösel. Anlehnungsbedürftig.« Jacoby seufzte. »Im Grund hat sie einen Goldesel gesucht, der ihr sowas hier ermöglicht!« Er machte eine Geste, die das Haus und den Garten umfasste."

»Betrügt sie dich?«, fragte Römer.

»Kann ich mir nicht vorstellen«, meinte Jacoby. »Selbst dazu ist sie zu faul!«

»Scheidung?«, fragte Römer.

Jacoby schüttelte den Kopf. »Der Unterhalt und all das würden mich ruinieren. Und bei dir?«

Römer schüttelte ebenfalls den Kopf. »Kurz vor der Hochzeit hat ihr Anwalt Claudia einen Gütertrennungsvertrag eingeredet.« Er machte eine Pause. Dann sagte er: »Übrigens: danke.«

»Wofür?«

»Siehst du nichts? Kein Unkraut mehr. Dein Mittelchen ist Spitze.«

Hilde zog einen Schmollmund. »Warum denn nicht, Alterchen?«

»Weil ich mir für zwei Wochen Urlaub nicht ein halbes Dutzend Schutzimpfungen verpassen lassen will«, knurrte Jacoby.

Hilde blätterte im Reiseprospekt weiter. »Aber Afrika ist unheimlich in«, sagte sie. »Und Römer kann uns bestimmt ein paar tolle Tipps geben. Er fliegt jedes Jahr hin!«

»Nein!«, sagte Jacoby.

»Kleingeist!«, zischte Hilde.

Sie hatten inzwischen zwei Gartenstühle an den Zaun gestellt. Im Sitzen redete es sich leichter. Jacoby hatte eine Kühlbox mit Bier mitgebracht, Römer die Gläser.

»Den Hals umdrehen!«, murmelte Jacoby leise. »Hilde wird immer mehr zum Luxusweibchen. Bringt nur mein Geld durch.«

»Mord?«, fragte Römer.

»Die Kripo würde sich totlachen«, sagte Jacoby. »Sobald sie von den Nachbarn erfahren, wie unsere Ehe war, sitze ich auch schon im Knast.«

»Tja«, sagte Römer. »Das hab ich mir auch gedacht.«

»Du auch?«

Römer nickte.

»Wenn man allerdings ein Alibi hätte . . .«, sinnierte Jacoby.

»Wenn du woanders bist, kannst du sie nicht gleichzeitig umbringen!«, bemerkte Römer. »Ich habe das auch schon hin und her überlegt.«

»Es sei denn«, murmelte Jacoby, »man hat jemanden, der einem die Arbeit abnimmt. So wie ich dir den Garten machen würde, wenn du weg bist. Nur als Beispiel.«

»Mhh«, machte Römer. »Es müsste da aber schon eine gewisse gegenseitige Vertrauensbasis geben.«

»Oder vielleicht eine Verpflichtung!«, sagte Jacoby. »Ein Geschäft auf Gegenseitigkeit, sozusagen.«

»Was habt ihr denn da eigentlich immer zu bereden?«, wollte Claudia wissen und wälzte sich ins Bett. »Jeden Abend hockt ihr da am Zaun zusammen.«

»Nichts Wichtiges!«, sagte Römer.

»Hat Jacoby Sorgen wegen seiner Frau?«

»Wieso?«

»Seine Hilde ist in letzter Zeit so komisch. Grüßt kaum noch.«

Römer langte nach dem Nachttischlicht. »Schlaf jetzt.«

»Weich mir nicht aus.«

»Ich weiche dir nicht aus.«

»Doch.«

»Gute Nacht!«

»Freitag«, sagte Jacoby. »Wenn du beim Bowling bist. Ich habe es mir genau überlegt. Ich komme durch den Garten und bringe Claudia ein Glas von unserem Punsch. Ganz der freundliche Nachbar. Sie trinkt . . .«

»Und?«, fragte Römer.

»Mein Unkrautmittel«, grinste Jacoby. »Schon vergessen? Wirkt sofort. Sobald sie umfällt, nehme ich mein Punschglas und gehe wieder nach Hause. Hilde sieht sich zu der Zeit immer eine Kitschserie im Fernsehen an. Sie wird absolut nichts mitkriegen.«

»Du bist ein echter Freund!«, sagte Römer. »Ich werde mich revanchieren. Garantiert.«

»Schrecklich, nicht wahr?«, sagte Hilde Jacoby. »Da wird mein Alterchen zum eiskalten Mörder.«

Römer zog sie an sich. Das Bettzeug raschelte. »Er wird sich bis an sein Lebensende fragen, wie das Fläschchen mit dem Rest des Giftes und dem Aufdruck ‚Apotheke Städtisches Krankenhaus Lobberich' neben Claudias Leiche liegen konnte. Damit hatte die Kripo ihre Spur, und sie hat sie bis zum Ende verfolgt.«

»Sie haben seine Fingerabdrücke darauf gefunden«, sagte Hilde und schmiegte sich an ihn. »Wie gut, dass du es damals, als er es dir gab, nur mit Handschuhen angefasst hast. Ich habe es drüben neben Claudias Leiche gelegt, gleich nachdem er nach seinem Ausflug wieder zurückgekommen war und sich im Bad übergeben musste.«

»Dazu unsere beiden Aussagen, dass Claudia und er sich gehasst haben, weil sie angeblich mal kurz ein Verhältnis miteinander hatten.«

Hilde kicherte. »Ausgerechnet die beiden.«

»Lach nicht«, sagte Römer. »Sie hätten schon ganz gut zusammen gepasst.«

»Aber nicht so gut wie wir!«, gurrte sie. »Sag mal, Alterchen, wir fliegen doch im Herbst zusammen nach Afrika, oder?«

Römer sah sie lange nachdenklich von der Seite an.

Garten-Tipp von H. P. Karr

Damit Gras drüber wächst

Tipps für den perfekten Rasen

Die beste Sorte für einen normal beanspruchten, wenig pflegeaufwändigen Rasen ist das Deutsche Weidelgras (Lolium perenne). Diese Sorte wird unter anderem auch für Fußballfelder und Golfplätze verwendet.

Gesät werden kann von Mitte April bis Mitte September. Man sät am besten bei Windstille im Kreuz- und Quergang und harkt den Samen grob ein. Zum Schluss den Boden mit einer Walze oder einem Fussbrett verdichten.

In den nächsten Wochen die Fläche dauerhaft feucht halten. Am besten mehrmals pro Tag jeweils sieben Minuten beregnen.

Den Rasen vor dem ersten Schnitt bis auf cirka sieben Zentimeter wachsen lassen. Den Rasen nach dem ersten oder zweiten Schnitt vertikutieren. Dabei zunächst den Rasenschnitt abrechen und anschließend am besten eine Schicht von einem Zentimeter Sand aufbringen. Das verhindert spätere Verfilzung.

Die ideale Höhe des Rasens richtet sich nach der Sorte. Die meisten Gebrauchsrasen mäht man nicht tiefer als dreieinhalb Zentimeter.

Geschnittenen Rasen immer entfernen, weil er sich sonst mit dem Grün verfilzt. Auch kein Laub auf dem Rasen liegen lassen. Faulende Blätter beeinträchigen das Grün.

Der Rasen braucht für ein gesundes Wachstum Stickstoff, Phosphor, Kalium, Magnesium und Kalzium und Spurenelemente. Normal beanspruchter Rasen muss nicht besonders gedüngt werden. Wenn gedüngt wird, genügt jeweils eine sparsame Düngung im Frühjahr und im Herbst.

Garten-Tipps von Anne Chaplet

Schneckentod

Im Krieg gegen die Schnecken im Garten zeigt sich der Mensch. Der Beherzte redet sich ein, die Methode, sie einfach in der Mitte durchzuschneiden, sei die schnellste und umweltfreundlichste. Der Sadist streut Salz drauf. Und sieht zu, wie die schlanken Tiere mit den eleganten Fühlern auf dem Kopf sich zusammenkrümmen, Blasen schlagen und langsam zerfließen. Der Feigling greift zum Schneckenkorn, der chemischen Keule, die den Tieren auch keinen schnellen Tod verheißt. Aber man muss ja nicht zusehen. Und erst recht nicht bei der Bierfalle, dem mörderischen Maximum in Ökogartenfibeln.

Empfinden Schnecken Schmerz? Mir ist das mittlerweile ziemlich egal – spätestens seit jenem Abend in einer lauen Frühlingsnacht, als wir draußen im Garten sitzend dabei zuhörten, wie sich ganze Bataillone von Schnecken mit ihren Sägewerkzeugen über den Salat hermachten. Seither wird bei uns das Essen nicht mehr geteilt – jedenfalls nicht mit Schnecken, Blattläusen und Wühlmäusen.

Auch denen geht es ans Fell: Beliebt ist Johannisbrotköder – bei Wühlmäusen und Menschen, die sie fröhlich pfeifend in Wühlmausgänge schieben. Was die Wühlmäuse nicht wissen: Im Johannisbrot steckt ein Gift, das innere Blutungen auslöst, an denen die Tiere sterben. Langsam, natürlich.

Nein, nur Städter retten verirrte Spinnen aus der Badewanne. Auf dem Land hält man nichts von friedlicher Koalition, hier heißt es Vernichtung oder Unterwerfung, also: ersteres. Und so toben in idyllischen Bauerngärten gnadenlose Feldzüge und unsichtbare Massaker, leben sonst friedfertige Menschen hemmungslos ihre niederen Triebe aus: morden, schneiden, sengen, vergiften, ertränken. Und das alles der paar Salatköpfe und Kohlrabi we-

gen, die des Schutzes bedürfen gegen Vögel, Katzen und Dreck, wie man Unkraut in meinem Lieblingsdorf nennt. Das betuliche Wort »Wildkräuter«, das Öko-Verrückte einst dafür erfunden haben, kennt man hier nicht.

Insbesondere im Frühjahr ziehen sie kollektiv in die Schlacht, die Dorfbewohner, schneiden, spritzen, vergiften, daß es nur so eine Art ist. Selbst die Kräutlein im Rinnstein ereilt die Giftspritze, die Menschen in Schutzanzügen, den Kanister mit Round up auf den Rücken geschnallt, mit konzentrierter Miene in Mauerritzen und Pflasterfugen halten.

Das heißt nicht, es ginge nicht kultiviert zu hierzulande. Der Nachbar mit dem Rancherzaun um sein penibel gepflegtes Grundstück etwa unterlegt seine Vernichtungsfeldzüge stets mit klassischen Hits. Normalerweise erklingt der Gefangenenchor aus Nabucco, wenn er auf seinem golffähigen Rasen kniet, um in Maulwurfshügel, die das Grün entweihen, komplizierte Todesmaschinen einzubauen. Neuerdings ist es »O Fortuna« aus den Carmina Burana von Carl Orff – die Musik aus der Kaffeewerbung, so kommt abendländische Kultur aufs Land – zu der er Ameisentod ausbringt und seine mickrige Strauchrose mit Giftschwaden einnebelt. Sors immanis et inanis – ungeheures und ungewisses Schicksal. Wie passend.

Friedliches Landleben. Stille Idylle. Sanfte Natur.

In Wirklichkeit ist das Landleben, wie jeder weiß, der dort lebt, laut, grausam und gefährlich. Man schaue nur seinen Nachbarn beim Morden zu. Und schon deshalb zieht es niemanden, der einmal vom Landleben kostete, zurück in die Stadt. Denn wo sonst darf man die Sau derart rauslassen?

Autorinnen und Autoren

Sabine Bohnet, 1962 in Stuttgart geboren, lebt heute in Frankfurt am Main. Sie ist gelernte Verlagsbuchhändlerin und arbeitet im Vertrieb eines IT-Unternehmens. Als Teenager war sie von Kakteen fasziniert. Unzählige Arten belegten die Fensterbank und den Schreibtisch, auf dem sie jedoch bald den ersten Manuskripten weichen mussten. Ob kleiner Garten, Balkon oder Fensterbank, wann immer sie die Gelegenheit hat, wird gepflanzt, gehegt und gepflegt. Als experimentierfreudige Hobbyköchin erfreut sie sich stets an einem gut sortierten Kräutergarten. Pfingstrosen sind ihre Lieblingsblumen.

Andrea C. Busch wurde 1963 geboren. In jungen Jahren bewahrte sie ein starker Heuschnupfen vor Rasenmähen und anderen Zwangsarbeiten im elterlichen Garten und erlaubte ihr die intensive Beschäftigung mit Büchern und Musik. Zu dieser Zeit schrieb sie auch ihre ersten, noch unblutigen Geschichten. Zum Krimischreiben inspirierte sie schließlich Reinhard Meys Lied »Der Mörder ist immer der Gärtner«. Ihre Leidenschaft für Gärten und insbesondere für Rosen erwachte erst in den 1990er Jahren, als sie mehrere Gartenbücher übersetzte, eine Heilpraktikerin ihren Heuschnupfen mit Akupunktur vertrieb und sie in ein Haus mit kleinem Garten einzog. Andrea C. Busch ist als Autorin, Herausgeberin und Übersetzerin tätig und arbeitet außerdem im Fachbereich Biologie der TU Darmstadt, wo sie ihr Studium der menschlichen Natur fortsetzt. Am liebsten mordet sie im Garten unter dem Mirabellenbaum.

Oliver Buslau, 1962 geboren, wuchs in einer Mietwohnung in Koblenz auf. Nach seinem Studium der Musikwissenschaft und Germanistik erfüllte er sich 1992 in Bergisch Gladbach den Traum eines Gartens mit eigenem Häuschen. Als er Mitte der 90er Jahre als freier Autor zu arbeiten begann, verbrachte er die meiste Zeit in seinem Refugium, überließ das Grün, das ihn umgab, sich selbst und sorgte so in der Nachbarschaft für das Gerücht, sein Haus stünde leer und würde verkauft. Interessenten begannen schon, Anfragen in den Briefkasten zu stecken. 1998 machte er anlässlich seiner Eheschließung mit dieser Form der Spontanbegrünung Schluss und brachte Ordnung in den Garten. Seit 1999 schreibt er neben seiner Arbeit als Musikjournalist Krimis. Besonders bekannt sind seine Bücher um den Wuppertaler Privatdetektiv Remigius Rott. Daneben stammen aus Buslaus Feder Kurzgeschichten in den Niederrhein-Anthologien »Tödliche Touren«, »Mord unter Kopfweiden«, und »Mords-Feste«. Oliver Buslau ist Gründer und Chefredakteur der Zeitschrift »TextArt – Magazin für kreatives Schreiben«.
www.oliverbuslau.de

Hortensia van Capellen (Pseudonym) wurde 1965 geboren und ist als Beamtin im Öffentlichen Dienst tätig. In ihrer Freizeit unternimmt sie gerne Spaziergänge über Friedhöfe und Kanufahrten auf der Niers.

Ina Coelen wurde 1958 am Niederrhein geboren. Schon als Kind pflanzte sie alles, was sie an Ablegern ergattern konnte, in Blumentöpfe. Buntnesseln waren ihre Einstiegsdroge. Während des Grafikdesign-Studiums beschränkte sie sich aufs Zeichnen von Pflanzen. Erst seitdem sie mit ihrem Mann ein Werbeatelier gründete und in ein hundert Jahre altes Haus zog, zu dem ein großer Garten gehört, kann sie ihre gärtnerische Experimentierfreude ausleben. Der verwunschene Garten ist ein Quell der Inspiration, und so hat sie inzwischen über ein Dutzend

Krimi-Anthologien herausgegeben und über drei Dutzend Kriminalgeschichten veröffentlicht. Sie ist Mitglied bei den Sisters in Crime und im Syndikat und organisiert seit 2001 die Krefelder Krimi-Tage.
www.coelen-krimi.de · http://krimitage.blogg.de

Carola Dunn · In England geboren und aufgewachsen, lebt Carola Dunn seit vielen Jahren in den USA, heute in Oregon. Sie hat über 30 Regency-Romane geschrieben sowie 15 Bände ihrer Miss Daisy-Krimis, die in den Zwanziger Jahren spielen. Viele erschienen auch auf Deutsch, was sie besonders freut, da ihr Vater Deutscher war. Im 2. Band der Serie, »Miss Daisy und der Tod im Wintergarten«, liefern Pflanzen wichtige Anhaltspunkte für die Lösung des Falls. Neben der Gartenarbeit sind ihre liebsten Freizeitbeschäftigungen lesen, klassische Musik hören, Spaziergänge am Willamette River sowie Besuche bei ihren Enkelkindern in Kalifornien. Mitglied bei den Sisters in Crime.
www.geocities.com/CarolaDunn/Deutsch

Gitta Edelmann wurde in Offenburg geboren und wuchs ohne eigenen Garten auf. Aber sie züchtete begeistert Kakteen auf der Fensterbank. Später arbeitete sie als Fremdsprachenassistentin, Übersetzerin und Sprachlehrerin in Brasilien, Schottland und verschiedenen Orten Deutschlands. Meist lebte sie gartenlos, wodurch sie eine begeisterte Besucherin der Botanischen Gärten wurde. Dazu trug sicher auch die Ehe mit einem Biologen bei, die sich mit vier Kindern als fruchtbar erwies. Seit Jahren lebt Gitta Edelmann mit ihrer Familie in Bonn, seit kurzem sogar mit Garten. Dort wird sie im Sommer sitzen und neue Kindergeschichten, Gedichte und Kurzkrimis schreiben. Sie ist Mitglied der Sisters in Crime.
www.gitta-edelmann.de

Ute Hammond, gebürtige Mainzerin, lebt seit vielen Jahren in Gräfelfing bei München, wo sie ein Handarbeitsgeschäft besitzt. Sie hat zahlreiche Sachbücher geschrieben. Ihre Titel »Mein erstes Strickbuch« und »Mein erstes Häkelbuch« sind Bestseller im Bereich Textiles Gestalten. Ihr besonderes Anliegen ist es, Kindern Freude am Handarbeiten zu vermitteln.
Die Autorin liebt das Leben in ihrem Garten, der dem in der Geschichte beschriebenen sehr ähnelt. Auf einem im Frühjahr in Gräfelfing stattfindenden Tauschmarkt erwirbt sie gerne alte, seltene, über den Handel kaum noch zu findende Pflanzen (auch Pflanzen unterliegen der Mode). Sie freut sich aber auch über solche, die sich wild und freiwillig in ihrem Garten niederlassen.
www.fuerkids.de/

Robert Herbig, geboren 4. 1. 1956, verheiratet, ein Sohn, schreibt seit etwa fünf Jahren Kurzgeschichten. 2002 war er Gewinner des alternativen Medienpreises der Nürnberger Medienakademie für seine Webseite www.sagmal.de
Er ist Mitherausgeber der Anthologiereihe »Anthologie der Autoren«. Viele Veröffentlichungen in diversen Zeitschriften und Anthologien.
www.sagmal.de · www.antholog.de · www.compuexe.de · www.compadre.de

Malachy Hyde ist das Pseudonym von Ilka Stitz und Karola Hagemann
Ilka Stitz wurde am 22.10.1960 in Hannover, Karola Hagemann am 16.02.1961 in Dannenberg geboren. Die gemeinsame Schulausbildung erfolgte in Hannover. Während Ilka Stitz nach dem Abitur Kunstgeschichte, Germanistik und Archäologie in Göttingen und Köln studierte, besuchte Karola Hagemann die Universität Hannover zum Studium der Geschichte, Anglistik und Erwachsenenbildung. Heute arbeitet Ilka Stitz als freie Journalistin und Autorin in Köln.

Karola Hagemann ist als Diplom-Pädagogin beim Landeskriminalamt Niedersachsen tätig, ihr Wohn- und Arbeitssitz ist Hannover. Gemeinsam schrieben sie historische Kriminalromane, zuletzt »Wisse, dass Du sterblich bist«, 2004, Eichborn Verlag, sowie Kurzgeschichten – und beteiligten sich an dem Gemeinschaftsroman »Die sieben Häupter«, Aufbau Verlag 2004
www.malachy-hyde.de

H. P. Karr, geboren 1955, lebt und arbeitet als Spezialist für Krimis im Ruhrgebiet. Er entstammt einer Familie aus praktizierenden Bauern und bekennenden Kleingärtnern und verbrachte seine Jugend »draußen«, beziehungsweise im Garten »hinterm Haus«. Seitdem sieht er Blumen und Ziersträucher am liebsten von ferne. H. P. Karr schrieb mehr als 2000 Kriminalstories und zahlreiche Romane, zuletzt »Hotel Terminus«.

Jürgen Kehrer wurde 1956 in Essen geboren. 1974 wurde er von der Zentralen Vergabestelle für Studienplätze nach Münster geschickt, wo er heute noch wohnt. In 16 seiner insgesamt 25 Bücher ermittelt der sympathische, unter chronischem Geldmangel leidende Privatdetektiv Georg Wilsberg, der ebenfalls in Münster tätig ist. 1995 wurde Wilsberg vom ZDF entdeckt und ist inzwischen Protagonist einer Fernseh-Krimireihe. Ausserdem schreibt Jürgen Kehrer historische und in der Gegenwart angesiedelte Kriminalromane, Drehbücher fürs Fernsehen und Sachbücher über realen Mord und Totschlag. In seinem historischen Kriminalroman »Das Geheimnis der Tulpenzwiebel« wird solch eine rare Blumenzwiebel neben der Leiche eines Obristleutnants gefunden. Jürgen Kehrer ist Mitglied im Verband deutscher Schriftsteller und im Syndikat.
www.juergen-kehrer.de

Beatrix M. Kramlovsky, 1954 in Steyr, Österreich, geboren. Sprachenstudium in Wien. Überzeugte Europäerin und Reisende. Hält Tutorien und Workshops zu Literatur und kreativem Schreiben an in- und ausländischen Universitäten, arbeitet als Bildende Künstlerin und freischaffende Schriftstellerin. Mehrere nationale Preise. Mitglied und im Vorstand mehrerer nationaler und internationaler Schriftstellerverbände (derzeit Päsidentin der Sisters in Crime, German Chapter). Zahlreiche Veröffentlichungen und Übersetzungen. Letzter Kriminalroman »Auslese« (2002). Gerade erschien ihr Prosaband »Die Erde trägt ein Kleid aus Worten – Reisesplitter und Passepartouts« mit eigenen Skizzen – in Österreich.
www.kramlovsky.at

Ulla Lessmann, geb. 1952, Journalistin und Diplomvolkswirtin, langjährige Chefredakteurin des Vorwärts, lebt in Köln und Italien. Seit 1994 freie Autorin für Zeitschriften und Hörfunk. Literarische Veröffentlichungen (Romane, Erzählungen, Kriminalgeschichten, Satiren) seit 1987. Zuletzt u. a. »Hacki und der Herd« in: »Tödliche Torten«, hg. v. Ina Coelen, Leporello-Verlag 2005, »Der Riss im Balkon« in: »Über den Dächern der Stadt«, hg. v. Unda Hörner, edition-ebersbach 2006. Zahlreiche Auszeichnungen, u. a. Satirepreis der Stadt Herne und EMMA-Journalistinnen-Preis. Mitglied im Verband deutscher Schriftsteller/innen (VS), im Syndikat und bei den Sisters in Crime.
www.ulla-lessmann.de

Sandra Lüpkes, geboren 1971 in Göttingen, lebt in der ostfriesischen Kleinstadt Norden und auf der Nordseeinsel Juist, wo sie seit 2000 als freie Autorin, Sängerin und Redakteurin arbeitet. Ihre chaotische Auricher Kommissarin Wencke Tydmers ist auch jenseits von Dünen und Deich bekannt und ermittelt inzwischen auch im Teutoburger Wald. Sandra Lüpkes war für den »Friedrich-

Glauser-Preis 2005« in der Sparte Kurzgekrimi und für den VS-Preis »Das neue Buch 2004« nominiert. Sie ist Mitglied im »Syndikat« und bei den »Sisters in Crime«. Neuere Veröffentlichungen: »Das Sonnentau-Kind« (rororo 2007) »Die Wacholderteufel« (rororo 2006), »Halbmast« (rororo 2005), »Das Hagebuttenmädchen« (rororo 2004).
www.inselkrimi.de

Gabi Neumayer wurde 1962 in Hilden geboren und zog kurz darauf an den Niederrhein in ein Haus mit Garten, den sie vor allem wegen des ungehinderten Blicks auf den attraktiven Nachbarsjungen schätzte.

Mit neun Jahren begann sie zu schreiben und wandte sich dabei schon bald grünen Themen zu – darunter z. B. die sonntägliche Tortenschlacht (mit Sahne aus Milch von Kühen, die zuvor total grünes Gras gefressen hatten) oder ein Menschen fressender außerirdischer Horrorwald.

Gabi Neumayer veröffentlicht neben Sachbüchern auch Krimis, Sciencefiction und vor allem Kinderbücher und -geschichten (für Kinder schreibt sie unter dem Namen »Bato«; www.bato-schreibt.de.) Und zu guter Letzt hat sie sich nach über zwanzig Jahren in einer eher ungrünen Ecke von Köln in einen Mann verliebt, der ein Häuschen mit Garten bewohnt. Ob dort allerdings irgendwo Juwelen versteckt sind, wird sie wohl erst zu Ostern herausfinden.
www.gabineumayer.de

Ulrike Renk wurde 1967 in Detmold geboren und studierte in Amerika und Deutschland Literatur- und Medienwissenschaften. Sie lebt als freie Autorin und Herausgeberin in Krefeld, wo sie mit ihren vier Kindern ein altes Haus mit großem Garten bewohnt. Dort wachsen unter anderem Guter Heinrich, Topinambur, Fenchel, Salat, ewiger Kohl, jede Menge Kräuter und viele verschiedene essbare Beerensorten. Da ihr Gourmet-Garten nicht allzuviel Pflege braucht, konnte sie 2005 den erfolgreichen Krimi »Seidenstadt-Leichen« veröffentlichen, dem in diesem Jahr »Seidenstadt-Morde« folgt, beide im Leporello Verlag.

Ulrike Rudolph: Pflanzen haben mich durch mein Leben begleitet, vermutlich weil ich im Karneval 1955 geboren wurde, und da gibt es bekanntermaßen ‚Strüßchen', mit Tulpen oder Nelken, die den Närrinnen zugeworfen werden. In meinen Sturm- und Drangjahren kamen Pflanzen allerdings nur in Form von Kräutern vor, zum Beispiel für Tee – oder so. Meine Studienjahre in Hamburg waren bestimmt von Kakteen, weil die wenig Pflege brauchen, und in den Jahren als Lektorin fristeten einige bedrohte Zimmerpflanzen ein tristes Bürodasein an meiner Seite. Erst 1989, mit dem Start in die Freiberuflichkeit als Autorin, blühten sie mit mir gemeinsam auf. Inzwischen lebe ich meinen grünen Daumen im Vorgebirge zwischen Bonn und Köln aus. Nach dem Motto ‚Nur die Harten komm' in Garten' bearbeite ich meine Pflanzen und meine Geschichten. Als Mitglied im Syndikat und bei den Sisters in Crime eröffne ich meinen Figuren mitunter eine ungewöhnliche Perspektive – auf Radieschen.
www.urudolph.de

Niklaus Schmid wurde 1942 in Duisburg geboren. Mit achtzehn tourte er mit Zirkus Althoff durch Frankreich und Schweden, mit dreißig reiste er vier Jahre durch Indien, Afrika und Südamerika. Seit 1978 lebt Niklaus Schmid als freier Schriftsteller in Duisburg und auf Formentera. Er schreibt Reisebücher, Hörspiele und Krimis.

Seine Romane mit dem Duisburger Privatdetektiv Elmar Mogge – »Der Hundeknochen«, »Bienenfresser« sowie »Stelzvogel und Salzleiche«, erschienen im Dortmunder Grafit Verlag – spielen auf Formentera und Ibiza, aber auch an Rhein und Ruhr. Niklaus Schmid wohnt in einer Finca ohne fließend Wasser. Zur Entspannung geht er zum Brunnen oder durchforstet das Kakteenwäldchen hinterm Haus, um mit scharfem Messer die Ohren der Opuntien-Kakteen zu kappen.

Martina K. Schneiders lebt und arbeitet als Hörfunkautorin für den WDR und als Dozentin und Trainerin in Düsseldorf. Die ersten Lebensjahre verbrachte sie im Ruhrpott in der Nähe einer Zeche. Die einzigen Pflanzen in der Nachbarschaft waren ein kümmerlicher Weißdorn und eine ebenso jämmerlich aussehende Berberitzenhecke.

Aus dieser Zeit hat sie eine unstillbare Sehnsucht nach Grün und Gärten. Krimis schrieb sie bisher nur als Ventil für ihren Gerechtigkeitssinn, um ihren Mann und die Freunde nicht weiter mit Diskussionen zu nerven, die mit »Das musst Du Dir mal vorstellen« beginnen.

Gesine Schulz wurde in Niedersachsen geboren und ist im Ruhrgebiet aufgewachsen. Mehr als zehn Jahre verbrachte sie im Ausland (in Irland, Südamerika, der Schweiz und den USA), arbeitete in Bibliotheken oder Hotels, und überlebte einen Coup, Schießereien, eine Teestunde mit einem Puma und einiges mehr, verlief sich im Urwald, saß illegal lauschend in Wandschränken – und lernte den perfekten Porridge zu kochen.

Auf ihrem Essener Balkon hegt sie eine uralte Geranie und lässt die Echte Katzenminze wuchern. In ihrem irischen Garten im Südwesten der Insel kämpft sie gegen Monbretien, die sich dort über die Maßen wohlfühlen. In dieser Landschaft spielt auch ihr Buch »Eine Tüte grüner Wind«. Zu den bisher sieben Bänden ihrer Kinderkrimiserie »Privatdetektivin Billie Pinkernell« gehört ein Gartenkrimi, »Der geklaute Garten«.

Um die (nicht immer) sauberen Fälle der Privatdetektivin & Putzfrau Karo Rutkowsky geht es in den meisten ihrer Kurzkrimis und der Krimisammlung »Der Beuys von Borbeck«, Leporello Verlag.

Gesine Schulz ist Mitglied bei den Sisters in Crime und im Syndikat.
www.gesineschulz.com und www.billie-pinkernell.de

Barbara Wendelken wurde 1955 in Schwanewede bei Bremen geboren. Bevor sie mit dem Schreiben begann, hat sie viele Jahre als Kinderkrankenschwester gearbeitet. Seit 1993 hat sie zahlreiche Bücher für Kinder und Erwachsene veröffentlicht. Sie lebt und arbeitet in Ostfriesland. Barbara Wendelken ist Mitglied der Sisters in crime und im Syndikat.
www.wendelken.de/barbara.htm

TATORT NIEDERRHEIN

Ina Coelen · Ulrike Renk
Killer, Küche, Knast
*Der Krimi mit den
todsicheren Rezepten*
ISBN-10: 3-936783-18-7
ISBN-13: 978-3-936783-18-6
240 Seiten · € 9,-

Ina Coelen (Hrsg.)
Tödliche Torten
*»Kuchen-Krimis« mit
Backrezepten aus der Region*
ISBN-10: 3-936783-11-X
ISBN-13: 978-3-936783-11-7
272 Seiten · € 9,-

Ulrike Renk
Seidenstadt-Leichen
Krefeld-Krimi
ISBN-10: 3-936783-12-8
ISBN-13: 978-3-936783-12-4
224 Seiten · € 9,-

Ina Coelen · Ingrid Schmitz (Hrsg.)
Tödliche Touren
*Der kriminelle Reiseführer
vom Niederrhein*
ISBN-10: 3-936783-06-3
ISBN-13: 978-3-936783-06-3
272 Seiten · € 9,-

Mischa Bach · Ina Coelen (Hrsg.)
Brillante Morde
*Die besten Kurzkrimis aus
Deutschland, Österreich und
der Schweiz – nominiert und
ausgezeichnet mit dem
Friedrich-Glauser-Preis*
ISBN-10: 3-936783-08-X
ISBN-13: 978-3-936783-08-7
192 Seiten · € 9,-

Ulrike Renk
Seidenstadt-Morde
Der neue Krefeld-Krimi
ISBN-10: 3-936783-17-9
ISBN-13: 978-3-936783-17-9
256 Seiten · € 9,-

Gesine Schulz
Der Beuys von Borbeck
*Die sauberen Fälle der
Privatdetektivin & Putzfrau
Karo Rutkowsky*
ISBN-10: 3-936783-07-1
ISBN-13: 978-3-935783-07-0
304 Seiten · € 9,-

Ina Coelen (Hrsg.)
Mords-Feste
*Kalender-Krimis vom Niederrhein
(mit dem Friedrich-Glauser-
Kurzkrimi-Preisträger 2006)*
ISBN-10: 3-936783-10-1
ISBN-13: 978-3-936783-10-0
272 Seiten · € 9,-

Ina Coelen · Ingrid Schmitz (Hrsg.)
Mord unter Kopfweiden
*Neue und historische Kriminal-
erzählungen vom Niederrhein*
ISBN-10: 3-936783-09-8
ISBN-13: 978-3-936783-09-4
272 Seiten · € 9,-

Ina Coelen · Ingrid Schmitz (Hrsg.)
Tatort Niederrhein
*Die besten Kurzgeschichten
des Krimi-Wettbewerbs der
Westdeutschen Zeitung*
ISBN-10: 3-936783-04-7
ISBN-13: 978-3-936783-04-9
272 Seiten · € 9,-